KB143301

수업과 교육의 지평을 확장하는

수업
비평

수업
비평

초판 1쇄 인쇄 2014년 6월 2일
초판 1쇄 발행 2014년 6월 10일

지은이 윤양수
펴낸이 김승희
펴낸곳 도서출판 살림터

기획 정광일
편집 조현주
북디자인 꼬리별

인쇄·제본 (주)현문
종이 월드페이퍼(주)

주소 서울시 마포구 서교동 395-27
전화 02-3141-6553
팩스 02-3141-6555
출판등록 2008년 3월 18일 제313-1990-12호
이메일 gwang80@hanmail.net

ISBN 978-89-94445-65-6 03370

수업과 교육의 지평을 확장하는

수업
비평

윤양수 지음

추천의 글

이혁규(청주교대)

최근 10여 년 동안에 학계와 현장에서는 수업 개선을 위한 여러 모색과 실천들이 전개되고 있다. 수업 비평도 그중 하나이다. 이 분야에 관심을 지닌 사람들은 이미 잘 알고 있겠지만 수업 비평은 2000년대 초반 대두된 수업 연구 방법이자 교사 문화 개선을 위한 실천 운동이다. 수업 비평은 기존의 정형화되고 양화된 수업 장학과 평가의 관행을 넘어서서 수업을 새롭게 이해하려고 시도한다. 이런 시도의 밑바탕에는 바람직한 교사를 보는 대안적 관점이 존재한다. 즉, 좋은 교사는 이미 알려져 있는 고정된 기준을 쫓는 수동적인 존재가 아니라 무엇이 바람직한 교육인지를 끊임없이 숙고하고 성찰하며 새로운 교육 실천을 창안하는 예술적 행위자여야 한다고 본다. 동시에 수업 비평은 수업을 개선하는 일이 교사 혼자의 노력에 의해 성취될 수 있다고 생각하지 않는다. 수업 현상을 함께 관찰하고 연구하고 소통하는 실천 공동체를 통해서 그것이 비로소 가능하다고 본다.

수업 비평 활동의 이런 지향점에 비추어 볼 때 이 책의 출간은 무척이나 반가운 일이다. 윤양수 선생님을 비롯한 열정적인 동료들이 함께하는 '다온'이라는 연구 모임은 수업 비평이 지향하는 이상적 공동체에 가깝다. '다온'은 진지하게 고민하고 열심히 연구하는 학습 공동체이다. 수많은 교사 모임이 존재하지만 이 모임처럼 심도 깊게 수업을 연구하는 공동체는 찾아보기가 쉽지 않다. '다온'은 '내부자 비평', '비디오 비평'과 같은 자기 언어를 생성해낼 정도로 깊은 연구 역량을 보여주고 있으며, 수업 비평과 인문학 읽기를 꾸준히 병행함으로써 수업과 교육에 대한 이해와 실천의 지평을 확장해가고 있다. 특히, '다온'은 하나의 도그마에 매몰되지 않고 질문과 성찰을 통해서 수업 연구를 지속적으로 갱신해가는 창조적 학습 공동체이다. '다온'은 이런 활동을 통해서 '수업 보기'와 '수업하기'가 어떻게 연관되고 선순환하면서 교사의 교육 실천을 개선해나가는지를 예증해주고 있다. 이 책은 그런 집단 지성의 성과를 보여주는 하나의 결실이다. 또한 이 책은 윤양수 선생님의 열정과 노력이 녹아 있는 개인 작품인 동시에 모범적인 수업 비평 공동체의 공동 산출물이기도 하다.

나는 좋은 수업 비평문을 읽는 것이 우리에게 이중의 경이 체험을 제공해줄 수 있다고 언급한 적이 있다. "저렇게도 수업을 할 수 있구나." 하는 감탄이 첫 번째 경이 체험이라면 "수업을 저렇게도 비평할 수 있구나." 하는 것이 두 번째 경이 체험이다. 이 책은 좋은 수업 비평문이 제공해줄 수 있는 그런 체험을 제공해준다. 한 수업 비평가의 꼼꼼한 기록을 통해서 한 번의 실천 후에 사라져버렸을 수업 현상이 기록되어 생생하게 우리 앞에 펼쳐진다. 동시에 윤양수 선생님은 우리가 때로 공감하고 때로는 더 깊이 사유해야 할 다양한 논점들을 제기하면서 각각의 수업에 대한 해석의 파노라마를 펼쳐놓고 있다. 이를 통해 우리는 낡은 수업 실천의 관행들을 극복해가는 창의적 실천가들의 교실을 엿볼 수 있을 뿐 아니라 그 수업 현상의 의미를 곱씹을 수 있는 소중한 기회를 얻게 되었다. 물론 윤양수 선생님의 해석에 모두 동의할 필요는 없을 것이다. 수업 비평은 우리를 열린 대화의 장으로 초청한다. 이 책을 읽고 자신의 사유를 확장해나가는 것은 독자들의 몫이다. 윤양수 선생님의 수업 비평문들은 그런 사유의 확장을 위한 아고라를 우리에게 풍부하게 제공해주고 있다.

　나는 이 책을 읽는 내내 '다온'과 같이 비평과 실천의 결합을 통해 끊임없는 성장을 생성해가는 새로운 교사 공동체의 가능성을 확인할 수 있어서 매우 기뻤다. 부디 이 책이 교사 대중들에게 많이 읽혔으면 좋겠다. 그리고 이 책과의 접속과 감응을 통해서 새로운 수업 비평 공동체들이 함께 흥기하기를 뜨겁게 소망해본다. 그런 수업 비평 공동체가 많아질수록 우리 교실은 좀 더 풍성해질 것이고 아이들은 좀 더 행복하게 앎의 도정으로 나아갈 수 있게 될 것이다.

차례

여는 글

　평가와 장학은 오랫동안 수업 실천을 둘러싼 수업의 환경이었다. 평가는 교사들의 수업 능력을 측정하고 등급화했으며, 장학은 교수 행위 개선을 주문하면서 수업 개선에 관한 약간의 팁을 제공해왔다. 수업의 역사를 거슬러 올라가면 지시와 감독, 평가와 통제라는 이들의 기원과 만나게 된다. 감시와 통제의 습속은 지나간 과거가 아니라 여전히 반복·재현되고 있는 현재다. '지원'이란 이름으로 포지션을 바꾸고, 교원능력개발 평가로 새로운 주체를 지시한다. 이렇듯 교사들은 규범과 입법의 시선을 특징으로 하는 장학과 평가의 배치 속에서 수업을 설계하고, 실행해왔다. 교사들은 장학의 언어와 평가 리스트를 의식하지 않을 수 없다. 때문에 그것이 요구하는 방식으로 사고와 수업을 체크하고 관리하게 된다. 그러면서 승진 경쟁에 유리한 '스펙'을 쌓고 '자기'를 경영하게 되는 것이다. 그런 점에서 교원능력개발 평가와 같은 경쟁 시스템의 강화는 주체성의 '구조조정'이라 불러도 크게 틀린 말은 아닐 것이다.

　물론 평가와 장학이 전문화·민주화되면서 조력과 지원의 기능이 추가되었음을 모르지 않는다. 최근에는 장학이 짤막한 '주례사'로 끝나는 경우도 많고, 수업 컨설팅과 결합을 꾀하기도 한다. 그럼에도 그 용법에는 분명한 한계가 있다. 그 시선은 여전히 비대칭적이며, 교사들을 수동적인 개혁의 대상으로 내몬다. 즉, 그것이 필요로 하는 주체를 빚어내기 위해서 교사들의 자율성과 자발성은 말끔하게 배제되어버린다. 물론 평가와 장학의 발생이나 기원의 가치를 뒤집어보려는 것이 이 글의 목적은 아니다. 그것이 수행하는 주체 '구조조정'의 메커니즘을 따져보자는 것도 아니다. 이미 상식이 된 사실을 굳이 반복할 필요는 없을 것이다. 다만 평가와 장학이 구축해놓은 낡은 질서를 해체하기 위해서는 새로운 개념과 접속하거나 창안할 필요가 있다는 것이다. 그러지 못하면 교사의 주체성과 수업 문화를 지배하고 관리해온 평가와 장학의 낡은 세계 안에 머물 수밖에 없을 것이다.

평가와 장학이 구축해놓은 수업 문화는 자명하고 선험적인 이상이 아니다. 그 제도와 습속을 의심해보고, 평가와 장학의 구태와 결별할 수 있어야 한다. 그리고 이는 그것들과는 다른 개념들과 만나야 가능한 일이다. 평가와 장학의 반복과 재현을 벗어나기 위해서는, 배제된 교사들의 자율성과 자발성을 회복하기 위해서는 새로운 개념이 필요하다는 말이다. 최근 몇 년 사이에 수업 담론의 지형이 바뀌고 있다. 수업 컨설팅, 수업 이해, 수업 코칭, 배움의 공동체와 수업 개혁, 수업 비평과 같은 새로운 담론과 개념들이 출현한 까닭이다. 이는 평가와 장학의 한계를 넘어서기 위한 시도로 실행 주체와 연구자들이 각기 자신들이 지향하는 바를 이 용어들 속에 담고 있다. '다온'이 새로운 개념들과 자연스럽게 접속하게 된 것도 이와 같은 맥락이다. 우리는 그 가운데서도 수업 비평을 통해 낡고 익숙한 수업 문화를 탈구축할 수 있겠다는 기대감이 있었고, 이는 지금도 여전히 유효하다. 비평이 규범과 입법의 평가적 시선과는 다르다고 생각하는 까닭이다. 말하자면 이와 같은 개념과 담론들이 수업에 새로운 방식으로 접근할 수 있는 이론과 실행의 환경을 제공한 셈이다.

수업 비평은 전술한 담론과 실천들에 비해 역사가 짧은 편이나 이제는 더 이상 낯선 이름이 아니다. 교사 양성 대학, 교육청, 연수기관, 학교 현장, 연구회, 교사학습공동체 등이 새로운 수업과 수업 문화를 만들어가기 위해 수업 비평을 다양한 방식으로 활용하고 있다. 이와 같은 관심은 수업 비평이 성찰과 성장의 도구로 그만한 가치가 있기 때문일 것이다. 특히나 교사학습공동체professional learning community는 교학상장敎學相長의 문화를 만들어가는, 갈수록 파국으로 치닫는 제도와 시스템에 브레이크를 거는 질점attractor 구실을 할 것이라 믿는다. 이는 작은 학교나 혁신학교가 아니어도, 공립형 대안학교가 아니어도, 삼삼오오 작당하고 모인 학교가 아니어도 충분히 가능한 일일 것이다. 우리가 할 수 있는 일은 그런 것이 아닐까? 학교의 시공간을 좀 더 즐겁고 유쾌한 기획으로 프로그래밍해보는 것이다. 교육과정을 함께 디자인하고, 수업을 중심으로 동료성collegiality을 구축할 수 있다면 좋을 것이다. 좋은 연수를 기획하고, 공부를 같이해도 좋을 것이다.

그럼에도 수업 컨설팅이나 '배움의 공동체' 운동이 약진하는 상황에 비하면 확산 속도가 그다지 빠른 편은 아니다. 물론 이들처럼 앞서 나가는 담론과 실천들이 반갑다. 수업 이해나 수업 코칭도 마찬가지다. 수업 비평을 유연하게 확장·가동하기 위한 이론과 실행의 자원으로 활용할 수 있는 까닭이다. 수업 비평에 대한 이론적 혹은 학문적 연구는 꽤 진척된 상황이다. 최근 5년간 청주교대 교육연구원에서 개최한 학술대회를 통해 약 100여 편가량의 연구 논문이 제출된 바 있다. 실행의 차원에서는 전문 연구자들뿐만 아니라 수업비평연구회나 교사학습공동체 등의 활동 사례도 어렵지 않게 접할 수 있다. 수업 문화 개선 운동의 차원에서 보자면 이론적인 작업뿐만 아니라 실천도 중요하겠으나 조급하게 생각할 필요는 없을 것이다. 그럼에도 현장 교사들의 다양한 수업 사례를 찾아 발굴하고, 소개하기 위한 실제비평의 생산과 유통이 아쉬운 상황이다.

이에 부족하나마 공부하면서 쓴 글들을 몇 편 묶어낸다. '다온'의 동료들과 함께 공부하고 토론하면서 정리한 기록이다. 워크숍을 할 때마다 공부 삼아 조금씩 쓴 글들이라서 이미 '과거'가 된 식상한 언어들이 많다. 다시 정리하다 보니 위태로운 코너링과 선을 넘는 무모한 말들도 눈에 띈다. 그럼에도 출판을 허락해주신 선생님들께 크게 해가 되지는 않을 것 같아서 일단 눈을 감는다. 토론하면서 동료들에게 듣고, 어디선가 읽었던 언어들도 글 속에 들어와 자리를 틀고 있다. 그리 새로울 것 없는 초보자의 서툰 언어가 과연 감응을 줄 수 있을까 하는 생각도 없지 않다. 그럼에도 일단 '과거'로 보내고 싶다. 돌아보면 또 다른 생각들이 발목을 잡을 테니까. 누군가에게는 토론의 자료로, 나 같은 초보들에게는 쉽게 손에 잡히는 실행 매뉴얼로 읽힐 수도 있을 것이다. 비판과 이견을 기대한다. 밟고 건너가 조약돌을 발견할 수 있기를 바란다.

감사의 마음을 전하고 싶은 분들이 많다. 우선 출판을 흔쾌히 허락해주신 방지현, 한광수, 임선영, 박소연, 임대봉, 김하나, 고은이, 장군, 조경삼 선생님께 깊이 감사드린다. 이분들의 도움이 없었다면 이 글들은 하드디스크에 매장된 채 바이러스의 먹이로 사라졌을 것이다. 우연한 인연임에도 많은 배움을 선물해주시고, '다온'을 격려해주신 이혁규 선생님께도 깊이 감사드린다. 올해는 안식년을 맞아 외국에 가신다고 한다. 벌써 선생님의 귀국이 기대가 된다. '다온'의 동료들인 원종희, 장군, 조경삼, 한진희 선생님께도 마음을 전하고 싶다. 즐거울 때나 힘들 때나 항상 함께하는 동료들이다. 세미나와 워크숍을 통해 많은 도움을 받았음에도 동료들의 글을 함께 묶어내지 못하게 되어 미안한 마음 가득하다. 일단 빚으로 남겨둔다. 기회가 된다면 '다온'의 동료들과 함께 성찰과 성장의 기록을 묶어내고 싶다. 충분히 가능한 일일 것이다. 퇴직할 때까지 팔팔하게 함께할 테니까. 출판을 도와주신 살림터의 여러 관계자들께도 감사의 말씀을 전한다. 끝으로 관심 분야가 아님에도 글을 읽고 조언해준 아내와 둘이서 느긋하게 좀 걷고 싶다. 늘 웃음을 선물해주는 세린, 인결이에게도 고맙다는 말을 전하고 싶다. 어머니, 아버지께도 이 책을 보여드릴 수 있어 다행이다.

2014년 5월

윤양수

1.
편집된 역사,
다르게 보기

올해 초등학교 5, 6학년은 2007 개정교육과정을 공부하고 있다. 작년에 7차 교육과정을 공부한 6학년은 교육과정이 바뀌는 바람에 학습 내용의 누락과 중복을 피할 수 없었다. 사회, 과학, 실과 교과의 학습 내용이 학년 간에 옮겨진 탓이다. 가령 사회과 역사 영역의 경우 6학년에 있던 내용이 개정 교과서에서는 5학년으로 옮겨졌다. 게다가 지난해까지 51시간이던 역사 수업이 올해는 32시간에 불과하다. 사회 시간은 보통 한 학기에 51시간인데 나머지 19시간은 새로 나온 6학년 교과서의 내용(일반사회, 지리)을 다뤄야 하기 때문이다. 또한 일반사회, 지리 관련 내용은 5학년 때 거의 다 학습한 내용이다. 역사 보충 교재도 부실한 데다 선사시대부터 근현대사까지 다루기에는 시간이 턱없이 부족하다. 결국 올해 1년간 역사를 배우는 5학년에 비해 학습이 부실할 수밖에 없는 것이다.

조경삼 선생님은 올해 1학기부터 '역사 공화국 한국사 법정 시리즈'를 교재로 한국사의 쟁점들을 20여 차례나 다뤘다고 한다. 지난해 사회 교과 전담으로 지금의 이 학생들에게 한국사를 연대기적으로 지도한 데에 이어 좀 더 '깊이' 있게 접근하려는 의도였다고 한다. 2007 개정교육과정이 시행되면서 발생한 전후 사정을 감안할 때 결코 쉽지 않은 일이다. 이 수업은 사회과 역사 수업으로 조선시대 초기 '수양대군과 사육신'의 대립(한국사 법정 시리즈 25권, 함규진, 『왜 수양대군은 왕의 자리를 빼앗았을까?』, (주)자음과모음)이라는 역사적 사건을 다룬다. 쟁점을 다루는 만큼 법정 공방의 형식에 디베이트 포맷을 추가한 수업이 시선을 끌어당긴다. 뿐만 아니라 당일 수업이 끝나고, 저자 초청 강연까지 진행했다고 한다. 수업은 얼마 전에 종영된 드라마 「공주의 남자」 예고편을 보면서 시작된다.

수업 보기

디베이트 심사 기준 안내

「공주의 남자」 예고편(계유정난 당시 수양대군이 사육신을 고문하는 장면)을 시청하는 모습은 아쉽게도 카메라 앵글에 담지 못했다고 한다. 조경삼 선생님이 학생들에게 성삼문과 수양대군을 주제로 한 디베이트debate의 시작을 알린다. 교실 앞쪽 중앙에는 수양대군 측(2명)과 성삼문 측(3명) 학생들이 서로 마주 보고 앉아 있다. 뒤쪽에는 다섯 명의 배심원들이 앉아 있고, 좌우에는 열두 명의 방청단이 자리하고 있다. 선생님은 본격적인 시작에 앞서 발언 시간 체크, 배심원의 판결에 관한 사항 등을 간단히 점검한다.

양측 입론

먼저 원고 수양대군 측 서영이가 약 4분간에 걸쳐 미리 준비해 온 입론을 발표한다. 다른 학생들은 각자 활동지에 메모를 해가며 경청하고 있다. 서영이의 발표가 끝난 후 선생님은 수양대군 측 입론의 핵심 내용을 간략하게 요약해준다. 이어 성삼문 측을 변론하는 현민이의 입론이 약 3분 30초가량 이어진다. 조경삼 선생님은 성삼문 측의 입론에 대해서도 수양대군 측의 입론과 대조해가며 요점을 정리해준다.

양측 학생들의 입론을 간단하게 요약하자면 다음의 표와 같다.

수양대군 측 입론(발언자 : 서영)	성삼문 측 입론(발언자 : 현민)
계유정난은 정당하다. 단종은 정치를 하기에는 나이가 너무 어렸다. 그를 대신할 수 있는 적임자가 수양대군이었다. 둘째, 사육신의 행동은 옳지 못하다. 사육신은 임금인 세조를 없애려던 역적이다. 단종이 물러나는 과정에서 반대하기는커녕 오히려 공을 인정받았다. 그런데 자신들의 정치적 야심을 위해 역모를 꾀하다가 발각되어 처벌을 받은 것이다. 셋째, 세조는 정치를 잘했다. 농업을 크게 장려하였고, 문화적으로는 『동국통감』, 『월인석보』, 『식료찬요』 등을 펴내 민족 문화를 풍부하게 했으며, 국방의 측면에서는 여진족의 우두머리인 이만주를 죽였다. 그러므로 세조의 계유정난은 정당하며, 정치 또한 훌륭했다.	협박으로 왕위를 찬탈한 수양대군은 명백히 법도를 어겼다. 수양대군은 문종의 부탁을 무시하고, 임금 자리를 강제로 빼앗았다. 사육신은 그와 같은 악행을 바로잡으려 죽은 충신들이다. 물론 단종이 어려 누군가에 의한 정변의 가능성은 있었다. 그러나 그것을 이유로 수양대군의 쿠데타와 탄압을 정당화할 수는 없다. 또한 수양대군 일파의 독단은 김종서의 '황표정사'와 다를 것이 없었으며, 왕위에 오른 후에는 신하들과 함께 토론하고 국정을 의논하던 윤대와 경연을 폐지하는 등 소통과 화합이 없는 독재였다. 조카를 협박해 왕위를 찬탈하고, 사육신들을 무자비하게 죽인 수양대군은 명백히 법도를 어겼다.

교사 이쪽(수양대군 측)은 계유정난이 정당하다고 했고, 이쪽(성삼문 측)에서는 부당하다고 얘기한 거죠. 그러니까 수양대군이 왕의 자리를 빼앗은 것에 대해서 권력욕에 따른 행동이었다, 그리고 인륜에도 어긋나는 것이다, 그래서 계유정난이 부당하다는 거고요. 그다음에 단종이 올바른 정책을 펴려고 할 때 사사건건 발목을 잡던 것들이 김종서나 이런 신하들이 아니라 수양대군과 왕족들이었다, 이 이야기를 하는 거고요. 그다음 세조의 정치는 피의 정치였다, 그래서 훌륭하다고 볼 수 없다. 아까 이쪽(수양대군 측)에서 한 것에 대한 반박의 입장이 되는 거죠. 그런데 선생님은 이렇게 정리하고 싶어요. 이쪽에서, 즉 수양대군 측에서는 권력에 초점이 맞춰져 있는 거고요. 권력을 누가 갖느냐에 대한 문제다, 그러니까

왕 측에서 가져야 한다, 이런 쪽이고요. 이쪽(성삼문 측)에서 가장 강조되는 것은 뭘까요? 아까 선생님이 얘기했던 인간의 도리 이런 쪽이 가장 앞세워지는 초점이 될 수 있겠죠.

학생 유교 국가에서.

교사 그렇죠. 유교 국가에서 어떻게……

학생 사람을…….

교사 사람도 그냥 사람이 아니라 자기의 조카를 그럴 수가 있나 이런 것에 초점이 놓일 수 있겠죠?

수양대군 측의 입론은 당시 정세 속에서 '왕권'을 장악하는 문제에, 성삼문 측의 입론은 '인간의 도리'에 초점이 놓일 수 있다는 것이다. 그러고는 질문을 해보라며 배심원 측에 발언권을 넘긴다. 양측 토론자들의 시선이 배심원 쪽을 향한다.

질문 및 교차 질의

"수양대군이 단종에게 칼을 겨눈 것은 대든 게 아닌가?"

배심원 수양대군 측에서 말할 때 신하들이 왕에게 복종해야 한다고 했잖아요. 수양대군이 단종에게 칼을 겨눈 건 대든 게 아닌 건가요?

수양대군 측 그러니까 성삼문 같은 사육신이 수양대군한테 충성을
안 해서 죽였다는 게 잘못됐다는 거죠?

수양대군의 정치적 행보에 관한 질문과 답변이 오간다. 정적을 제압
하고 단종을 밀어낸 수양대군이 성삼문과 같은 신하들에게 충성을 강
요한 것은 자기모순이 아니냐는 배심원 측 예림이의 지적이다.
"서영이가 답하기에는 좀 곤란할 것 같아요."
"모순적인 건데, 어쩔 수 없는 한계인 것 같아요."
선생님이 나서서 논점을 정리해준다. 이어 '계유정난'에 관한 질문
이 이어진다. 선생님은 '수양대군이 왕위를 빼앗은 사건'으로, 정적을
제거하고 왕위에 오르는 과정이라고 설명해준다. 그러고는 학생들에게
질문을 던진다.

> **교사** 동섭이한테 질문해볼게요. 아까 이쪽(수양대군 측)에서도 나오
> 고, 이쪽(성삼문 측)에서도 나온 말 중에 '황표정사'라는 말이
> 있거든요. 그게 뭘까요? 뭐냐 하면, 황표예요. 누런 표시를 하
> 는 거예요. 노란 점 같은 것. 예를 들자면…….
> **학생** 아, 찍어서 단종한테 올리는 거요.
> **학생** 아, 그거 알아요. 김종서가 찍어서 추천한다고.

선생님이 학생들에게 '황표정사'를 이야기해준다. '황표정사'란 당시
고위관리를 임명할 때 이조에서 천거한 명단을 보고, 왕이 노란색 점
을 찍어 낙점자를 임명하던 인사 방식을 말한다. 당대의 세도가였던
김종서가 아예 처음부터 점을 찍어 올리면서 단종은 허수아비 왕이
되었다는 것이다. 그와 같은 권세를 수양대군이 그대로 휘어잡게 되

는데, 그 또한 '황표정사'가 아니냐는 성삼문 측의 반박을 되짚어준다. 상대 팀의 논리적 허점을 드러내기 위한 교차 질의가 끝나고, 양측의 반박이 시작된다.

반박

수양대군 측 저쪽(성삼문 측)에서 세종하고 문종이 정치를 잘했다고 했는데, 문종이 무엇을 잘했는지…….

성삼문 측 문종은 세종대왕 아들이고, 특별하게 잘한 것을 정확히는 잘 모르겠지만, 그래도 무武보다는 문文에 뛰어난 사람이어서 나라 안에 여러 가지 기틀을 정비하는 일을(?) 잘했을 것 같았습니다.

"그것만으로는 쿠데타와 악행을 정당화할 수 없다."

수양대군 측의 질문 내지는 지적과 성삼문 측의 답변이다. 이어 성삼문 측에서도 당시 "수양대군이 가장 나은 대안일 수 있었다"는 수양대군 측의 주장에 대해 "그것은 가능성일 뿐 그것만으로는 수양대군이 저지른 쿠데타와 탄압과 악행을 정당화할 수는 없다"는 반박을 내놓는다. 수양대군은 "위기에서 혁명을 일으킨 것이 아니라 단순히 쿠데타를 일으킨 것"이 아니냐는 것이다. 이에 수양대군 측의 서영이

가 응수한다. 정당화가 될 수는 없겠지만, 수양대군이 자신을 정당화
하기 위해 스스로 노력을 했을 것이라고 답변한다.

성삼문 측 왜 의정부 서사제를 폐지했나요?

수양대군 측 그것은 수양대군 마음이죠.(아이들 웃음)

교사 아, 아니요. 그것은 선생님이 아까 이야기했던 초점이라는 부분
과 관련이 있어요. 의정부는 신하들의 의견에 귀 기울이는 곳
이거든요. 근데 수양대군은 어떤 사람이에요? 어떤 주의자예
요? 왕권주의자죠. 그러니까 그런 이야기를 들을 필요가 없다
고 해서 폐지해버린 거예요.

수양대군 측 그러면요, 수양대군 입장에서는 신하였잖아요. 신하에서
왕이 된 거니까 들었어야 하는데 안 들은 것은 잘못이지만, 아
무래도 자기를 위협할 것 같으니까 안 들은 것일 수도 있을 것
같아요.

교사 위기를 보는 관점도 다른 거예요. 이쪽(성삼문 측)에서는 무슨
전쟁이 있었느냐, 침략이 있었느냐, 무슨 위기라는 건데? 하지
만, 이쪽(수양대군 측)에서는 왕권이 위협받는 게 위기라는 거
죠. 허수아비 왕이 있다는 게 위기라는 거예요.

조선 초기에는 의정부 서사제와 6조 직계제를 통해 국정을 운영했
다. 6조의 업무를 보고받던 의정부는 왕권을 견제하는 역할을 했다.
그러나 세조는 왕권을 강화하기 위해 의정부 서사제를 폐지하고, 6조
직계제로 행정 조직을 정비한다. 이와 같은 수양대군의 정책에 대한
성삼문 측 은주의 공격이다. 서영이의 허술한 답변이 학생들의 웃음을
자아낸다. 이때 조경삼 선생님이 개입해서 수양대군 측의 답변을 보충

한다. 수양대군의 '왕권 강화' 정책에서 비롯된 일이라는 이야기다. 자신의 방어가 아쉬웠던지 서영이가 추가로 답변한다. '의정부 서사제'가 수양대군에게 위협이 됐을 것이라는 주장이다. 선생님은 서영이의 의견에 대해 '왕권' 위협의 측면과 '위기'를 보는 관점에서 간단하게 주석을 달아준다. 그러고는 논박이 오가는 배치에서 벗어나 배심원과 방청단으로 발언 기회를 넘긴다.

의정부를 다시 열어 신하들의 말을 들었어야 하지 않나?

배심원 측 수양대군이 의정부를 없앴다고 했잖아요. 자기 왕권에 위협이 될까 봐. 그러면 왕권이 어느 정도 안정이 됐을 때 그걸 다시 열어서 신하들의 말을 들었어야 하지 않았을까요?

수양대군 측 난감한데요. 제가 수양대군이 아니라서 제 생각으로 답해야 할 것 같은데요. 의정부를 폐지했잖아요. 근데 자기가 폐지해놓고 다시 이걸 살려놓으면 아무래도 좀 그렇지 않았을까요?

교사 자, 왕의 자리에서 엎어놓은 것을…….

학생 자존심.

교사 그렇죠. 왕의 자존심이죠. 엎어놓은 정책을 다시 뒤집는다는 것은 우리가 하는 것보다도 상당히 어려울 거예요. 일반 사람도 자존심 때문에 다시 뒤집기가, 사과하기가 어려운데 왕은 왕의 권위, 이런 것들 때문에 더욱 어려울 수 있겠죠.

　의정부 서사제의 복원과 관련한 질문과 답변이다. 수양대군 측의 서영이는 수양대군이 자신이 폐지한 제도를 되돌려놓기는 어려운 일이었을 것이라는 의견이다. 이어 조경삼 선생님이 발언을 보충한다. 왕의 위신과 권위가 실추될 수 있다는 것이다. 선생님은 이어 남학생들끼리 한쪽에 모여 앉아 있는 방청단에 질문을 던진다. 필규와 성균이에게 양측 주장의 약점을 찾아 지적해보라고 주문한다. 두 친구 모두 답변을 못하고 머뭇거린다. 선생님은 답변을 기대했다기보다는 산만한 행동을 제지하려 한 것으로 보인다. 선생님은 다시 시선을 옮겨 다음 단계로 넘어간다.

요약 및 마지막 초점

교사　아직까지 제대로 못 잡은 게 있다면 이번에 잡아주세요. 그리고 강조점을 찾아주시기 바랍니다.

학생　어디부터 해요? 수양대군이에요, 아니면 성삼문 측이에요?

　요약과 최후 진술이 이어질 차례다. 양측의 약점을 생각하고 있었던 듯 방청단의 필규가 갑자기 선생님께 질문을 한다.
　"약점은 성삼문이 말한 거 아니에요?"
　발언이 모호하다. 조경삼 선생님은 필규에게 분명하게 말해달라고 요청한다. 그러나 필규는 생각을 정리하지 못한 듯하다. 선생님은 학생들에게 요약과 최후 진술을 묶어서 한꺼번에 하자고 안내한다. 그리고는 양측이 최후 진술을 준비하는 동안 궁금한 것을 질문해보라고 말한다. 방청단과 배심원들에게서 간단한 질문들이 쏟아진다.

"이게 없는 것 같은데요?"

"영조가 누구예요?"

"영조가 21대죠?"

선생님은 질문한 학생들에게 다가가 일일이 답해준다.

"선생님은 이쪽의 약점이 뭐라고 생각하세요?"

이 같은 질문에는 먼저 답을 해보라며 질문으로 되돌려준다.

"약점이 없어요. 너무 완벽해."

방청단 약점이 없어요. 너무 완벽해.

교사 저쪽에서 약점이 없대요. 너무 완벽하게 잘했대요.

수양대군 측 감사하네요.(박수)

교사 마지막으로 약점이 없는 두 팀의 요약 및 최후 진술을 들어보
겠는데, 약점이 없으니까 여러분이 판결문 쓰기 어려울 것 같은
데 여기서 잘 듣고 잡아보세요. 수양대군 측 먼저 합니다.

원고 수양대군 측의 최후 진술을 시작으로 양측의 요약 및 마지막
초점이 이어진다. 수양대군 측에서는 영현이가 발언자로 나선다. 발표
는 비교적 간단하게 끝난다. 성삼문 측에서는 하영이가 나섰고, 상대
팀에 비해 진술을 길게 이어간다. 양측의 마지막 초점을 듣고 난 후

조경삼 선생님은 성삼문 측의 진술에 아쉬움을 표시한다. 최후 진술의 초점이 약하다는 것이다. 이에 선생님은 양측에 한 번 더 발언 기회를 주기로 한다. 초점을 '한 문장'으로 강조해보라는 것이다. 그러나 양측 발언자들은 준비가 안 된 듯하다. 양측의 마지막 초점을 그대로, 또 간추려 옮기면 다음의 표와 같다.

수양대군 측 요약(발언자:영현)	성삼문 측 요약(발언자:하영)
계유정난은 정당하다. 그 이유는 단종은 정치를 하기엔 나이가 너무 어렸다. 사육신의 행동은 옳지 못하며, 세조의 정치는 훌륭했다. 농업을 크게 장려하였고, 문화에서는 여러 책을 펴내 민족 문화를 풍부하게 했다. 그리고 세종과 세조 때 볼 수 있던 문화 발전을 더 이상 못 봤다.	왕위를 찬탈한 수양대군은 명백히 법도를 어겼다. 선비들을 없애고, 집현전을 폐지했다. 또한 반역까지 저질렀다. 당시 단종이 순조롭게 성장하여 큰 혼란 없이 임금 노릇을 하게 되었을 가능성은 희박했다. 누군가 정변을 일으켜 대신 왕이 될 거라면 수양대군이 대안일 수 있다. 그러나 실제 역사가 어떻게 전개되었을지 모르는 상황에서 막연한 가능성만으로 수양대군의 쿠데타와 탄압을 정당화할 수는 없다. 그리고 사육신이 자신들의 사리사욕을 위해서 모의를 했다는 증거가 발견되지 않았다. 수양대군은 단종에게 사사건건 참견했고, 위협을 해서 왕의 자리를 빼앗은 만행을 저질렀다.

교사 초점으로 드러낼 말. '수양대군은 이래서 옳다.' 자, 여기 사육신은 '성삼문은 이래서 옳다.' 하고 딱 한 문장으로 한번 정리를 해보세요.

교사 이제 정리가 됐으면 판결문을 써요. 여긴(양측) 준비할 시간이 필요하니까요.

학생 발표를 들어봐야겠어요.

교사 아, 그걸 듣고 써야 하겠어요? 아, 중요하네(하하하!).

교사 자, 이쪽 먼저 할래요? 어디 준비된 데 없어요?

난색을 표시하는 학생들에게 마지막 초점 준비에 대해 한 번 더 코치해준다. 그리고 선생님은 배심원과 방청단 학생들에게는 판결문을 써보도록 안내한다. 양측이 마지막 초점을 준비하는 동안 학생들과 선생님 사이에는 판결문 작성에 필요한 질문과 답변이 오간다. 먼저 성삼문 측의 현민이가 마지막 초점을 발표한다.

"조카를 협박해 왕위를 찬탈하고, 사육신들을 무자비하게 죽인 수양대군은 명백히 법도를 어긴 죄인"이라는 것이다. 조경삼 선생님은 이를 '인간의 도리'로 초점화한다. 다음은 수양대군 측의 차례. 선생님의 조언에도 힘겨운 듯 발표를 미루던 서영이가 드디어 말문을 연다.

> **수양대군 측** 수양대군은 결국 올바르게 왕의 자리에 오르지 못했지만, 성삼문 측도 결국은 권력을 얻기 위한 것이었다.
>
> **교사** 성삼문 측의 그런 행동도 결국은 권력을 얻기 위한 것이 아니냐. 단종을 다시 왕으로 올렸을 때 누가 공신이 되겠어요? 성삼문, 사육신이 공신이 돼서 또 권력을 휘두를 게 아니냐, 그 얘기로 마지막 초점을 맞춘 것이죠. 결국은 권력 싸움 아니냐 그 얘긴 거죠.

평가 및 판결

마지막 초점이 끝나고, 선생님은 학생들의 질문에 답하면서 판결문을 작성하는 학생들을 살핀다. 잠시 후 카메라가 배심원 쪽을 향한다. 양측의 공방에 대한 배심원들의 판정을 듣는 순서다. 배심원들의 평가는 토론 전략, 형식, 태도, 스피치 등에 관한 내용들이다. 먼저 성규

배심원들은 토론의 전략, 형식, 태도, 스피치 등을 평가하는 방식으로 참여한다.

가 소견을 발표한다. 양측 모두 첫 번째 발언자에게 발언이 편중됐다는 지적이다. 예림이의 평가는 적나라하다. 첫 번째 발언자를 제외한 "나머지는 들러리였다"는 평가와 함께 "목소리가 작아 잘 전달이 되지 않았다"는 지적이다. 주희는 양측의 발언 시간에 대해 말한다. 수양대군 측은 10점(입론 1점, 요약과 초점 9점), 성삼문 측은 6점(입론 3점, 요약 및 초점 3점)이 감점됐다는 설명이다. 규상이는 현민이네 측이 말을 좀 더듬는 경우가 있었고, 서영이네 측은 말의 속도가 좀 빨랐다는 평가다. 마지막으로 나경이는 양측의 편중된 발언을 지적하고, 목소리가 잘 들리지 않았다고 말한다. 긍정적으로는 양측의 논리에 빈틈이 없었다는 소견도 밝힌다.

이어 배심원과 방청단의 판결을 듣는 순서다. 수양대군을 지지하는 학생도 있으나 대체로 성삼문의 손을 들어주는 학생이 많다. 방청단의 성균이는 성삼문이 옳다고 말한다. 배심원 측에서는 예림이가 "수양대군을 보면 사람을 죽여서 용서가 되지 않는 부분이 있지만, 어린 단종이 정치를 하는 것보다 수양대군이 정치를 해서 올바르게 잡아나가는 것이 훨씬 나을 것 같다"고, 그런 측면에서 "수양대군이 옳다"고 소견을 밝힌다. 판결문 작성을 미처 끝내지 못한 학생들이 많은 듯하다. 조경삼 선생님은 이쯤에서 수업을 마무리한다. 수업이 끝나고 판결문을 수합하여 학생들이 읽어보도록 했다고 한다.

법정 공방 혹은 디베이트

재판 형식과 디베이트 포맷을 혼용하고 있는 수업이다. 양측의 공방, 최후 진술, 판결 등의 형식과 절차가 재판의 형식과 관련이 있다면, 양측의 입론, 질의, 반박, 요약 및 마지막 초점, 시간제한 등은 디베이트 포맷과 관련이 있다. 물론 후자의 비중이 큰 편이다. 또한 원고와 피고가 디베이트 팀이라면, 배심원은 판정단과 동일하다. 그리고 재판 혹은 디베이트를 관전하는 방청단은 공통적인 성분이다. 세부적인 절차와 형식을 따져보면, 재판 형식 혹은 디베이트 포맷과 상이한 면들이 적지 않다. 그 가운데에서도 재판을 진행하고 판결을 내리는 법관이 없다는 점과 토론을 진행하는 사회자가 있다는 점이 현저하게 눈에 들어온다. 이는 두 가지 형식의 혼용에서 비롯한 차이들이다. 과연 효과적인 선택일까?

앞에서 말한 것처럼 조경삼 선생님은 '한국사 법정 시리즈'로 20여 차례 정도 역사 수업을 진행했다고 한다. 그 가운데 15~16차례 정도는 디베이트 포맷을 추가하여 진행했다고 한다. 선생님의 디베이트에 대한 관심과 의욕을 짐작할 수 있는 이야기다. 디베이트debate는 일반적인 토론discussion과 다르게 "찬반이 명료한 주제를 선택하고, 발언시간과 순서를 미리 정해서 하는 형식적 제약이 큰 토론"[1]을 말한다. 디베이트는 '리서치Research, 비판적 읽기Critical Reading, 스피치Speech, 듣기Listening, 에세이Essay 쓰기' 능력 향상에 효과적이라고 한다.[2] 일반적인 토론과 다르게 발언 시간과 순서를 정해서 하는 까닭은 공정한 토론이 가능하며, 토론 기량을 정확히 비교할 수 있기 때문이다.

이 수업에서 볼 수 있는 재판 형식과 디베이트 포맷은 그 구성과 배치는 다르나 대립적인 공방이 공통적이라는 점에서 혼용이 가능할 것이다. 학생들의 그룹은 원고와 피고, 배심원과 방청단으로 구성되어 있다. 원고와 피고 측은 대립하는 입장에서 서로 공방을 펼친다. 배심원들은 토론을 심사하고, 판결문을 작성한다. 또한 원고와 피고 측에 질문을 할 수 있다. 방청단도 질문을 할 수 있으며, 판결문을 작성한다. 그리고 선생님은 사회자로 참여하여 토론을 주재한다. 이와 같은 역할 배분에서 볼 수 있듯이 디베이트와는 상당한 차이가 있다. 배심원과 방청단의 역할은 디베이트에서는 볼 수 없는 모습이다. 그리고 사회자가 등장한다는 점에서는 일반적인 토론discussion 형식에 가깝다.

물론 수업에서 형식과 절차가 꼭 중요한 것은 아니다. 형식과 절차가 반드시 좋은 수업을 보증하는 것은 아니기 때문이다. 절차와 형식이 쓸모없다고 말하려는 것이 아님을 길게 부연할 필요는 없을 것이다. 조경삼 선생님은 이 수업에서 디베이트의 절차와 형식보다도 학생들의 '소외' 없는 참여에 초점을 둔 것으로 보인다. 그런 까닭에 모든 학생들이 자신의 역할을 가지고 토론 공간에 참여하고 있는 것이다. 물론 그 경중에는 차이가 있다. 무엇보다 이 수업의 핵심은 원고 측과 피고 측 간의 토론 공방에 있다. 그런 까닭에 배심원과 방청단의 배역은 상대적으로 비중이 낮을 수밖에 없다. 이렇듯 이 수업이 디베이트의 형식적인 제약을 벗어난 까닭은 학생들의 '소외'를 줄이기 위한 배려로 이해할 수 있을 것이다.

그러나 디베이트는 형식과 절차를 강조한다. 일반적인 토론discussion과 다른 이유가 거기에 있는 까닭이다. 형식과 절차를 따라가 보자면,

이 수업에서는 '동전 던지기'를 생략하고 있다. 이는 정보 수집과 논제 분석, 토론 전략, 논박과 방어의 양상 등에 영향을 준다. 입장을 미리 정한 까닭에 학생들도 논박보다는 입론과 방어에 초점을 두고 준비한 것으로 보인다. 물론 입론은 양측 모두 탄탄하다. 충실하게 준비했다는 이야기다. 이어 교차 질의가 진행될 것으로 기대했으나 조경삼 선생님은 의아하게도 배심원과 방청단 쪽으로 '동선'을 옮긴다. 학생들을 관리 혹은 배려하기 위한 것임을 모르는 것은 아니다. 그러나 이와 같은 '동선'의 변화는 집중을 분산시킨다고 생각한다. 때문에 토론의 긴장이 이완되는 것이다.

학생들의 발언을 보충하는 선생님의 '친절한' 개입도 토론의 연결과 흐름을 지연 혹은 멈추게 한다. 그 순간 수업이 토론의 배치에서 강의식 배치로 넘어가게 되는 까닭이다. 수업 후기를 보면, 한 학생은 "선생님이 너무 나서서 정리를 해주셨다"고 말한다. 사회자 이상의 개입에 대한 지적이다. 물론 선생님의 개입에 이유가 없는 것은 아니다. 학습 내용의 난이도가 높고, 몇몇 책을 읽지 않은 학생들의 이해를 돕다 보니 발언에 대한 정리와 보충을 피할 수 없었을 것이다. 이렇듯 토론의 활기가 떨어지는 까닭은 아이러니하게도 형식과 절차의 제약 때문이 아니라 그로부터 벗어난 수업 진행과 관련이 있다고 생각한다. 즉, 재판 형식과 디베이트 포맷의 혼용에 따른 혼선과 분산이 원인으로 보인다.

학습 내용의 난이도가 높다는 점도 토론의 긴장과 활기를 떨어뜨리는 요인이다. 배심원들의 토론 판정을 보면, 양측 모두 첫 번째 발언자에게 발언이 편중됐다는 지적이 많다. 심지어는 입론한 학생들을 제외한 "나머지는 들러리였다"는 적나라한 평가도 있다. 이와 같은 지적은 수업 후기에도 등장한다. "두 사람만 열심히 준비한 것 같다"는 것이다. 이는 학생들이 소화해내기에 학습 내용의 난이도가 높았다는 사실을 방증한다. 그런 점에서는 난이도와 학생들의 지적인 소화력 간에 적절한 균형이 필요하다는 생각도 든다. 토론 공간의 강도와 속도는, 경청과 참여는 자신의 것으로 소화해낼 수 있을 때 가능한 것이다. 학생들의 수준에 맞게 좀 더 감환해서reduce 제시할 필요가 있지 않았을까?

그런 까닭에 수업 내내 입론의 수준을 넘어서는 열띤 공방을 찾아보기 어렵다. 질문과 반박, 요약 및 마지막 초점, 그리고 배심원과 방청단의 평가와 판결에 이르기까지 후반부로 갈수록 긴장과 활기가 떨어진다. 배심원 측의 예림이가 적극적으로 발언하지만 이와 같은 토론의 양상을 바꾸는 질점attractor으로 구실하기에는 한계가 있다. 이는 물론 배심원이라는 역할의 한계일 수 있다. 형식과 절차를 지킨다고 디베이트가 당장 크게 달라지지는 않을 것이다. 그럼에도 형식과 절차에 대한 아쉬움을 지울 수가 없다. 이와 같은 자유 토론free talking 형식으로는 초보적인 수준의 디베이트를 벗어나기 어렵다는 판단이다. 형식과 절차를 능숙하게 소화해낼 수 있도록 충분한 연습이 필요하지 않을까?

'하나'의 시간, 다르게 보기

「뿌리 깊은 나무」가 인기리에 방영되었다. 이 드라마는 세종 시대 '한글의 탄생'이라는 빛나는 순간을 다룬다. 세종, 정인지, 성삼문, 박팽년, 최만리 등 역사 속의 실존 인물들이 흥미진진하게 등장한다. 단순한 흥미를 넘어 공들인 장면과 대사들이 많은 생각을 하게 만든다.

밑줄을 긋고, 쓰기를 반복하며 외우는 암기에 비할 바가 아니다. 물론 정기준이나 강채윤과 같은 허구의 인물들이 등장한다는 점에서는 역사적 사실과 흥미 위주의 허구를 엄정하게 가려볼 필요가 있다. 드라마의 특성상 역사적 진실이 때로는 작가적 상상력에 의해 리얼하게 살아나기도 하지만, 허구가 지나치면 역사를 왜곡하게 되는 까닭이다. 역사적 사건에 대한 특정한 관점이나 해석 또한 비판적으로 수용할 필요가 있다.

이 수업은 얼마 전 종영된 드라마 예고편을 보면서 시작한다. 「공주의 남자」는 '계유정난'을 배경으로 하고 있다. 이 수업에서 다루고 있는 사건이다. 비록 사실과 허구가 결합된 팩션faction일지라도 단종, 김종서, 안평대군, 수양대군, 사육신 등등 역사 속의 인물들을 알게 되는 것만으로도 좋은 공부가 된다. 2007, 2009 개정교육과정 이행기 역사 교육에 대한 푸대접을 드라마가 메우고 있는 형국이라고 한다면, 지나친 말일까? 드라마로 재현되는 역사 서사는 연대기를 훑으며 지나쳤던 '역사적 사건'에 대해 다시 생각해볼 수 있는 기회를 제공해준다는 점에서 각별하다. 이 수업에서 역사를 다루는 방식도 이와 크게 다르지 않다. 「공주의 남자」 예고편 시청은 그런 맥락에서 이해할 수 있을 것이다.

선사시대부터 현대사까지 주파하는 역사 수업은 대개가 시간 순서에 따른 연대기적 접근 혹은 전 시대를 다루는 통사적 접근으로 이루어질 가능성이 크다. 물론 이와 같은 접근 방식을 가볍게 볼 일은 아니다. 문제는 초등학생들이 시간의 흐름과 변화에 대한 이해력이 부족하다는 점이다. 즉, 통사적 접근이 쉽지 않다는 것이다. 결국 역사 수업은 지루한 학습과 지겨운 암기를 피할 수 없게 된다. 이 같은 문제를 고려한 듯 조경삼 선생님의 역사 수업은 연대기와 통사적 접근에서 멈추지 않는다. 인물을 초점으로 쟁점을 다루면서 역사 학습에 '깊이'를 추가하고 있다. 그런 까닭에 학생들이 흥미를 갖고 빠져들게 되는 것이다. 뿐만 아니라 인물 중심 접근은 감정이입 혹은 감성적인 '읽기'에도 효과적인 방식이다.

역사적 인물 혹은 쟁점에 대한 디베이트는 역사 지식에 대한 학습을 자료 분석과 탐구, 비판적인 태도 등으로 확장한다. 뿐만 아니라 역사 교육이 목표로 하는 추리력과 판단력, 비판적 사고와 탐구력 등과 같은 '역사적 사고력'의 신장에도 효과적인 방식이다. 게다가 조경삼 선생님은 디베이트 수업을 마치고, 수업 당일 3~4교시에 저자 초청 강연을 진행했다고 한다. 학생들이 저자로부터 '역사 공부'에 관한 이야기, 수업 시간에 공부한 '수양대군과 사육신'의 이야기 등을 직접 들을 수 있는 기회를 갖게 된 것이다. 학생들의 반응도 좋았다고 한다. 전문가 초청 강연은 일상의 수업에서 쉽게 접할 수 없다는 점에서 색다른 학습 경험이 될 수 있다. 시간과 노력을 아끼지 않고, 수업을 근사하게 마무리한 것이다.

이처럼 초등학교 고학년부터는 인물과 사건 위주로 접근하는 것도 효과적이다. 그리고 이는 사회적 배경과 시대상에 대한 이해로 확장해 가는 학습의 기반이 될 수 있다. 한편으로 이 수업이 인물에 대한 도덕적·윤리적 평가로 기우는 아쉬움이 없는 것은 아니다. 물론 이 수업은 거기서 머물지는 않는다. 인물을 통해 윤리적 가치와 태도에서부터 정치와 제도 등에 이르기까지 당대의 시대상에 폭넓게 접근하고 있다. 이와 같은 방식의 역사 수업은 텍스트에 대한 이해를 넘어 그에 대한 분석과 비판적 사고를 연결·종합할 수 있는 능력을 요구한다. 때문에 독서 능력이 바탕이 되어야 흥미 있게 진행할 수 있으며, '깊이' 있는 학습도 가능하다. 그런 점에서도 난이도가 높다는 아쉬움을 지울 수가 없다.

　성삼문을 비롯한 사육신이 충신이라면, 수양대군은 왕위를 찬탈한 야심가로 흔히 알려져 있다. 이 수업을 통해 학생들은 그와 같은 통념을 다시 생각해볼 수 있는 기회를 갖게 된다. 이 수업이 척도화된 기록의 수용이 아닌 열린 해석의 생산을 주문하는 까닭이다. 토론 공간은 그와 같은 해석의 도식을 깨뜨리는 메커니즘으로 작동한다. 학생들은 자연스럽게 수용의 배치를 넘어 새로운 해석의 주체로 참여하게 되는 것이다. 물론 디베이트가 결국에는 찬반으로 수렴되는 한계가 있으나 통념을 그대로 받아들이는 것과는 분명한 차이가 있다. 비록 다른 결론에는 이르지 못할지라도 역사적 사건을 바라보는 '깊이'만큼은 달라지는 것이다. 역사적 사실도 제대로 알아야겠지만, 역사를 보는 '시선'이 더 중요하지 않을까?

　기록으로서의 역사와 '과거'는 동일하지 않다. 역사란 특정한 관점에 따라 선택과 배제에 의해 재구성된 과거가 아닌가? 그리고 그 '과거'는 '기록하는 자'의 평가와 해석에 따라 얼마든지 다르게 배열·구성될 수 있다. 기록으로서의 역사 혹은 '대문자 역사History'는 '기록하는 자'에 의해 '편집된 역사'라는 사실은 누구나 아는 상식이다. 역사 수업은 그와 같은 '대문자 역사'에 의해 가려진 혹은 배제된 '소문자 역사history'를 볼 수 있게 시야를 넓혀주는 것이 중요하다. 그럴 수 있을 때 오직 '하나'의 시간을 그대로 받아들이는 수동적 위치에서 벗어나 초보적인 수준에서나마 역사 해석의 '생산자-되기'가 가능하지 않을까? 'n-1'의 '소문자 역사'가 웅성거리는 교실을 볼 수 있지 않을까?

　학생들의 수업 후기를 보면, "디베이트 방식으로 역사를 배우니까 훨씬 재미있었고, 양쪽 입장을 배우니까 흥미로웠다"고 말한다. 이는 이 수업이 '해석'의 공간을 열어주기에 가능한 일일 것이다. 그렇듯 이 수업은 '새롭게' 혹은 '다르게' 보기를 시도하고 있다는 점에서 긍정적이다. 물론 역사적 사실을 경시한 해석은 경계해야 할 일이다. 사실과 해석, 사실과 가치는 균형과 긴장을 필요로 하며, 우열을 가릴 수 있는 것이 아니다. 다만 척도화된 '하나의 기록'과 '고정된 해석', 즉 '편집된 역사'는 어느 순간 새롭게 발견될 사실에 의해서 언제든 수정될 수 있는 불완전한 해석이라는 것이다. 따라서 다양한 관점으로 생각해보는 새로운 해석의 경험을 통해 학생들은 '역사적 문식력historical literacy'을 기를 수 있을 것이다.

2011년 8월 교육 당국이 '역사교육과정 개정 최종 고시안'을 발표한 이후로 역사교육과정과 교과서를 둘러싼 논란이 끊이지 않았다. 민주화운동, 독재 등 현대사의 중요한 역사적 사실들이 반영되지 않았던 까닭이다. 교육 당국이 역사교육과정을 고시하면서 초·중·고 한국사에서 '민주주의' 대신 '자유민주주의'라는 용어를 선택한 데 대한 반발로 당시 역사교육과정개발추진위원 9명이 사퇴했고, 국회 국정감사장에서도 논란을 빚었다. 파장이 확산되면서 2011년 10월 1일 KBS 심야 토론의 주제로 다뤄진 바도 있다. '자유민주주의', '독재화', '한반도의 유일한 합법 정부' 등 근현대사에 대한 왜곡과 정치적 편향이 확연했다. 교육 당국이 수구 언론과 관변 학자를 앞세워 멋대로 역사 교과서를 검열·커팅하려 한 것이다.

역사학계의 반발이 거세지자 교육 당국과 국사편찬위원회는 당초 2012년 1월로 예정했던 일정을 앞당겨 2011년 11월 17일 '중학교 역사 교과서 세부 검정 기준'을 발표했다. 개정교육과정에서 문제가 된 부분은 '민주주의' 대신 '자유민주주의'를 쓰도록 했고, 이승만·박정희 독재에 대한 기술을 삭제했으며, 사실과 다른 한반도 유일한 합법 정부를 강제하도록 한 것이다. 그러나 하위 요소인 '검정 기준'으로는 '집필 기준'과 '교육과정'이라는 상위 규범들을 넘어설 수가 없다. 급한 불을 끄고 보자는 속셈이었던 것이다. 결국 2013년 8월 문제의 교학사 역사 교과서가 국사편찬위원회의 검정심의를 통과했다. 그러나 2014 학년도 교과서 채택 과정에서 교학사 한국사 교과서는 대중으로부터 외면을 당했다. 이와 같은 퇴행과 소모적인 논란을 언제까지 반복해야 하는 것일까?

1. 캐빈 리, 『대한민국 교육을 바꾼다, Debate』, 한겨레에듀, 26~27쪽. 디베이트는 입장을 선택하는 '동전 던지기', 입안(Constructive Speech, 각 4분), 교차 질의(Crossfire, 3분), 반박(Rebuttal, 각 4분), 교차 질의(Crossfire, 3분), 요약(summary, 각 2분), 전원 교차 질의(Grand Crossfire, 3분), 마지막 초점(Final Focus, 각 2분)의 순서로 진행된다.
2. 같은 책, 34~38쪽.

2.
지문 쓰기,
뜻에서 용법으로

임대봉 선생님은 교육 활동을 열심히 하고, 학생들을 잘 돌보기로 소문난 분이다. 주변의 동료 교사들이 늘 하는 말이다. 뿐만 아니라 자신의 연구 결과와 실천 사례를 나누는 일에도 적극적인 분이다. 때문에 임 선생님의 수업 사례에 관심을 갖게 되었고, 수업 워크숍에 초대하게 되었다. 이에 수업 동영상과 자료를 미리 보내주셨고, 초대에도 흔쾌히 응해주셨다. 연구와 실천으로 앞서 가는 임 선생님의 수업을 마킹할 수 있는 행운을 얻게 된 셈이다. 초6 국어 수업(아산 송남초, 2013)이다. 이 수업에서 다루는 주제는 반半언어적 표현과 비非언어적 표현이다. 전자가 음성의 측면과 관련이 있다면, 후자는 시각적인 측면과 관련이 있다. 임 선생님은 지문 쓰기로 주제에 접근한다. 반언어적 표현과 비언어적 표현을 용법의 차원에서 다루려는 것이다. 우선 학생들의 학습 경로를 따라가 볼 생각이다.

에듀넷이나 시도 교육 당국의 홈피에 게시된 초등 수업은 명시적인 목표 제시, 시선을 사로잡는 동기 유발, 세 가지 내외의 활동, 형성 평가, 정리 등 동일한 절차와 문법을 특징으로 한다. 때문에 우리나라 초등 수업이 '서울에서 제주도까지' 비슷한 양상을 보인다는 우스갯소리가 있다. 임 선생님의 수업은 통상적인 수업에서 흔히 볼 수 있는 '한국형 표준 규격'과는 거리가 멀다. 수업을 보자마자 눈치채겠지만 배움의 공동체 수업 원리에 충실한 수업이다. 볼거리를 제공하는 스펙터클도 없고, 수업의 절차도 간소하다. 그렇기 때문일까. 교사보다는 학생들의 모습이 잘 보이는 수업이다. 수업의 문법이 다른 만큼 이런저런 생각이 스쳐 간다. 얘기해보고 싶은 것은 두 가지다. 하나는 지문 쓰기로 접근하는 방식에 관한 것이고, 다른 하나는 배움의 공동체 수업 원리와 교사의 포지션에 관한 것이다.

수업 보기

  우선 교육과정을 간략하게 살펴보자면, 6학년 2학기 마지막 단원인 '즐거운 문학'의 말하기 영역에 해당한다. 우선 반언어적 표현과 비언어적 표현의 특징을 공부하고, 인물의 성격에 알맞게 표현하는 방법을 익힌다. 최종적으로는 연극 실연을 목표로 한다. 문학의 갈래를 구분하자면 극문학에 해당하는 것이다. 이와 관련한 학습의 계열을 좀 더 살펴보자면, 3학년 때 애니메이션을 보면서 반언어적·비언어적 표현을 공부한 바 있으며, 5학년 때 비언어적 표현의 전달 효과에 대해 공부한 적이 있다. 반언어적 표현이 음성적 차원의 속도, 고저, 장단, 말투 등을 말하는 것이라면, 비언어적 표현은 시각적 차원의 시선, 표정, 몸짓 등을 말한다. 이 시간에는 지문 쓰기를 중심으로 반언어적 표현과 비언어적 표현을 공부한다. 학생들이 활동지를 받고, 과제를 확인하며 학습을 시작한다.

도입부

  학생들이 모둠 친구들과 어울려 가볍게 이야기를 나누고 있다. 잠시 후 임 선생님이 수업을 시작한다. 우선 학생들에게 안내할 과제를 칠판에 적는다. 학생들은 선생님이 판서하는 내용을 유심히 지켜본다.
  "반언어적······."
  "비언어적······."
  궁금한 모양이다.
  "오늘 선생님하고 여러분들이 해야 하는 과제입니다."
  학생들에게 같이 한번 읽어보자고 말한다. "반언어적 표현과 비언어적 표현의 특성을 살려 표현하기"이다. 이어 선생님은 두 용어의 뜻이 헷갈릴 것 같다고 말하며 학생들에게 활동지를 나눠준다.

호인 반언어적은 뭐야?

서진 반언어적은…….

희진 반언어적은 뭐 이렇게, 지문, 지문에 들어가는…….

교사 거기 반언어적 표현, 비언어적 표현 있죠? 모둠끼리 한번 읽어 봅시다.

「미스터 빈」의 '수영장' 편 시청

학생들이 다 같이 소리 내어 읽는다.

"말하는 이는 전달하고자 하는 뜻을 좀 더 분명히 하기 위하여 반언어적 표현과 비언어적 표현을 함께 사용합니다. 반언어적 표현에는 목소리의 크기, 빠르기, 높낮이, 말투 등이 있습니다. 그리고 비언어적 표현에는 시선, 표정, 몸짓 등이 있습니다."

반언어적 표현과 비언어적 표현의 뜻을 설명한 것이다.

"선생님이 영상을 하나 보여줄 텐데, 영상을 보고 표현들을……."

영국의 유명 코미디언 로완 앳킨슨Rowan Atkinson 주연의 「미스터 빈」(The Curse of Mr. Bean편)이다. 주요 장면을 요약하면 이렇다. 수영장에 간 미스터 빈이 으스대며 다이빙대 위로 올라간다. 그러나 아래

쪽을 내려다보고는 무서워 쩔쩔맨다. 겨우겨우 물속으로 떨어지게 되는데, 그만 수영복이 벗겨지고 만다. 벌거숭이가 된 미스터 빈이 헤엄을 쳐서 수영복 쪽으로 다가가지만, 그 찰나 꼬마 숙녀가 스틱으로 수영복을 건져 가버린다. 이와 같은 해프닝을 극화한 내용이다. 알다시피 대사가 한마디도 없다. 학생들은 미스터 빈의 표정과 몸짓을 보며 때때로 웃음을 터뜨린다. "좀 심했어." 준형이는 간단한 '추임새'까지 넣는다.

기본 과제 해결하기

"방금 본 영상하고 보기 글을 다시 보면서 2번하고 3번을 모둠끼리 한번 토의해봅시다."

선생님의 안내에 따라 학생들이 반언어적 표현과 비언어적 표현에 대한 설명을 다시 한 번 읽고, 기본 과제를 확인한다. 2번 문제는 '등장인물이 사용한 표현 방법을 찾는 것'이고, 3번은 '등장인물의 성격을 파악하는 것'이다. 5모둠 학생들이 바로 의논을 시작한다.

희진 그러니까 표현 방법, 표정이나……. 몸짓이 바들바들 떨리잖아.
호인 시선, 표현, 몸짓.
희진 (활동지에 적다가) 표정이지, 표현이 아니라.
서진 응.

5모둠 학생들은 미스터 빈이 사용한 표현 방법을 시선, 표정, 몸짓으로 정리한다. 다른 모둠도 이처럼 정리하거나 '비언어적 표현'이라고 적는다.

"비언어적 표현이 생생해서 재미있었어."

3모둠 유림이의 표현이다.

이어 미스터 빈의 성격에 대해서도 이야기를 나눈다.

"겁이 많아."

1모둠에서는 주영이가 먼저 말문을 연다.

"겁이 많은데, 좀 웃긴 것 같은데."

민아도 한마디 한다.

"다이빙대에 있을 때 어린이들이 보니까 막 뭐냐……."

주영이가 구체적인 장면을 얘기하고, 민아가 한마디 거든다.

"자존심은 넘쳐 보이던데."

미스터 빈이 표정과 몸짓을 바꿔 으스대던 행동을 말하는 것 같다.

3모둠도 같은 주제를 이야기하고 있다.

동찬   올라갔을 때는, 진짜 겁, 겁을 내는 게 너무 재밌었어.

유림   시선이나 표정에서 어떤 행동을 할지 그런 게 예상이 돼서 되
게 재미있었고, 몸짓 같은 걸 정말 재밌게 표현했고. 반언어적
표현보다는 비언어적 표현에, 여기 빈이라는 사람이 많이 사용
했어.

정민   비언어적 표현을 많이 쓴 것 같아. 엄청 겁이 많은 것 같아.

"좀 더 자세히 써야 할 것 같은데, 왜 그렇
게 생각하는지 알려줬으면 좋겠어."

3모둠은 미스터 빈의 캐릭터와 표현 방법을 함께 이야기하고 있다. 다른 모둠에서도 미스터 빈이 '자존심은 있는데, 겁이 많다'는 공통적인 의견이 나온다. 4모둠은 조금 다른 측면을 보고 있다.

"(미스터 빈이) 생각 없이 행동을 하는 거지."

준석이의 발언이다.

"생각이 없다고 한다면 좀 더 자세히 써야 할 것 같은데, 왜 그렇게 생각하는지 알려줬으면 좋겠어."

자인이가 보충 설명을 부탁한다. 이에 준석이는 미스터 빈이 아무 생각 없이 다이빙대에 올라가고, 유아용 미끄럼틀을 타는 모습을 보면서 그렇게 생각했다고 한다.

3모둠도 미스터 빈의 성격에 대해 계속 이야기한다. 미스터 빈이 '바보 같고, 겁이 엄청 많다'는 것이다. '상황 파악을 못한다든가(동찬), 창피한 걸 모른다'는 의견도 있다.

"그(다이빙대) 높낮이가 엄청 낮아 보이던데, 창피한 걸 몰라."

정민이의 의견이다.

"창피한 걸 모르는 것 같아. 아이, 아니야. 창피한 걸 알아, 그 표정을 보면……."

유림이가 의견을 보탠다. 상반된 의견처럼 보이나 서로 다른 장면을 생각하고 있는 듯하다. 정민이가 '표정과 몸짓으로 캐릭터를 잘 표현하는 것 같다'고 덧붙인다.

2모둠에서는 과제 해결을 둘러싸고 작은 소동이 벌어진다.

"이건 읽기 자료가 아니야."

준형이가 '모둠별 읽기 자료'를 찾는다.

"읽기 자료? 책, 아까 읽어줬잖아."

혜성이가 대꾸한다.

"장면이 있어야지, 장면이……"

불만스러운 말투다.

"아까 봤잖아."

친구들이 대답한다.

"뭔 장면, 장면이 여러 가진데. 장면을 한 가지 우리한테 주고……"

과제 해결에 필요한 자료가 제시되지 않았다는 것이다.

"사신의 대사는 안 나와."

필오가 한마디 한다.

"그렇지. 그거 알 수 있어? 니가 다?"

준형이가 묻는다.

"다? 다는 아니고. 그냥, 너, 그거 다 쓰려고 했냐?"

필오가 되묻는다.

"선생님."

문제가 해결되지 않자 혜성이가 선생님께 도움을 요청한다. 선생님
이 학생들의 활동지를 살핀다.

"여러분이 시선, 몸짓, 표정을 찾았죠? 영상에서, 이런 것들과 연결
지어서 등장인물의 성격이 어떤지 조금 더 풍부하게 이야기를 해봅
시다."

기본 과제 3번, 미스터 빈의 성격을 정리해보라는 것이다. 그렇다. 점
프 과제 해결에 필요한 '읽기 자료'는 아직 나눠주지 않은 상황이다.
학생들이 다시 기본 과제로 돌아간다.

4모둠은 기본 과제를 마치고, 점프 과제를 의논하고 있다.

"장면을 쓰는 게 아니고, 장면을 생각하고 그 장면을, 어떻게 나오는
지 정확히 기억은 안 나지만, 내 생각은 어떤 장면을 생각해야 할 거
아니야. 그다음에……"

준석이의 과제 해석이다.

"사신이 제물을 가지러 갈 때 대장장이, 토기장이, 또 누구지?"

"아낙네."

"몇 명 나왔지?"

"일곱 사람."

이렇듯 기억을 떠올리며, '재미네골'의 줄거리를 이야기하고 있다.

기본 과제 공유

"자, 이제 여기까지 이야기를 나눴으니까 친구들끼리 같이 한번 나눠봅시다."

"미스터 빈의 성격이 어떻게 파악이 되는지……"

기본 과제를 공유하는 시간이다. 먼저 유림이가 말문을 연다.

"미스터 빈의 성격은 겁이 많고……"

유림 우리 모둠 생각은요, 생각이나 행동이 변덕스러운 것 같고, 겁이 많고, 어리바리하고 도전심이 많은 것 같다고 했습니다.

교사 유림이가 한 발표에서, 혹시 질문할 것이나 궁금한 것 있습니까?

희진 유림이가 미스터 빈이 되게 어리바리하다고 했는데, 어디를 봐서 그렇게 어리바리하다고 생각하게 되었는지…….

유림이는 미스터 빈이 "어른들이 타지 않는 유아용 미끄럼틀을 타는 장면을 보고, 그렇게 생각했다"고 답한다. 이번엔 질문을 했던 희진이가 발표한다.

"높은 곳을 무서워하고, 높은 곳에 올라가면 시선이 부들부들 떨리고, 다리가 풀려요."

답변이 살짝 빗나간다.

"시선이 풀리고."

선생님이 표현을 수정해준다.

"아, 그렇구나!"

"다리가 부들부들…"

"떨려요."

"떨려서, 어떤 성격인 것 같습니까?"

선생님이 다시 묻는다.

"겁이, 어……."

겁이 많다는 얘기다. 이어 4모둠의 자인이에게 질문을 돌린다.

"생각 없이 행동하고, 겁이 많고, 남의 시선을 신경 쓰는 것 같아요."

2모둠의 준형이에게도 묻는다.

"겁이 많고, 독특하고, 애기 같다."

교사 지금 보니까 공통적으로 어떤 이야기가 나오죠?

학생들 겁이 많아요.

교사 어떤 부분에서 겁이 많다고 생각했습니까?

다이빙대에 올라가 벌벌 떠는 장면이 그렇다고 답한다.

"겁이 많은 성격을 나타내기 위해서 등장인물이 사용한 표현 방법은 어떤 방법입니까?"

선생님의 질문이 이어진다.

"시선은 물을 잠깐 봤다가 다른 곳으로 돌리는 그런 걸 했고, 표정은 얼굴이 찌그러지는 그런 표정이었고,(웃음) 몸짓은 부들부들 떨었어요. 안절부절못하면서."

3모둠 동찬이의 답변이다.

"혹시 여기에 덧붙이거나 할 얘기가 있습니까?"

선생님의 질문에 희진이가 손을 든다.

"몸짓이, 무서워서 바닥에 납작하게 엎드리고, 떨어지지 않으려고 옆에 있는 난간을 잡고 그래요."

겁에 질린 미스터 빈의 행동을 추가한다.

"미스터 빈이 대사가 없이도 자신의 성격을 충분히 드러낼 수 있었죠?"

이로써 기본 과제 공유 활동을 마무리한다.

점프 과제 해결하기

이제 모둠별로 점프 과제를 수행할 차례다. 선생님이 학생들에게 '읽기 자료'를 나눠준다. '재미네골' 이야기의 일부로, 모둠마다 할당된 장면이 각기 다르다. 점프 과제는 우선 모둠별로 주어진 장면에 맞게 사신의 대사를 써보는 것이다. 그리고 사신이 처한 상황과 성격을 파악하고, 대사 연기에 필요한 지문을 써보는 순서로 구성되어 있다. 학생들이 우선 점프 과제를 확인한다. 그리고 '읽기 자료'를 보며, '용왕이 사신에게 준 미션'과 모둠별로 '주어진 장면'을 소리 내어 읽는다. 여러 차례 반복해서 읽는 모둠도 있는 듯하다.

용왕이 사신에게 준 미션은 '재미네골' 마을 사람 중에 한 명을 용왕의 제물로 데려오는 것이다. '재미네골' 이야기를 옮기자면, 모두 마음씨가 곱고 착해서 싸우는 일이 없는 마을이다. 어렵고 힘든 일이 생기면 서로 돕고, 먹을 것이 생기면 나누어 먹고 모자라는 것은 함께 아꼈다. 이 마을 이야기가 용궁에까지 전해졌고, 용왕은 그런 마을이 정말 있는지 궁금했던 것이다. 그런 연유로 사신을 보내게 되는데, 용왕은 물고기 사신이 임무를 수행할 수 있도록 뭍에서도 버티게 해주는 용궁 샘물을 한 병 내어준다.

4모둠 학생들이 돌아가며 '주어진 장면'을 읽는다. 지나가던 '아낙네'가 따라가겠다고 나서는 통에 사신이 다시 곤경에 처하는 장면이다.

"남자나 여자나 상관없어요. 정 이러시면 아무나 강제로 데려갈 수밖에 없습니다."

주어진 장면에 나온 대로 대사를 옮겨 적는다.

2모둠은 사신이 처한 상황을 '마음이 조급해지는 난처한 상황'으로 정리한다.

2모둠은 두 번째로 목수가 촌장 대신 가겠다고 나서는 장면이다. 사신이 처한 상황은 '마음이 조급해지는 난처한 상황'으로 정리하고,

성격에 대해 의논하고 있다. 준형이가 먼저 '급한 성격'이라고 의견을 낸다. 이에 혜성이는 아니라며, '용왕의 말을 잘 따르는 성격'이라고 말한다.

"원래 그래야 하는 거 아니야? 왕의 명령이니까."

준형이는 혜성이의 의견이 성격과는 무관하다는 것이다. 의논 끝에 일단 '급한 성격'으로 정리하고, 논의를 계속한다.

"용왕한테 사람을 데려가면 죽는 거야?"

혜성이가 논점을 벗어난다.

"아니, 그냥 얼마나 사이가 좋은지 확인해보는 거지."

필오가 답한다.

"제물이니까 죽는 거 아니야?"

혜성이가 재차 묻는다.

"꼭 제물이라고 죽는 건 아니잖아."

준형이가 말한다.

"맞아."

필오가 맞장구친다. 논의가 빗나간 채 공전되자 이를 지켜보던 선생님이 문제를 다시 한 번 확인해보라고 조언한다.

"얼마 남지 않은 용궁 샘물을 먹으면서 조바심을 내고 있고……."

3모둠은 네 번째로 토기장이가 나서는 장면이다. 3모둠은 의견이 비슷하다. 용왕의 사신이 "조바심을 내고 있다"는 것이다.

"현재 상황이 용궁 샘물이 얼마 남지 않았다는 거를, 샘물이 얼마 안 남았다는 것을 알 수 있고."

동찬이가 상황을 정리한다.

"조바심. 어, 그런 것 때문에 빨리 바다로, 용왕, 거기로 돌아가야 하는 그런 생각을 가지고 있는 거지. 이 사신은 지금 죽을까 봐 두려워서 빨리 데리고 가야겠다는, 그러니까 이 상황은, 얼마 남지 않은 용궁 샘물을 마시면……."

유림이가 해석을 덧붙인다.

"지금까지 다 의견이 나왔잖아. 다 비슷하잖아."

동찬이가 의논한 내용을 정리하려는 듯하다.

"이 상황을 정리해봐."

정민이도 한마디 보탠다.

희진 초초하고, 급하고, 곤란하고, 죽는 사람이 힘들다고 하니까 급하잖아.(웃음)

호인 그다음에 몸짓, 몸짓, 발을 동동 구르며. 이거 내가 쓸 거다.

서진 식은땀을 흘리고.

호인 좋은데.

5모둠은 지문을 쓰기 위해 의논하고 있다. 처녀 아이가 나서는 마지막 장면이다.

"아이고, 이제 용궁 샘물도 다 떨어졌네. 더 있다간 내가 사람들의 제물이 되겠군."

사신이 어찌할 바를 모르다가 처녀 아이를 데리고 물속으로 들어가 버리는 장면이다.

"안절부절못해."

희진이가 덧붙인다.

"바다 쪽을 바라봐."

서진이는 시선 처리도 놓치지 않는다.

"좋다."

규현이가 추임새까지 넣는다.

"얼굴을 찌푸리고."

"물고기가 얼굴을 어떻게 찌푸리지?"

"진짜!"

"그럼, 발은 어떻게 동동거리니?"

"지느러미를……."

주거니 받거니 호흡이 척척 맞는다.

"목소리의 크기는……."

반언어적 표현을 추가하려는 것이다.

"작고 빠르게."

"중얼거리듯이."

"또, 높낮이는 낮게."

"아니, 높게."

이렇듯 속도감 있게 의논을 진행한다.

1모둠도 지문을 쓰고 있다. 촌장이 나서는 첫 장면이다.

"그럽시다. 나는 뭍에서 오래 버티기 어려우니 어서 갑시다."

일이 쉽게 풀리는 상황이다.

"목소리는 커야 하지. 일단 기분이 좋으니까. 목소리를 빠르고, 말을 빠르고 크게 하고."

주영이의 의견이다. 반언어적 표현을 의논하고 있다.

"크고 빠르게."

민아가 짧게 정리한다.

"기분이 좋으니까 목(목소리)이 높아야 하잖아. 높은 음으로 하고, 말투는 되게……."

이렇듯 모둠별로 지문 쓰기에 여념이 없다. 누군가 "빠르고, 경쾌하게"라고 말하는 소리가 들린다.

2모둠도 지문을 쓰고 있다.

"(준형) '빠르게'가 일단 들어가야지 않나?"

"(혜성) 급한 듯이가 '빠르게'를 말하는 거지."

"(소은) 재촉하는 것도."

"(혜성) 급한 듯이 난처하게?"

비교적 순조롭게 진행된다. 3모둠은 아직 사신의 성격을 정리하고 있다.

"이 사람들이 정말, 시간이 없다니까……. 이러다 내가 땅귀신이 되겠네."

사신이 조바심을 내는 상황이다.

"이 상황을 바탕으로 성격을 쓰면 급하다는 거지."

유림이의 의견이다.

"그냥 써. 급하다고."

동찬이가 보조를 맞춘다.

"보충할 거 있으면 써도 되잖아."

정민이는 보충할 것이 있는 모양이다.

"다 했다."

5모둠은 벌써 과제를 해결한 모양이다. 희진이가 활동지에 정리한 내용을 읽고 있고, 친구들이 희진이의 활동지를 본다.(프레임 아웃!)

"(규현) 말을 못하겠다, 말을."

"(희진) 연기를 잘하는 배우를 캐스팅해."

"(규현) 이걸 모두 할 수 있는 배우를 구합니다."

"(호인) 연기를 하라고."

"(희진) 아이 야, 나는 시나리오 하니까 니가 해. 중저음 톤으로 하는 건 너밖에 없어."

과제를 마치고, 제법 여유가 생긴 듯하다. 호인이가 대사를 읽는다.

"다 했다." 희진이가 활동지에 정리한 내용을 읽는다.

서진 '발 동동 구르며' 왜 안 해?

희진 전혀 초초하게 읽지 않잖아. 초초하게, 초초하게. 발 동동 구르고, 식은땀 나야 해.

두 친구의 성화에 호인이가 웃으며 손으로 이마를 쓸어 올린다.

"(서진) 식은땀."

"(희진) 식은땀을 이렇게 닦아."

호인이는 친구들의 주문대로 식은땀을 닦는 시늉을 해 보인다.

"(서진) 꼭 웃는 거 같아."

"(희진) 표정, 표정이 안 좋아야지."

호인이가 웃다 말고 표정을 바꾼다. 이렇듯 5모둠에서는 호인이가 희진이와 서진이의 코치를 받으며, 표정과 몸짓을 연습하고 있다. 다른 모둠에 비해 수행 속도가 빠른 편이다.

"(희진) 수전증이야, 수전증."

호인이가 두 손을 모아 쥔 채 손을 떨고 있다.

"(서진) 다들 귀신인 줄 알겠어."

"(희진) 귀신 들렸어. 발을 동동 굴러. 그다음에 식은땀을 닦으시오. 안절부절못하고, 얼굴 찌푸리면서. 초조하고 급한 듯이 작고 빠르게……."

재미있다는 듯 주문을 쏟아낸다.

점프 과제 공유

교사   자, 이야기를 하면 할수록 더 좋아지겠지만, 이제 전체적으로 한번 나눠봅시다. 모둠을 풀어보세요.

선생님이 발표에 앞서 사신의 임무를 환기한다. 1모둠이 먼저 발표한다. 사신이 '재미네골' 촌장을 만난 첫 장면이다.

"즐겁고 살짝살짝 재촉하며, 촌장을 쳐다보다가 갈 길을 보고 손으로 갈 길을 가리킨다."

민아가 작은 목소리로 발표한다.

"즐겁고 빨리 가자는 듯이 재촉하면서 촌장을 쳐다보다 갈 길을 손으로 가리킨다."

호진이가 정리한 지문도 같은 내용이다. 주영이는 여기에 '웃는다'는 표현을 추가한다. 1모둠은 이처럼 '즐겁고', '웃는다'는 표현으로 사신의 심리까지 고려하고 있다. 일이 쉽게 풀려 '즐거운 상태'라는 것이다.

"왜 이렇게 만들었을까요?"

선생님이 다른 모둠 학생들에게 묻는다. 3모둠의 동찬이가 답한다.

"사신이 용왕의 지시를 받고 온 거잖아요. 그러면 최대한 빨리 끝날수록 좋고, 자신이 뭍에서 버틸 수 있는 시간도 한계가 있으니까 빨리 끝내는 게 좋다고 생각해서 그렇게 쓴 것 같아요."

"2모둠은 누구를 만났습니까?"

"목수요."

목수가 등장하면서 상황이 달라진다.

"아무나 가도 상관없으니 빨리 결정하여 가도록 합시다."

사신의 대사다. 혜성이가 발표한다.

"급한 듯이 재촉하며 난처하게."

1모둠과 다르게 지문이 간결하다. 이번엔 3모둠 차례다.

"이 사람들이 정말, 시간이 없다니까……. 이러다 내가 땅귀신이 되겠네."

토기장이가 또 나서는 통에 사신이 조바심을 내는 상황이다. 사신이 얼마 남지 않은 용궁 샘물을 마실 때는 "조바심을 내고", 대사 연기를 할 때는 "짜증 섞인 말투"가 좋은 것 같다고 한다. 3모둠도 지문이 간결하다.

"혹시 질문 있습니까?"

선생님이 묻는다. 이에 희진이는 "용궁 샘물을 홀짝 마시면서 하는 말이니까, 용궁 샘물을 마시는 그 행동에 대한 지문을 추가하면 좋겠다"고 한다.

4모둠은 '아낙네'가 따라가겠다고 나서는 통에 사신이 다시 곤경에 처하는 장면이다.

"남자나 여자나 상관없어요. 정 이러시면 아무나 강제로 데려갈 수밖에 없습니다."

자인이가 발표한다.

"작고 느리고 짜증 나는 목소리로, 찡그리고 약간 다른 사람을 째려보며"라고 정리한다. 음성적 측면에서는 목소리의 크기, 속도, 말투를, 시각적 측면에서는 표정, 시선을 지시하고 있다. 같은 모둠의 정환

이는 "사신이 바다에 사니까 햇볕이 괴롭기도 하고, 빨리 가야 하는데 사람들이 계속 나서니까 '초조하고 급한 목소리로' 하는" 것이 좋겠다고 한다.

동찬이가 대사를 읽고 쑥스럽다는 듯 두 팔을 들어 올린다.

5모둠은 처녀 아이가 등장하는 마지막 장면이다. 서진이가 "발을 동동 구르며 바다 쪽을 바라봄, 식은땀을 흘리고 다급히 조금 높이 말함"이라고 정리한다.

"대사가 뭡니까?"

선생님이 묻는다.

"아이고 이제 용궁 샘물도 다 떨어졌네. 더 있다간 내가 사람들의 제물이 되겠군."

사신이 처녀 아이를 데리고 물속으로 뛰어들기 직전이다. 선생님이 학생들에게 대사 연기를 주문한다. 5모둠의 지문을 보고 연기를 해보라는 것이다. 학생들이 나서기를 어려워하자 추천을 받는다. 친구들이 3모둠의 동찬이를 지목한다. 선생님이 5모둠의 활동지를 동찬이에게 넘겨준다.

"아, 진짜 이거 못하겠어."

동찬이가 난색을 표한다.

"그러면 행동은 안 해도 되는데, 지문에 있는 대로 대사를 읽어봄

시다."

선생님이 수위를 낮춰준다. 동찬이가 대사를 읽고 쑥스럽다는 듯 두 팔을 들어 올리자 학생들이 웃음으로 화답한다.

교사 서진이가 지문을 구체적으로 썼는데, 어떤 부분 때문에 그렇게 썼습니까?

서진 '용궁 샘물도 다 떨어졌네.' 하고, '더 있다간 내가 사람들의 제물이 되겠군.' 부분요.

사신의 생각을 표현한 부분을 보고 그렇게 썼다고 한다.

"친구들의 생각을 다 들어봤죠?"

이를 바탕으로 자신이 쓴 지문을 다듬거나 수정해보라고 안내한다.

"야, 대사보다 지문이 더 긴데!"

지문을 살피던 희진이가 하는 말이다. 다시 보니 지문이 길게 느껴지는 모양이다.

"선생님, 저 대사보다 지문이 더 길어요."

수업이 끝난 후에도 희진이는 같은 말을 되풀이한다.

"가끔이라고 바꿨어."

서진이가 혼잣말처럼 중얼거린다. 이처럼 학생들은 자신이 쓴 지문을 살펴보거나 고치고 있다.

정리

교사 학예발표회 때 우리 반이 무엇을 하기로 결정했습니까?

학생들 연극. 연극하고 노래.

교사 연극을 만들기로 했죠. 이제 대본도 만들어야 하고, 연기도 해야 하고, 거기에 어울리는 음향도 찾아야 하고, 본격적으로 연극을 시작해야 하는데, 오늘 수업을 통해서 배운 게 어떤 게 있는지 몇 사람만 이야기해봅시다. 오늘 수업을 통해서 내가 배운 점?

"배우는 참 어려운 직업이고, 타고나야 하는 것 같아요."

친구들의 주문에 따라 연기를 연습하던 호인이가 하는 말이다. 모둠 친구들이 시켜서 연습해봤는데, 지문대로 표현하기가 무척 어려웠다고 한다.

"대본을 쓸 때는 비언어적 표현과 반언어적 표현을 사용해서 구체적으로 써야 한다는 것을 알게 되었어요."

유림이가 말한다.

"구체적으로 써야 한다고 생각한 까닭이 있습니까?"

선생님이 되묻는다.

"배우가 연기하기도 쉽고, 관객들이 보기에도 자연스러운 연기가 나오기 때문에 반언어적 표현과 비언어적 표현을 잘 사용해야 할 것 같아요."

임 선생님이 필오를 지명한다.

"선생님이 읽어준 동화책으로 수업을 했구나!"

필오의 대답에 친구들이 가볍게 웃음을 터뜨린다. 임 선생님은 오늘 배운 내용을 바탕으로 "연극 대본을 만들고, 연기할 때 잘 적용해서 살아 있는 연극을 해보자"며 수업을 마친다.

주제에 접근하는 방식

이 수업의 흐름을 요약해보면 이렇다. 도입부에서 우선 이 시간에 학습할 과제를 확인한다. 등장인물의 대사에 맞게 지문을 쓰는 것이다. 그리고 코미디 프로그램 시리즈인 「미스터 빈」의 '수영장The Curse of Mr. Bean' 편을 시청한다. 반언어적 표현과 비언어적 표현을 공부하려는 것이다. 동영상을 자료로 모둠별로 기본 과제를 수행하게 되는데, 미스터 빈의 캐릭터와 이를 드러내는 표현 방법을 정리해보는 활동이다. 이어서 기본 과제를 공유한다. 다음은 점프 과제로 핵심은 '지문 쓰기' 활동이다. 모둠별로 주어진 자료('재미네골' 설화의 한 장면)를 읽어보고, 등장인물이 처한 상황과 성격에 맞게 대사와 지문을 써보는 것이다. 이어 공부한 내용을 공유하고, 소감을 나누며 학습을 마무리한다.

본 수업 전후의 맥락도 알아둘 필요가 있을 것 같다. 임 선생님에 따르면 이 시간에 다룰 텍스트를 미리 안내했다고 한다. 참고로 '재미네골' 이야기는 중국 조선족의 설화로, 위계 없이 평화롭게 살아가는 '마을 공동체'에 관한 이야기다. 매년 3월이면 학생들에게 꼭 들려주는 이야기라고 한다. 그 이유를 덧붙일 필요는 없을 것이다. 후속 활동으로는 발표하는 시간을 가졌다고 한다. 직접 쓴 지문을 보고, 학생들이 대사 연기를 해보는 방식이다. 그리고 학습 발표회 때는 '왕따'를 주제로 시나리오를 쓰고, 짤막한 영화를 만들어 상영했다고 한다. 희곡과 시나리오는 차이가 있으나 대본에 지문이 들어간다는 점에서는 공통적이다. 이렇듯 이 수업은 다양한 활동들이 일정한 '원근'에 따라 배치되어 있다.

도입부에서 보여주는 「미스터 빈」은 학습 주제에 흥미 있게 접근할 수 있는 코미디물이다. 알다시피 대사는 없으나 표정과 몸짓이 압권이다. 때문에 보는 것만으로도 비언어적 표현을 자연스럽게 알 수 있다. 물론 음성적 측면의 반언어적 표현은 찾아볼 수 없다. 그렇다면 충족 요건을 누락한 자료일까? 그렇지 않다. 오히려 그로 인해 시각적 측면의 비언어적 표현이 선명하게 드러난다. 유림이는 "비언어적 표현이 생생해서 재미있다"고 한다. 이처럼 학생들이 반언어적 표현과 비언어적 표현을 구별·이해하는 데 도움이 되었을 것이다. 뿐만 아니라 표정과 몸짓을 근거로 미스터 빈의 캐릭터도 그리 어렵지 않게 유추해낸다.

사실 반언어적 표현과 비언어적 표현은 그리 어려운 용어가 아니다. 학년에 따라 성취 기준은 다르나 극문학은 국어과 학습의 단골 메뉴다. 뿐만 아니라 일상에서도 충분히 경험하는 까닭이다. 가령 이 시간에도 학생들은 자신도 모르게 반언어적 표현과 비언어적 표현을 사용하고 있지 않은가? 준형이는 과제를 해결하기 위해 모둠별 읽기 자료를 찾다가 친구들과 생각이 맞지 않아 불만스러운 말투로 말하게 된다. 후반부에서 동찬이는 대사를 읽고 나서 쑥스럽다는 듯 두 팔을 들어 올린다. 이에 친구들은 웃음으로 화답한다. 이렇듯 말투, 표정, 손짓, 리액션 등 다양한 표현을 사용하고, 보고 있는 것이다. 이와 같은 맥락에서 반언어적 표현과 비언어적 표현은 그리 어려울 게 없다고 생각한다.

그러나 문제는 용법일 것이다. 서사의 흐름에 맞게 지문 쓰기로 용법을 익히는 것이다. 그래서 임 선생님은 서사에 대한 탐구까지 병행할 계획이었다고 한다. 이 수업을 보는 이들도 기대하는 장면일지 모르겠으나 그런 모습이 명시적으로 드러나지는 않는다. 그럼에도 지문 쓰기는 서사에 대한 탐구와 무관하지 않다. 그 이상으로 서사에 대한 탐구를 추가하는 것이 괜찮은 방법일까? 물론 그럴 경우 수업의 양상은 크게 달라질 것이다. 그러나 시간의 제약을 가볍게 무시할 수는 없지 않을까? 게다가 이 시간의 학습 주제를 벗어나게 된다는 점도 간과할 수 없을 것이다. "그건 욕심이야." 그렇다. 우스갯소리처럼 이 시간에 서사에 대한 탐구까지 병행한다는 것은 무리가 아닐 수 없다.

덧붙이자면 '재미네골' 이야기는 흐름이 단조롭고, 캐릭터도 익숙한 느낌을 준다. 사신은 「별주부전」에 등장하는 자라를 보는 듯하다. 또한 소녀 아이의 설정도 「심청전」을 떠올리게 한다는 점에서 그리 낯설지 않다. 사실 물고기 사신에게는 눈에 띄는 캐릭터가 없다. 임무를 충실히 수행할 뿐 캐릭터를 드러내주는 이렇다 할 사건이 없는 까닭이다. '재미네골' 사람들이 다투어 제물로 나서는 상황에서도 사신은 수동적인 포지션을 지키고 있을 뿐 뚜렷하게 개입하지 않는다. 다만 상황이 바뀌면서 점진적으로 고조되어가는 사신의 감정 변화를 읽을 수 있을 뿐이다. 게다가 이야기를 흥미롭게 끌어가는 스릴이나 반전, 암시나 트릭과 같은 서사적 장치도 없지 않은가? 때문에 스토리는 어렵지 않게 예측할 수 있다.

이 시간의 과제는 인물이 처한 상황과 캐릭터에 맞게 지문을 써보는 것이다. 학생들은 과제를 수행하는 과정에서 자연스럽게 인물과 서사를 탐구하는 것으로 보인다. 학생들이 쓴 지문을 살펴보면, 첫 장면에서는 '즐겁고', '웃는다'는 표현으로, 중간 과정에서는 '조바심을 내고', '짜증 섞인 말투'로, 마지막 장면에서는 '발을 동동 구르며', '식은 땀을 흘리고', '다급히'와 같은 표현으로 인물의 감정선을 제대로 포착하고 있음을 알 수 있다. 그러자면 이야기의 전후 맥락을 살피지 않을 수 없었을 것이다. 때문에 과제를 공유하는 과정에서 인물에 대한 '조감도'가 자연스럽게 만들어지는 것이다. 이 수업에서는 그렇게 인물의 감정이나 행동의 변화를 종합해보는 것만으로도 괜찮다고 생각한다.

이처럼 지문 쓰기는 학습 주제에 접근하는 효과적인 방식이다. 이는 또한 학생들에게 이 시간의 학습 포인트를 명료하게 만들어준다. 교육과정의 성취 기준과 시간의 제약을 감안할 때 욕심을 내지 않은 분명한 선택이다. 그와 같은 조건을 무시하고, 서사나 인물 탐구의 깊이를 기대한다면 그것은 지나친 욕심일 것이다. 명시적으로 드러나지 않을 뿐 서사와 인물에 대한 탐구를 누락한 것도 아니지 않은가? 이렇듯 이 수업은 보는 이들에게 여러 가지 생각을 불러일으키는 '간결한 지문'으로 읽을 수 있다고 생각한다. 마치 정선된 기본 포맷 같다고 할까? 기본 사양부터 추가 옵션까지 다양한 구상과 디자인이 가능할 것이다. 이것이 이 수업을 마킹하는 한 가지 방식일 것이다.

배움과 수업의 원리

시선을 사로잡는 스펙터클도 없고, 절차가 매우 간소한 수업이다. 수업안을 보면 참관 안내, 그에 필요한 기본 정보, 수업의 흐름만 간략하게 제시하고 있다. 그것만으로도 수업의 흐름과 맥락을 파악하기에 부족함이 없다. 맞다. 이는 배움의 공동체 수업에서 볼 수 있는 특징이다. 거추장스러운 요식이 전혀 없다. 선행 선례가 있음에도 이와 같은 수업안을 가까이서 보게 되는 것은 무척이나 반가운 일이다. 낡은 관행이 깨져나가는 '균열'을 발견하게 되는 까닭이다. 그러나 현장에서는 아직도 기존의 관행을 강제하는 일이 다반사다. 때문에 혹자는 일반적인 현실과는 거리가 멀다고 생각할지도 모르겠다. 그렇다면 '거기'에 머물 수밖에 없을 것이다. 흔히 접하게 되는 안타까운 비극이다.

학습의 흐름은 '기본 과제 해결하기-공유-점프 과제 해결하기-공유'의 순서로 진행된다. 임 선생님은 배움의 공동체 수업에서 강조하는 점프 과제를 제시하기에 앞서 기본 과제를 경유한다. 과제에는 반언어적 표현과 비언어적 표현에 대한 학습이 중첩되어 있다. 물론 차이가 없는 반복이 아니다. 과제에 차이가 있는 만큼 활동지와 별도의 자료가 준비되어 있음은 물론이다. 기본 학습을 바탕으로 도전 과제를 수행하는 방식인데, 과제의 내용과 난이도를 달리하여 활동을 중첩시키고 있다. 이와 같은 과제의 변위는 용어의 뜻에서 용법으로, 개념과 지식의 입력에서 출력으로 나아간다. 이처럼 기본 과제와 점프 과제를 중첩시켜 반복과 확장을 겨냥하는 도전 과제의 용법이 흥미롭다.

여기서 과제의 난이도는 좀 더 생각해볼 문제일 것이다. 점프 과제가 그리 어렵지 않은 것으로 보이는 까닭이다. 그러나 학생들의 수준을 모르고서는 쉽게 단정할 수 없다. 다만 이 시간의 학습 주제에 맞게 한두 가지 아이디어를 보탤 수는 있을 것이다. 가령 앞에서 말한 것처럼 서사에 대한 탐구를 추가한다면 과제의 난이도가 달라질 것이다. 그에 따라 학습의 지형과 경로도 꽤 달라질 것이다. 그로 인해 기본 과제 또한 달라질 수도 있다. 점프 과제와 연동되는 까닭이다. 또 지문 쓰기의 요령이나 간단한 원칙을 추가하는 방식도 생각해볼 수 있을 것이다. 장면과 인물의 대사를 늘리는 방법도 괜찮을 것이다. 이처럼 과제에 옵션을 추가하는 방식으로 점프의 문턱을 다양하게 조정할 수 있을 것이다.

도전 과제 구성에 고정된 원칙은 없을 것이다. 중요한 것은 학생들의 능력과 과제의 난이도 간에 균형을 고려하는 것이다. 학생들의 능력에 비해 과제의 난이도가 지나치게 높으면 몰입과 점프를 기대하기 어렵다. 역으로 과제의 난이도가 낮아도 학습 효과를 기대하기 어려울 것이다. 임 선생님도 이 점을 감안한 것으로 보인다. 과제에 몰입하는 학생들의 모습이 이를 방증한다. 학생들의 활동지로도 어렵지 않게 확인할 수 있다. 물론 '개인차'를 무시할 수는 없겠지만, 오히려 그런 '차이'로 인해 배움이 가능한 것이 아닐까? 협동적인 배움을 강조하는 것은 그런 이유일 것이다. 호혜적인 배움을 바탕으로 누구나 자기 성장을 경험할 수 있으면 된다. 물론 이는 단기적으로 생각할 문제는 아니다.

5모둠의 희진이는 '지문이 대사보다 더 길다'는 말을 반복한다. "나도 마찬가지야." 누군가도 같은 말을 한다. 하나의 대사에 반언어적 표현과 비언어적 표현을 모두 쓰다 보니 그렇게 된 것이다. 대사가 여러 개라면 사정이 달랐을 것이다. 한편으로는 반언어적 표현과 비언어적 표현의 용법을 충분히 익힌 것으로 볼 수도 있다. 희진이는 웹툰이나 스토리 작가에 관심이 많고, 재능도 풍부하다고 한다. 그와 같은 관심사를 감안할 때 희진이는 또 하나의 점프 과제를 발견하게 된 것이다. 어쩌면 진로와 관련한 개인적인 도전 과제가 될 수도 있을 것이다. 이 수업이 작가 수업은 아니나 즐거운 상상이다. 이렇듯 도전 과제는 개인에 따라 다르게 확장될 수도 있다. 물론 이는 희진이의 특이성에서 기인한다.

학생들이 의견을 주고받는 모습도 꽤 인상적이다. 상대방의 의견을 귀 기울여 듣고, 자기 의견을 제시하는 모습이 그렇다. 가령 자인이가 준석이에게 보충 설명을 부탁한다든가, 유림이가 다른 의견을 제시하는 모습이 그렇다. 서로 의견을 주고받으며 적절한 표현을 찾고, 다듬는 모습도 마찬가지다. 5모둠은 주거니 받거니 호흡을 맞추는 모습이 근사하다. 서로의 생각과 발언에 기대어 사고하고 있는 것이다. 이는 모둠 학습을 공유하는 과정에서도 발견된다. 가령 서진이가 지문을 수정하는 모습이 그렇다.

"'가끔'이라고 바꿨어."

2모둠의 소은이도 친구들의 의견을 듣고, 표정을 나타낼 수 있는 적절한 표현이 떠올라 지문을 수정했다고 한다. 공유의 과정이 충분히 의미 있는 활동임을 보여준다고 생각한다.

임 선생님은 평가나 피드백으로 학생들의 사고와 발언을 차단하지 않는다. 평가나 피드백이 학생들의 사고와 발언을 멈추게 하는 까닭이다. 때문에 학생들이 스스로 해결할 수 있도록 발언과 사고를 연결해 주거나 끊임없이 질문으로 되돌려주는 것이다. 학습 결과를 공유하거나 오류를 수정할 때도 마찬가지다. 서로에게 기대어 사고할 수 있도록 배려하고 있다. 그런 점에서 학생들의 사고와 상호작용을 잘 이끌어내고 있다. 이는 임 선생님이 학생들의 속도와 무관한 완결의 강박이 없기 때문일 것이다. 달리 말하자면 학생들의 배움에 초점을 두고 있다는 것이다. 그렇기에 학생들의 모습이 보이는 것일 게다. 이처럼 학생들의 배움의 과정 자체가 대안적인 스펙터클이 되어야 하는 것이 아닐까?

임 선생님은 수업을 마무리할 때도 일관된 포지션을 유지한다. 물론 질문이 특정한 의도와 관념을 내포한다는 점에서 아쉬움이 없는 것은 아니다. 그런데 다행스럽게도 학생들이 답하는 소감이 하나로 수렴되지 않는다. 임 선생님도 학생들의 소감을 들어보는 정도에서 멈춘다. 학습 활동이 '정답'으로 수렴되는 결과를 방지하려는 것이다. 혹여 학생들이 유림이의 교과서적인 정리를 기억하게 될지도 모르겠다. 그럼에도 학생들이 공부한 소감을 나누는 것과 교사가 정리하는 것은 다르다. 교사가 정리한다면 기존의 관행과 차이가 없을 것이다. 정리에 대한 강박이 아니라면 군이 수렴적으로 정리할 필요가 있을까? 이는 앞선 과정에서 이루어진 풍부한 탐구를 단순화하는 효과를 낳는다고 생각한다.

_____

동영상으로 수업을 보자면, 비디오카메라의 앵글을 따라갈 수밖에 없다. 카메라의 잦은 이동으로 학습의 흐름을 자세하게 파악하는 데에는 한계가 있었다. 좀 더 가까이 다가가서 학습 활동을 관찰할 수 있어야, 학생들의 대화를 직접 들을 수 있어야 생각의 흐름을 제대로 포착할 수 있을 것이다. 그럼에도 전체적인 학습의 양상을 살피는 데에는 크게 무리가 없었다. 한 가지 아쉬운 것은 분절된 장면을 조립하는 방식으로 모둠 활동에 접근할 수밖에 없었다는 것이다. 임 선생님께 도움을 청하길 잘했다는 생각이 든다. 초대에 흔쾌히 응해주신 덕분에 수업의 맥락에 좀 더 가까이 접근할 수 있었다. 학생들이 정리해놓은 활동지를 비롯하여 보내주신 수업 관련 자료가 많은 도움이 되었다.

모둠별로 과제를 수행하면서도 각자의 생각과 판단에 따라 활동지를 정리하는 모습이 인상적이다. 서로에게 중력으로 작용하지 않는다는 점에서 긍정적인 부분이다. 저마다 동등한 주체로 학습에 참여하고 있는 것이다. 임 선생님의 포지션도 마찬가지다. '연결하기'와 '되돌리기'로 학생들의 사고와 상호작용을 이끌어내고 있다. 교사의 속도가 멈춘 듯이 보이나 역할을 방기하는 것과는 전혀 다르다는 사실을 굳이 설명할 필요는 없을 것이다. 배움의 공동체 운동이 한국 사회에 소개된 지도 10년이 훌쩍 넘었다. 그처럼 배움의 공동체 수업은 학생들을 수동적인 교육의 대상이 아니라 능동적인 학습의 주체로 존중한다는 점에서 기존의 문법과 다르다. 때문에 지금처럼 크게 반향을 불러일으키는 것일 게다.

3.
눈, 소리, 몸짓으로
설화 읽기

김하나 선생님의 '설화 읽기' 수업은 한국교원대학교 교수학습센터와 청주교육대학교 교육연구원 측이 공동으로 주관한 '제1회 창의적 수업 사례 공모전'[3] 출품작 가운데 하나다. 공모전 응모에 따른 제약이 없는 것은 아니나 전국의 시도 교육청에서 추진하는 수업연구대회에서 입상한 수업들과는 다르다. 수업연구대회가 공통적인 수업의 규범과 동일성을 강제한다면, 수업공모전은 대안적·창의적인 수업 사례를 찾는다. 공모전이 지속된다면, '수업공모전'과 '수업연구대회'에서 입상한 수업들을 비교·분석 해보는 것도 매우 흥미로운 일일 것이다. 그러나 그러기엔 아직 '수업공모전'의 역사가 짧다. 그럼에도 '수업공모전'이 학교 현장에서 흔히 볼 수 있는 '정형화된 형식' 탈피를 견인하고, '대안적인 사례' 발굴을 의도하고 있어 수상작을 보는 것 자체만으로도 나름의 의미가 있을 것이다.

이 수업은 『꽁지 닷 발, 주둥이 닷 발』 이야기의 일부를 텍스트로 삼아 '배경과 인물의 특성을 생각하며 이야기를 읽는' 수업이다. 김하나 선생님은 교육 연극으로 수업을 프로듀싱하고 있다. 이와 관련해서는 「나의 수업 이야기」와 「수업에 대한 성찰」이란 글에서 본인의 노하우를 상세하게 밝히고 있다. 그런 만큼 교육연극의 활용이 특이성을 만들어내는 수업이다. 이와 함께 이 수업은 2007년 개정교육과정에 제시된 '맥락context 중심 언어활동 지도' 방법을 적용하고 있다. 간략하게나마 개념에 대한 이해를 돕자면, '맥락'이란 "말과 글을 이해하고 표현할 때에 작용하는 사회·문화적 요소들의 집합체"(초등학교 국어과 『교사용 지도서』 참조)를 말한다. 이 글에서는 '맥락' 개념보다는 교육연극의 활용을 눈여겨볼 생각이다. 교육연극의 다양한 기법을 활용하여 '입체적인' 읽기를 시도하고 있는 까닭이다.

수업 보기

이야기를 '읽는다는 것'이 무엇일까? 눈, 소리, 이해, 해석, 상상, 감상 같은 말들이 당장 떠오른다. 일단 질문으로 남겨두자. 이야기 읽기는 1학년 때부터 시작하는 학습이다. 그리고 이 수업은 배경과 인물 '읽기'가 초점이다. 이야기 읽기 학습에서 배경이나 인물 탐구는 스토리, 사건과 함께 비중이 높은 학습 요소다. 그만큼 중요하게 다루는 요소라는 얘기다. 수업의 흐름은 '옛이야기 속으로', '등장인물이 되어', '모험을 떠나며', '이어지는 이야기', '또 다른 내가 되어'와 같은 순서로 진행된다. 학생들이 「주먹 가위 보」 노래로 몸가짐을 정돈하며 수업이 시작된다. 거듭해서 볼수록 첫인상과는 다르게 긍정적으로 다가오는 수업이다.

옛이야기 속으로

"한 나그네가 깊은 산속 길을 걸어가고 있었어." 김 선생님이 이야기를 풀어놓는다.

"옛날 옛날 아주 먼 옛날, 호랑이 담배 피고 놀던 시절에 한 나그네가 깊은 산속 길을 걸어가고 있었어. 아이고! 이런, 벌써 날이 저물었네. 어! 부엉이 소리도 들리고."
"부엉~ 부엉~."

"또 늑대 소리까지?"

"아오~."

김 선생님이 이야기를 한마디씩 풀어놓으면, 학생들이 소리와 몸짓으로 '추임새'를 넣는다. 마치 호흡이 착착 맞는 소리꾼과 고수를 보는 듯하다. 김 선생님은 나그네가 잠든 사이에 칼을 가는 처녀, 그 소리에 잠이 깬 나그네, 그리고 치맛자락 사이로 보이는 아홉 개의 꼬리까지 '구미호' 이야기를 단숨에 풀어놓는다. 그러고는 학생들에게 뒷이야기를 상상해보라고 말한다.

"죽어요."

"무사히 도망가요."

학생들의 대답이다.

"나그네와 구미호가 싸워서 이기는 장면들이 나오죠."

김 선생님은 이야기를 마무리하고, 이야기를 벗어나기 위해 말머리를 슬쩍 돌린다.

교사 이렇게 '옛날에'로 시작되는 이야기를 우리는 설화라고 합니다. 또는 옛날이야기라고 합니다. 호랑이가 담배를 피울 수도 있고, (화면으로 '새' 삽화를 보여주며) 이렇게 주둥이가 크고 꼬리가 긴 새가 사는 세상이 만들어지기도 해요.

교사 옛날이야기는 '옛날에', '아주 먼 옛날 어느 산골에' 이런 식으로 이야기를 풀어놓죠? 배경을 명확하게 제시하지 않아요. 왜 그럴까요?

지난 시간에 학습한 내용을 상기시켜주려는 것일까?

"정확하게 모르기 때문에."

"옛날부터 전해져 내려오는 이야기라서."

"지금과 달라서."

학생들의 답변이 꼬리를 물고 이어진다.

"조금 더 생각해. 호랑이가 담배를 피우고, 구미호가 나타나고, 이상하게 생긴 새가 살 수 있는 건?"

선생님의 도움말에 학생들이 "상상"이라고 답한다.

"그렇죠. 현실적인 이야기가 아니죠."

김 선생님은 옛날이야기는 실제 있었던 이야기가 아니기에 배경을 명확하게 밝히지 않으며, 비현실적인 배경이기 때문에 인물도 다양하고 이야기도 다양하게 전개된다고 설명해준다. 선생님의 질문이 계속된다.

교사 이런 이야기를 읽을 때 우리는 무엇을 생각하면서 읽어야 하나요?

학생들 배경과 인물의 특성.

교사 그렇죠. 다 같이 오늘 배울 목표 한번 생각해봅시다. 다양한 맥락에 따른 무엇과 무엇의 특성?

김 선생님이 미리 인쇄해둔 학습 목표를 펼쳐 칠판에 게시하고, 학생들이 다 같이 소리를 내어 읽는다.

"다양한 맥락에 따른 배경과 인물의 특성을 생각하며 이야기를 읽을 수 있다."

이처럼 학생들과 함께 학습 목표를 확인하고, 이어 공부할 순서를 안내한다.

"우리 벌써 옛이야기 속으로 들어온 거예요."

지금까지 진행된 첫 번째 활동을 말하는 것이다. 학습의 흐름을 요약하자면, '옛이야기 속으로', '등장인물이 되어', '모험을 떠나며', '이어지는 이야기', '또 다른 내가 되어'와 같은 순서로 구성되어 있다.

등장인물이 되어

이야기를 읽기 전에 김 선생님은 학생들과 함께 '발(양팔을 벌렸을 때의 길이)'의 뜻을 확인한다. 그러고는 학생들에게 선생님이 말하는 상황을 마임(몸짓)으로 흉내 내보라고 말한다. 학생들이 선생님의 말에 장단을 맞추듯 '꽁지 닷 발 주둥이 닷 발' 새의 모습을 몸짓으로 표현하고 있다.

"저기 새가 날아다니네."

학생들이 양팔 날갯짓으로 새가 나는 모습을 흉내 낸다.

"무서움에 떠는 사람들도 있네."

이번엔 떨고 있는 사람들의 모습을 흉내 낸다.

"이곳은 이제 여러분들이 살고 있는 세상이 아닌 옛이야기 속입니다."

이로써 옛이야기라는 서사적 공간 속으로 자연스럽게 진입한 것이다.

교사　이제 교과서로 돌아가 볼까요? 교과서 142쪽부터 145쪽까지 이야기가 이어지는데요. 이야기의 상황 맥락에 따라 글을 일곱 문단으로 나눠봅시다. 여러분들이 문단 나누기를 한번 해보고, 시간적 배경은 ○표, 공간적 배경은 □표로 합니다. 왜냐하면 배경은 인물과 사건에 많은 영향을 끼친다, 안 끼친다?

학생들이 훑어 읽기로 어렵지 않게 문단을 구분한다.

"첫 번째 문단 뭐죠?"

"옛날 옛날."

"두 번째 문단은 어디에?"

"하루는."

"세 번째 문단?"

"한참 걷다 보니."

이처럼 선생님이 질문을 하면, 학생들이 시공간적 배경을 나타내는 표현을 찾아 체크하는 식이다. 이어 선생님의 안내에 따라 1, 2문단은 다 같이, 나머지 다섯 문단은 모둠별로 돌아가며 소리를 내어 읽는다. 학생들의 글 읽는 소리가 교실 가득 울려 퍼진다.

리듬을 맞춰 글을 읽는 소리가 교실 가득 울려 퍼진다.

학생들 옛날, 어떤 산골에 홀어머니가 아들 하나를 데리고 살았어. 어머니는 들에 가서 나물을 캐고, 아들은 산에 가서 나무를 하며 오순도순 잘 살았지. 그런데 그렇게 잘 살기만 하면 안 되겠지?

교사 그만! 어, 문체가 특이하죠?

"그만!"

선생님의 지시에 학생들이 읽기를 멈춘다. 김 선생님은 이야기하듯이 술술 읽히는 입말체의 특징을 간단히 설명하고, 공간과 시간적 배경을 표시해둘 것을 재차 주문한다.

"하루는 아들이 산에 가서 나무를 한 짐 해 가지고 집에 돌아와 보니, 어머니가 안 보여."

다시 글 읽는 소리가 낭랑하게 울려 퍼진다.

"그만! 사건의 시작이죠?"

2문단 읽기가 끝나고, 김 선생님은 학생들에게 다음과 같이 지시한다.

"여러분 모두 아들이 되어서 지금의 마음을 표현합니다."

학생들이 제각기 아들의 심정을 표현하느라 떠들썩하다.

나머지 다섯 문단은 모둠별로 한 문단씩 돌아가며 읽는다. 3문단을 읽고는 '허리춤'의 뜻과 '볏짚 태운 재'를 얻었다는 사실을 확인하고 넘어간다. 4문단에서는 '김매기'의 뜻과 '고춧가루 한 봉지'를 얻었음을 확인한다. 5문단에서는 '삭정이', '한 단', '한 소쿠리'를, 6문단에서는 '상수리', '도꼬마리', '귀주머니'를 알아본다. 김 선생님은 직접 채집해온 도꼬마리를 학생들에게 보여준다. 이처럼 김 선생님은 학생들의 이해를 돕기 위해 어려운 낱말을 모두 짚어가며 7문단을 끝으로 돌려 읽기를 마무리한다. 그러고는 학생들과 함께 주인공이 지나온 공간과 시간적 배경을 확인하고 다음 순서로 넘어간다.

교사 전체적으로 이 아들이 가고 있는 길이 험난해요, 평탄해요?

학생들 험난해요.

교사 그런데 드디어 아들과 어머니가 만났죠. 불러서 그 심정을 한 번 들어보겠습니다.

이야기 속의 인물을 인터뷰하는 활동이다. 학생들이 이야기 속의 등장인물이 되어 다른 친구들의 질문에 답하는 방식이다. 먼저 아들과 어머니로 지명받은 두 명의 학생이 앞으로 나온다.

"아들과 어머니에게 묻고 싶은 것들이 있죠? 지금부터 한번 물어봅시다."

한 학생이 먼저 어머니에게 묻는다.

"아들을 만났을 때 심정이 어떠하였습니까?"

"기뻤어요."

다른 학생의 질문이다.

"아들과 어머니는 어떻게 살아가고 있었나요?"

"저는 나물을 캐고, 아들은 나무를 해왔어요."

이번엔 앞쪽에 있는 학생이 아들에게 묻는다.

"어머니를 꽁지 닷 발 주둥이 닷 발 되는 새가 채 갔을 때 심정은 어땠나요?"

"아주 답답하고요. 꽁지 닷 발 주둥이 닷 발을 잡고 싶었습니다."

교사 잠깐만요. 여기서 꽁지 닷 발 주둥이 닷 발, 아까 표현 잘한 친구들이? 윤상이. 꽁지 닷 발 주둥이 닷 발 새입니다. 얘한테도 혹시 질문이 있을 것 같아. 한번 물어봅시다.

학생1 왜 어머니를 채 갔나요?

윤상 먹이요. 먹이.(웃음)

학생2 어머니를 잡았을 때 마음은 어땠나요?

윤상 어, 드디어 먹을 수 있다고 생각했어요.

학생3 어머니 말고 다른 동물이나 짐승들을 먹으면 되는데 왜 하필 어머니를 채 갔나요?

윤상 주름살도 많아 보이는 게 참 맛있어 보였어요.(웃음)

"(1모둠을 가리키며) 아까 논이었죠? 논을 매는 사람들입니다. 이 사람들한테 혹시 질문 있어요?"

김 선생님은 이처럼 앉아 있는 학생들을 등장인물로 불러내어 인터뷰를 진행하기도 한다. 학생들이 논을 매는 사람들, 고추밭을 매는 사람들에게 궁금한 점을 물으면, 해당 모둠의 학생들이 등장인물이 처한 상황에 맞게 답변을 한다. 삭정이 한 단을 준 까치와 도꼬마리 한 줌을 준 다람쥐의 도움도 간단하게 확인한다. 등장인물 인터뷰 활동으로 이야기 속의 상황과 맥락을 읽어내고 있는 것이다.

모험을 떠나며

타블로(정지 장면, Tableau) 만들기

다음은 타블로(정지 장면) 만들기 활동이다. 각 모둠에 할당된 '문단-장면'을 정지 동작으로 표현해보는 순서다. 익숙한 활동인 듯 학생들이 바로 모둠 활동에 들어간다. 생각과 의견을 모으는 학생들의 표정에 활기가 넘친다. 그렇게 재미있을까? 제각기 맡은 장면을 준비하느라 여념이 없다.

"바른 자세!"

선생님의 신호에 따라 학생들이 활동을 끝내고 자리를 정돈한다. 짧은 시간임에도 준비가 된 모양이다. 앉아 있는 학생들이 거꾸로 10초를 세는 동안 발표 모둠이 앞으로 나가 준비를 한다. 이어 "정지!" 하고 외치면, 발표 모둠의 학생들이 맡은 배역에 따라 타블로를 만들어 보여준다. 학생들이 다시 10초를 세고 "정지!"를 외치면, 두 번째 타블로를 표현한다. 먼저 1모둠이 '삼십 리 논에 모를 심어주는 장면'을 연출한다.

교사 리플레이!(학생들이 '타블로 1'로 복귀한다.)

학생들 3, 2, 1. 레디~ 액션!

아들 여보시오. 꽁지 닷 발 주둥이 닷 발 새가 우리 어머니를 채 갔는데, 어디로 갔는지 아시오?

농부1 이 논 삼십 리를 다 심어주면 가르쳐주겠소.

아들 알겠습니다. (모를 심는 시늉을 하다) 다 됐소이다.

농부1 어머니는 저기 저쪽으로 갔소.

교사 아들은 누구? (아들을 가리키며) 이 사람. 여러분들 다 알겠지요? 이 사람, 아들의 내면 한번 알아봅시다.

아들 저쪽이 맞아야 할 텐데……

농부1 저 청년 덕분에 우리 논을 다 심었구먼.

농부2 청년이 도와줘서 고마워.

"다양한 인물들이 나왔네요. 지금 아들이 열심히 일을 하고, 어머니를 찾으러 가고 있죠? 여러분들 아들은 어떤 사람인 것 같아요?"

"착한 사람."

'타블로 1'과 '타블로 2'를 연결하는 재연replay에 이어 등장인물에 대한 질문을 통해 인물을 탐구한다. 이처럼 모둠별로 돌아가며 '산비탈 고추밭', '산 너머 까치와의 만남', '바위산 다람쥐와의 만남', '바위굴 속 큰 집'으로 이어지는 힘든 여정을 연출한다. 학생들은 이야기 속에 나오지 않는 주변 인물과 의인화한 사물까지 등장시키고 있다. 그리고 김 선생님은 각 장면마다 학생들과 함께 사건과 배경을 확인하고, 등장인물의 말과 행동을 살펴가며 캐릭터를 탐구한다.

이어서 김 선생님은 학생들과 함께 이야기의 내용을 정리한다. 공간적 배경과 취득한 물건(사물-조력자)을 적어놓은 카드를 칠판에 붙여가며 장소, 만난 인물, 취득한 물건(볏짚 태운 재 한 되, 고춧가루 한 봉지, 삭정이 한 단, 도꼬마리 한 줌)을 확인한다. 이어 김 선생님이 학생들에게 묻는다.

"아들은 어떤 사람인 것 같아요?"

"효자."

학생들의 대답이다.

"또 다른? 어머니를?"

"끔찍이 사랑한다."

이로써 배경, 사건, 인물, 취득한 물건 간의 연관성까지 이야기의 내용을 종합적으로 정리하고, 다음 활동으로 넘어간다.

이어지는 이야기

교사　아들은 어머니를 구하러 가면서 지금 물건들을 얻었죠? 여러분 이제 그 뒷이야기 궁금하죠?

'이어지는 이야기'를 꾸밀 차례다. 모둠 릴레이로 이야기를 꾸미는 방식이다. 김 선생님은 '비현실적인' 배경과 '용감하고 인내심이 강한 아들'의 캐릭터에 맞게 이어지는 이야기를 재미있게 상상해보자고 말한다.

"물건을 이용했을까요, 안 했을까요?"

간단한 질문으로 취득한 물건의 활용도 빠뜨리지 않도록 돕고 있다.

'새-되기', 학생들이 비명을 지르며 눈 주위를 감싸고 고통스러운 표정을 짓는다.

모둠별로 의논이 끝나고, 한 학생이 먼저 이야기를 시작한다.

"꽁지 닷 발 주둥이 닷 발이 배가 고파서 어머니를 잡아먹으러 갔는데, 그 아들이 지키고 있었어요."

꽁지 닷 발 주둥이 닷 발 새가 아들과 마주쳤다는 이야기다.

"아들이 도꼬마리를 던졌는데, 새의 눈에 맞았습니다."

김 선생님은 발표한 이야기를 학생들과 함께 다듬고, 이를 도우미 학생이 컴퓨터로 기록한다. 적는 대로 이야기가 화면에 나타난다.

"하지만 눈은 두 개이기 때문에 한 눈으로 쫓아왔는데, 고춧가루를 던져 눈을 못 뜨게 했다."

이번엔 고춧가루를 이용했다는 것이다. 여기서 김 선생님은 학생들을 향해 연거푸 고춧가루를 던지는 흉내를 낸다. 새가 된 학생들이 비명을 지르며 눈 주위를 감싸고 고통스러운 표정을 짓는다. 이처럼 이야기 꾸미기 활동은 흥미진진하게 진행된다. 이야기가 계속 이어진다.

"꽁지 닷 발 주둥이 닷 발 새가 정신을 못 차리자 바로 앞에 볏짚 태운 재를 부었습니다. 그리고 걸려 넘어지게 했습니다."

김 선생님은 '넘어지게 했다'는 표현에 무리가 있다고 판단했는지 학생들과 의견을 주고받으며 '미끄러지게 했다'는 표현으로 고쳐 정리한다.

"볏짚 태운 재를 앞에 놓아 미끄러지게 했다."

한 학생이 다음과 같이 마무리한다.

"그 틈을 타 가마솥 안에 넣고 삶아서 먹어버렸다."(웃음)

김 선생님은 여기에 학생들이 빠뜨린 '삭정이'의 활용을 추가한다.

"가마솥에 넣고 삭정이로 불을 지펴서……"

한 학생도 일어나서 새의 단단한 주둥이를 이용해 쇠문을 연다는 이야기를 덧붙인다. 도우미 학생은 그렇게 해서 "어머니를 만났다"고 적고 있다.

"다행입니다. 용감한 아들이 어머니를 구하고, 꽁지 닷 발 주둥이 닷 발 새를 물리친 멋진 이야기가 되었네요."

이렇게 '뒷이야기' 꾸미기 활동이 마무리된다.

또 다른 내가 되어

학생들이 '다섯 글자 토크'로, 또는 자유롭게 생각과 느낌을 발표한다.

이 시간에 공부한 내용을 정리하는 활동이다.

"배경과 인물의 특성을 생각하면서 이야기를 읽어보니까 어때요?"

"기억에 남는 느낀 점 있으면 한번 말해볼까요?"

학생들이 선생님의 안내에 따라 '다섯 글자 토크'로 또는 자유롭게 생각과 느낌을 발표한다.

"효도를 하자."

"어머니를 사랑하자."

"용감한 마음을 갖자."

"도구를 이용하자."

"부모님을 생각하는 마음을 많이 갖자."

재미있고, 상상을 많이 하게 한다고 말하는 친구들도 있다. 김 선생님은 이야기가 다양한 맥락을 가지고 있고, 그 맥락에 따라 배경과 인물의 특성을 생각하며 읽어야 한다고 환기해준다. "인물이 처한 시대의 환경을 생각하며 읽으면 좋다"는 말도 덧붙인다.

김 선생님은 학습한 내용을 마저 정리하면서, 학생들에게 활동지를 나눠준다. 과제를 안내하려는 것이다. '또 다른 내가 되어'라는 활동지의 제목이 말해주듯 이야기 속의 등장인물이 되어 '오늘 못다 한 이야기'를 적어 오거나 '이어지는 이야기'를 좀 더 다양하게 꾸며보라는 것이다. 이어서 다음 시간에는 "배경과 인물의 특성을 우리 생활과 관련지어 이야기를 읽어볼 것"이라며 차시 학습을 예고한다. 끝으로 이 시간에 읽어본 이야기와 다르게 '오누이'가 주인공으로 등장하는 『꽁지 닷 발 주둥이 닷 발』 이야기책을 한 권 소개해준다.

"물리치는 방법이 같을까요, 다를까요?"

학생들에게 읽어볼 것을 권하며 수업을 마친다.

눈, 소리로 읽기

김 선생님은 '구미호' 이야기 구연으로 학생들의 눈과 귀를 노크한다. 학생들의 '추임새'를 자연스럽게 이끌어내며 이야기를 구연하는 솜씨가 부럽다. 본시 학습과 관련해 학생들의 지식과 경험을 활성화하기 위한 절차일 것이다. 학생들에게 학습 활동의 흐름과 방향을 암시하거나 힌트를 주기 위한 도입의 성격도 갖는다. 그런데 그런 식의 도입이 꼭 필요한 것일까? 물론 '구색'을 갖춰서 나쁠 거야 없다. 하지만 동기 유발에 대한 강박이 아니라면, 바로 들어가는 게 어떨까 싶다. 시간에 쫓기고 있지 않은가? 학습문제 제시도 마찬가지다. 수용과 표현에 초점을 둔 '읽기' 학습이다. 이와 같은 '읽기' 수업에서 목표를 명시적으로 제시할 때와 그렇지 않은 경우, 과연 차이가 생길까?

구성주의적 관점에서 '읽기'를 생각해보면, '수용과 표현의 다양성' 혹은 '감상의 개별화'가 중요하다. 학습자를 떠난 선험적인 '읽기' 혹은 '수용'의 목표가 가능한 것일까? 학생들에게서 학습 목표를 도출하는 관행도 굳이 따를 필요는 없을 것이다. 교사가 방향을 놓치지 않으면 그만 아닐까? 느낌, 상상, 표현 등 언어로 표현하기 어려울 수도 있는 정서적 체험이 중요한 까닭이다. 학생들 각자의 감수성과 상상력이 개입하는 '읽기' 학습이다. 목표를 정하고 달려가는 목적론적 관점이 텍스트 '읽기'에 방해 요인으로 작용할 수도 있다. 목표와 속도에 말려 학생들이 자신의 감수성과 상상력을 제대로 펼치기 어려울 수도 있다. 단계와 절차를 따른다고 해서 좋은 수업이 되는 것은 아니지 않은가? 텍스트를 읽어가는 과정에서 목표가 자연스럽게 출현하도록 하는 것도 괜찮을 것이다.

김하나 선생님은 학생들과 함께 세 가지 방식으로 이야기를 읽어낸다. 우선 분석적 독해로부터 출발한다. 훑어 읽기와 소리 내어 읽기다. 김 선생님은 시간적 배경에는 ○표, 공간적 배경에는 □표를 하도록 주문한다. 학생들은 훑어 읽기로 주문 사항을 어렵지 않게 마킹한다. 이어 1, 2문단은 모두가, 나머지 다섯 문단은 모둠별로 돌아가며 소리를 내어 읽는다. 역할 배분은 사전에 이루어진 듯하다. 학생들은 자기 모둠에 할당된 문단을 후속으로 이어지는 교육연극으로 연기한다. 김 선생님은 시간과 공간을 따라가며, 학생들이 모를 것 같은 낱말까지 세심하게 짚고 넘어간다. 몸을 움직여 낱말을 익히게 하기도 하고, 도꼬마리 열매는 실물로 준비하는 센스까지 8년 차의 열정이 부럽다(학생들: 한번 만져보고 싶은데……^^). 그 촉감을 느껴보게 할 여유를 기대하는 것은 아마도 욕심일 것이다. 패스!

학생들이 이야기를 시공간 배경 단위로 소리 내어 읽는다. 집중을 방해하는 튀는 목소리는 없는 것 같다(합창할 때 목소리가 튀면?). 보고 싶던 풍경이다. 여러 소리가 어울려 교실을 울리는 하나의 소리를 만들어내는 집합적인 리듬! 문학적인 글 혹은 이야기 글은 감정을 실어 소리 내어 읽으면 재미도 있고, 이해도 잘 된다. 글자가 목소리로 바뀌면서 느낌과 분위기가 생생해지는 까닭이다. 물론 저마다의 개성적인 읽기나 음미하며 읽기에 제약이 없는 것은 아니다. 그렇다고 그것이 소리 내어 읽기를 배제할 이유가 되지는 못한다. 또한 눈, 머리, 성대, 배, 손 등 몸 전체를 움직여 글 읽는 소리, 캬~! 공동의 목소리가 전혀 다른 느낌으로 귀에 와 닿는다. 눈을 감으면, 낭랑하게 읽는 석봉이, 감정을 실어 읽는 정자의 목소리가 들린다. 연극배우 박정자처럼 읽을 수 있다면! 물론 시니컬한 걸오(유아인 분, 2010 KBS 종영 드라마 「성균관 스캔들」)의 목소리까지도.

함께 혹은 누군가 듣고 있다면, 학생들의 기분, 신체, 분위기가 달라진다. 노래방에 가서 한껏 폼 잡을 때만큼은 아니라도 말이다. 그런데 학교, 도서관, 지하철 등의 공공장소는 눈으로만 책을 읽는 '묵독' 문화를 강제한다. 각자 멋대로 소리를 내면 집중이 안 되니까. 휴대폰 통화가 집중을 방해하는 것을 종종 경험하지 않는가? 마치 공중도덕 같은 것이다. 그러나 묵독을 할 때에도 우리는 자기 안의 '목소리'를 듣는다. 글을 읽는 자기 목소리를 듣기도 하고, 이야기 속에 등장하는 인물의 목소리를 듣기도 한다. 하여튼 소리를 매개로 이루어지는 소리 내어 '읽기'에는 각자 나름대로 파악한 인물의 특성이 기입되게 마련이다. 이렇듯 소리 내어 읽기가 유발하는 효과를 적극적으로 볼 필요가 있다. 물론 김 선생님이 밝히고 있듯이 소리 내어 읽기 활동은 학생들의 텍스트에 대한 '집중'과 관련이 있다.

한 가지 추가하고 싶은 것은 글자를 목소리로 변환하는 과정은 그렇듯 나름의 인물 탐구를 수반한다는 사실이다. 오디오 타입의 읽기지만, 대사를 연기하듯 읽는 것 자체가 모르는 사이에 인물을 탐구하는 과정이 된다는 것이다. 소리 내어 읽기는 이처럼 분석적인 읽기이자 감성적인 읽기의 도구 혹은 전략으로 볼 수도 있을 것이다. 이 정도면 인물을 본격적으로 탐구하기 위한 준비가 완료된 듯하다. 물론 김 선생님의 '설화 읽기' 수업에서 소리 내어 읽기가 이와 같은 해석에 가까운 양상으로 진행된다고 단정하기는 어렵다. 김 선생님의 의도와는 무관한 지나친 해석일 수도 있다. 일상의 수업에서 연습이 필요하기도 하고, 학생들도 감을 잡아야 하는 문제니까. 그럼에도 소리 내어 읽기가 갖는 의미를 좀 더 적극적으로 생각해볼 필요가 있다. 하여튼 소리 내어 읽는 풍경이 반갑다는 얘기다.

몸짓, 감성적인 읽기

다음은 교육연극을 활용한 '인물-되기'다. 빠져 읽기라고 해도 좋을 것이다. 감정이입의 읽기, 감성적 독해, 공감적 읽기? 뭐라고 해야 하나? 하여간 김 선생님은 타블로(정지 장면) 만들기, 뜨거운 의자Hot-seating, 마임 혹은 즉흥극 등의 교육연극 기법을 활용한다. 이를 통해 '읽기'는 연기자가 캐릭터를 연구할 때처럼 이중의 변환을 통해 진행된다. 주인공hero, 악당villain/반대자opponent, 조력자helper, 증여자donor, provider 등의 인물 탐구! 나아가 주변인물extra 창조까지 시도하고 있다. 역할 배분의 빈틈을 의미 있게 채우고 있는 것이다. 이야기의 상황과 맥락, 인물들 간의 관계를 모르고서는 결코 쉽지 않은 일이다. 학생들이 '자기'로부터 벗어나 '인물-화'되는 것이고, 탐구 대상인 인물도 학생들이 해석한 혹은 상상한 인물로 달라진다. '되기'라는 개념을 따온 맥락은 일단 접어두고, '되기'의 블록은 이렇듯 이중적이다.

앞서 이루어진 '소리 내어 읽기'가 오디오 타입의 읽기라면 교육연극 기법을 활용한 표현은 비디오 타입의 읽기라고 할 수 있을 것이다. 소리에 몸짓 연기가 추가되면서 다면적인 학습 공간이 만들어진다. 여기에 내면 혹은 심리 추론의 문답까지 이어지면서 인물 탐구의 깊이를 심화하고 있다. 혹자는 여기서 현장 수업 문화의 공통적인 규범 혹은 코드가 된 활동주의를 떠올릴 수도 있을 것이다. 그러나 '설화 읽기' 수업은 기존에 답습하던 활동주의 수업 문화의 부정적인 모습과는 거리가 멀다. 사고와 학습이 증발해버린 활동주의와는 차이가 있다는 얘기다. 특히 타블로나 즉흥 같은 기법은 논리의 허를 찌르는 직관을 효과적으로 활용할 수 있는 방법이다. 탐구의 절차와 방법을 빛(?)의 속도로 가로질러 인물을 감각적으로 파악한다. 뿐만 아니라 김 선생님은 상대적으로 소홀히 다루기 쉬운 배경까지 세심하게 짚고 넘어간다.

여기서 교육연극의 기법들은 감성적인 읽기의 도구tool로 쓰인다. 이로써 읽기 혹은 수용의 주체를 효과적으로 확장하고 있다. 교육연극 기법을 능숙하게 소화해내는 학생들의 모습은 김 선생님이 일상의 수업에서 공들인 결과일 것이다. 그럼에도 타블로 만들기는 순발력과 액션에 의존하는 것이라서 충분한 사고와 내면화를 기대하기는 어렵지 않을까? 혹자는 숙성의 여유를 아쉬워할 수도 있다. 이에 김하나 선생님은 '타블로 1'과 '타블로 2' 사이에 재연replay이라는 장치와 심리 추론의 문답을 배치해 인물 탐구를 보완하고 있다. 학생들이 직관적으로 해석한 혹은 상상한 인물과 장면을 구체화된 장면과 행위로 표현하는 것은 긍정적이다. 게다가 재연, 인터뷰, 문답까지 인물 탐구를 위한 장치 또한 부족함이 없다. 그러나 인물 탐구 학습의 흐름과 패턴이 단선적으로 반복되고 있다는 생각이 든다.

한두 군데쯤 우연히 형성될 수도 있을 법한 학습 공간을 발견할 수가 없다. 긴장과 변화가 아쉽다는 얘기다. 이는 김 선생님이 설계한 단계와 절차를 충실히 따르고 있기 때문인 것으로 보인다. 꽉 짜인 수업의 절차와 그것을 따라 쾌속으로 진행하는 방식이 그런 여백을 제한하고 있다. 인물 탐구에서 한 가지 아쉬움이 있다면 그런 것이다. 세밀한 설계가 가져오는 아이러니라고 말한다면 지나친 것일까? 표현의 공유를 넘어 왜 그렇게 표현했는지 묻는다면, 혹은 학생들의 말에서 출발한다면 단선적인 학습의 흐름에 변화를 기입할 수도 있을 것이다. 물론 그것이 수업을 그르치는(?) 블랙홀이 된다 하더라도 말이다. 그랬다면 단선적인 패턴을 넘어 변화가 있는 학습의 지형이 만들어지지 않았을까? 가정이 무의미함에도 한마디 보태고 싶은 것은 그런 아쉬움 때문이다.

그런 관점에서 보자면 빡빡한 분량과 속도도 방해 요인으로 작용한다. '설화 읽기' 수업은 이완도 완급도 없는 쾌속이다. 그 속도를 따라가지 못하는 학생들도 몇몇 눈에 띈다(얼굴 가리지 않아도 괜찮아!). 군데군데 수렴적인 발문으로 치고 나가는 것도 시간 부족에 기인한 선택일 것이다. 물론 시간 부족을 이해 못하는 것은 아니다. 다섯 모둠에게 모두 기회를 줘야 하고, 볼거리도 좀 있어야 하지 않겠는가? 그러자면 설계와 어긋나는(?) 의외와 우연들이 끼어들게 허용할 수는 없을 것이다. 기존의 관행을 넘어 대안적이고 창의적인 수업을 견인하는 공모전임에도 '구색'의 중력이 작용한 탓으로 보인다. 통제 혹은 통솔의 형식이 다소 과도한 것도 그 때문일 것이다. 거침없이 구사하는 수업 시그널도 같은 맥락에서 이해할 수 있을 것이다.

그런 점에서 학생들이 보이기는 하지만 잘 보이지 않는 면도 없지 않다. 이를 '앵글의 한계'만으로 떠넘기기는 어려울 것이다. 하여튼 이유가 없지는 않다. 인지적 사고를 겨냥하기보다는 감성적인 읽기에 비중을 두고 있는 까닭이다. 저마다 느끼고 상상한 대로 표현하는 것 혹은 표현하면서 상상하고 느끼는 것에 의미를 두는 까닭이다. 여기서 활발한 인지적 상호작용을 주문하는 것은 무리라는 생각이 든다. 그럼에도 답이 없는 근원적인 질문을 던져보게 된다. 학생들이 이 수업에서 만난 질문과 긴장tension 은 무엇일까? 캐릭터 해석 혹은 탐구에 어느 정도나 빠져들었을까? 감성 혹은 감수성의 스위치는 켜진 것일까? 학생들에 관한 정보와 자료가 없는 까닭에 추론 이상을 말하기는 곤란하다. 그 추론을 굳이 덧붙일 필요도 없을 듯하다.

달고 싶은 '사족' 하나

교육연극을 통한 '읽기'가 끝나고, 뒷이야기 꾸미기 활동이 이어진다. 교과서에 제시된 텍스트에 생략되어 있는 하이라이트와 엔딩을 구성하는 학습이다. 제대로 하자면 시간이 꽤 걸리는 학습이다. 시간 부족에 따른 간결한 처리에도 나름의 의미가 있는 활동이다. 학생들은 김 선생님의 진행에 따라 모둠 릴레이로 뒷이야기를 구성해간다. 각각의 모둠에서 상상한 부분을 연결하면서 뒷이야기를 완성한다. 선생님과 학생들이 '아들'과 '새'를 연기하며 이야기를 꾸며가는 장면은 매우 인상적이다. 뒷이야기 꾸미기는 학생들의 상상력과 창의성이 개입되면서 '읽기'의 모드가 텍스트의 수용에서 생산으로 확장·변환되는 지점이기도 하다. 또한 '사건'의 요소가 부각되는 학습이기도 하다. 배경과 캐릭터 탐구를 바탕으로 한다는 점에서는 이야기의 맥락을 되짚어보는 계기가 되기도 한다. 이로써 '설화 읽기' 학습이 마무리되는 것이다.

그리고 공부한 내용에 대한 정리로 이어진다.

"배경과 인물의 특성을 생각하면서 이야기를 읽어보니까 어때요?"

"재밌어요."

"기억에 남는 느낀 점 있으면 한번 말해볼까요?"

"효도를 하자."

"어머니를 사랑하자."

"용감한 마음을 갖자."

"도구를 이용하자."

"부모님을 생각하는 마음을 많이 갖자."

간결한 답변이다. 김 선생님은 미진한 부분을 마저 정리하고 과제를 제시한다. 그리고 차시 예고에 이어 다른 버전의 책을 소개하면서 수업을 마무리한다. 물론 생략한다 해도 '읽기' 학습에는 손색이 없을 것이다. 이미 앞선 과정에서 풍부한 탐구가 이루어진 까닭이다. 그럼에도 김 선생님은 '생각과 느낌 나누기' 활동을 빠뜨리지 않는다. 게다가 다른 버전의 책까지 소개해준다.

"물리치는 방법이 같을까요, 다를까요?"

궁금하지 않을 수 없을 것이다. 이처럼 학습한 내용을 다시 한 번 환기하고, 책까지 소개하는 까닭은 작은 것도 소홀히 하지 않으려는 노력일 것이다.

'설화 읽기' 수업의 첫인상은 숨 가쁜 쾌속 질주였다. 거듭해서 볼수록 '질주'의 부정적인 인상이 긍정의 '쾌속'으로 바뀌었다. 쾌속이 쾌감을 주는 속도이기는 하나 경쾌한 속도와는 다르다. 이런 속도는 '수업 공모전'의 콘셉트에 맞춰 수업을 풀 옵션으로 준비하면서 떠안게 된 한계로 보인다. 눈, 소리, 몸짓을 매개로 배경과 캐릭터 탐구에 다면적인 방식으로 접근한 수업이다. 평면적인 방식에서 출발해 입체적인 학습 공간으로 점진적인 종합을 시도하고 있다. '인물-되기'에서 볼 수 있는 이중의 변환은 '소리'를 매개로 이루어지는 인물 탐구에서도 같은 양상으로 일어난다. 상대적으로 소홀히 다루기 쉬운 배경까지도 꼼꼼하게 다루고 있다. 뿐만 아니라 부정적인 의미에서의 활동주의를 넘어선 수업이라고 해도 크게 틀린 말은 아닐 것이다. 좀처럼 만나기 쉽지 않은 수업이다. '수업공모전'이 의도하는 '대안'과 '창의성'에 충분히 값한다는 생각이 든다. 여느 '대회'와는 다른 느낌으로 다가온다.

그럼에도 '수업공모전'은 그것이 '대회'라는 점에서 부정적인 관행과 습속들을 잉여적으로 포함하고 있다. 가시적으로는 수상의 영예와 적지 않은 상금이, 보이지 않게는 밀어내고자 했던 익숙한 관행과 낡은 습속들이 '대안'과 '창의성'이라는 언표들의 빈틈에 어느새 자리 잡고 있는 것이다. '수업공모전'이 내걸고 있는 '대안'과 '창의성'도 자칫 공허하고 위태로운 슬로건으로 전락할 수 있음을 경계해야 할 것이다. '수업공모전'이 또 하나의 '대회'로 전락하지 않으려면 김 선생님처럼 '대안'과 '창의성' 이외의 것들을 모두 내려놓고 실험하는 교사들의 도전이 필요하다. '수업공모전'은 주류 질서를 강제하는 '제도'와 '대회'에 말려들어가 '자기'와 '수업'을 경영하는 주체와는 다른 교사 주체를 요청하고 있는 것이다. 그 요청에 응답하는 교사들이 대안적이고 창의적인 수업 혹은 수업 문화를 새롭게 창안해갈 것이다. 김하나 선생님의 포석을 시작으로 또 다른 징검다리가 놓이기를 기대한다.

---

3. 김하나 선생님의 '설화 읽기' 수업(초4, 원주 평원초)은 2010년 한국교원대학교와 청주교육대학교가 공동으로 추진한 '교사의 창의적 수업 사례 공모전'에서 대상을 수상했다. 이 '수업공모전'에는 전국의 초·중등 교사들이 응모할 수 있다.

4.
수업 워크숍 리포트,
'교사-되기'

초4 과학 수업(아산 염티초, 2009)이다. 장군 선생님은 현재 6학급 규모의 학교에서 3학년부터 6학년까지 4개 학년의 과학 교과 수업을 전담하고 있다. 그리고 장 선생님은 지역의 몇몇 교사들과 함께 '수업 보기'와 '수업하기'를 주제로 하는 세미나와 워크숍에 참여하고 있다. 이 수업은 동료 교사들의 아이디어를 참고로 설계한 수업이다. 물론 최종적으로는 장 선생님이 디자인한 수업이다. 뿐만 아니라 촬영한 수업을 동료 교사들과 함께 보면서 두세 차례에 걸쳐 수업 토론회도 진행했다. 수업에 아이디어를 보태고, 이야기를 나누는 과정은 수업한 당사자와 동료들이 함께 배울 수 있는 좋은 기회라 생각된다. 그 과정을 '동료 컨설팅'이라 이름 붙여도 무리는 없을 것이다. 이 글은 이에 대한 간략한 리포트가 될 것 같다.

장 선생님은 수업의 후반부에서 과학기술의 가치 혹은 시민으로서의 소양에 대해 묻는다. '누구를 위한 과학인가?' 학생들에게 묻고 있으나 가르치는 교사들에게 더 의미 있게 다가오는 질문이다. 이는 1980년대에 새롭게 제기된 STS(Science, Technology and Society) 교육을 염두에 둔 것으로 보인다. STS 교육은 과학기술에 대한 윤리적 성찰과 사회적 책임을 강조한다. 과학기술의 발전이 야기하는 사회적 문제의 해법이 무엇일까? 이와 관련한 쟁점을 되짚어보자면 간단한 질문으로 요약할 수 있다. 과학기술의 획기적인 발전인가, 가치관 교육인가? 관점에 따라 STS 교육의 양상도 크게 달라진다. 장 선생님은 후자가 포괄하는 철학적 성찰을 주문하고 있다. 이 지점을 짚어볼 것이다.

수업 보기

과학과 교육과정을 잠깐 살펴보자면, '전구에 불 켜기'는 초등학교에서 전기를 처음으로 도입하는 단원이다. 적절한 전원의 사용, 닫힌회로, 도체와 부도체, 전기 부품에서 전기가 통하는 부분, 전지의 연결방식 등을 주제로 전기와 관련한 기본적인 개념을 공부하는 단원이다. 참고로 2007 개정교육과정에서는 5학년 1학기로 옮겨진 내용이다. 이 수업은 '휴대용 전등 만들기'를 주제로 본 단원에서 학습한 개념과 지식을 적용해보는 시간이다. 그런데 장 선생님은 수업을 설계하면서 '간단한 전기용품 만들기'로 주제를 변경한다. 그로 인해 수업이 예상과는 전혀 다른 양상으로 펼쳐진다. 장 선생님이 사각형의 납작한 파우치를 들고, 지퍼를 열며 수업을 시작한다.

도입

학생 뭐예요?

교사 뭘까?

뭐 하는 데 쓰는 물건일까?

'노트북', '스위치', '책', '전자사전', 학생들의 추측이다. 선생님이 직접 보면 더 짐작하기 쉬울 거라며 물건을 꺼낸다.

"에이, 그게 뭐예요? 유리, 유리창, 거울."

처음 보는 물건인 모양이다.

"뭐 하는 데 쓰는 물건일까?"

"만져보고, 맛보지는 않겠지, 설마!"(웃음)

장 선생님은 교실 앞쪽에 앉은 2모둠 학생들에게 추측해보라며 물건을 넘겨준다. 학생들이 물건을 관찰한다. 그래도 용도를 짐작하기 어려운 모양이다. 선생님이 물건을 회수하고, 좀 더 힌트를 주기 위해 물건의 구조를 알려준다. 투명 플라스틱 패널, 버튼 등으로 구성되어 있다. 버튼을 누르면 불이 켜지는데, 주변이 밝아서 잘 보이지는 않는다.

"이건(버튼) 무슨 역할을 하는 거야?"

"스위치."

"자, 뭐 할 때 쓰는 물건일까?"

"백미러."

"형광등."

추측이 빗나간다.

"선생님 동작 한번 보세요."

선생님은 동작 힌트를 추가로 제공한다. 교과서 위에 물건을 올려놓고, 책 읽는 모습을 보여준다.

"아~!"

여기저기서 손을 든다.

"어두울 때 책에 넣어서 보는 것."

드디어 수빈이가 용도를 발견한다.

"그게 이름이 뭐예요?"

궁금한 모양이다.

"책이 영어로 뭐예요?"

"북."

"빛을 영어로 뭐라고 할까?"

"라이트."

선생님은 '북라이트'라고 이름을 알려준다. 낯선 이름인 듯 학생들이 한두 차례씩 발음해보고 있다.

"어두울 때 이걸 사용하면, 뭐가 좋을까?"

이어지는 선생님의 질문이다.

"책을 볼 수 있어요."

선생님은 밤에 자는 사람을 방해하지 않고, 책을 볼 수 있어 좋다고 덧붙인다.

"누가 만들었어요?"

종민이의 질문이다.

"그건 모르지. 이것이 어떻게 구성이 되어 있나 한번 뜯어볼게."

교사 요건(버튼) 여러분이 말한 것처럼 스위치라고 했죠? 자, 여기 스위치를 열면 뭐가 들어 있을까?

학생들 전선, 전지.

"그렇지. 전지가……."

커버를 열고 전지가 연결된 모습을 보여준다.

"연결이 되어 있어요. 이렇게 연결되어 있으니까 무슨 연결이야?"

"직렬~."

학생들의 목소리가 시원스럽다.

"보이지는 않지만, 이 안에는 전선이 요렇게 들어 있어요. 요렇게."

선생님이 손가락으로 배선 라인을 그려 보인다.

"이 플라스틱은 무슨 역할을 하는 거야?"

"빛이 보이는 역할."

"전구일까, 전지일까, 전선 역할을 하는 걸까?"

"전구."

장 선생님은 이렇듯 북라이트로 본 단원에서 학습한 내용을 확인한다. 그리고 다시 질문을 던진다.

"그런데 이런 물건의 나쁜 점도 있어. 어떤 점일까?"

"플라스틱이 깨지면 붙이기가 어려워요."

종민이의 답변이다.

"전지가 없으면 쓸 수 없어요."

선영이의 대답이다. 이에 덧붙여 장 선생님은 전지가 소모되면 사용할 수 없는 것이 단점이라고 말해주고, 이 시간의 학습 활동을 안내한다.

활동 순서, 스위치 제작 과정 알아보기

"우리가 오늘 만드는 것은 뭐야? 적고 알아볼까?"

공부할 문제가 타이핑하는 대로 프로젝션 TV 화면에 나타난다. 간단한 전기용품을 만드는 것이다.

"무엇을 이용해서?"

"전구, 전지, 전선, 플러그."

"그렇지. 전구와 전지, 전선도 물론 연결하죠. 전지를 연결하여 전기용품을 만들어보는 거예요."

간단한 문답으로 활동할 순서도 확인한다. 설계하기, 만들기, 발표의 순서로 진행된다.

"여러분이 무엇을 만들고 싶은가 조사를 했죠?"

1모둠은 자동차 헤드라이트, 2모둠은 가로등, 3모둠은 헤드 랜턴과 손목용 랜턴, 4모둠은 UFO, 5모둠은 손전등이다. 모둠별로 다양한 물건을 계획하고 있다. 장 선생님은 설계를 시작하기에 앞서 학생들에게 직접 제작한 '스위치'를 보여준다.

교사 (사진을 보여주며) 뭘까, 이게?

학생들 스위치.

교사 선생님이 만든다고 했지? 요거, 왜 만들었냐면? 이게(실험용 스위치) 우리들이 그동안 사용한 스위치야.

학생들 너무 커요.

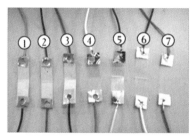

업그레이드한 순서대로 배열해놓은 소형 스위치

스위치가 커서 이 시간에 사용하기에는 불편할 것이다. 때문에 장선생님은 소형 스위치를 직접 제작했다. 제작한 소형 스위치 사진을 프로젝션 TV로 확대해서 보여준다. 스위치에는 1번부터 7번까지 번호가 표시되어 있다. 업그레이드한 순서대로 배열한 것이다. 선생님도 여러 차례 시행착오를 겪은 것이다.

"이건 뭘까?"

선생님이 1, 2번 스위치의 연결 부분(버튼 기능)과 고정접점을 가리키며 사용한 재료를 묻는다.

"종이."

"구리."

그렇다. 고정접점은 구리로, 연결 부분은 접을 수 있게 종이로 만들었다.

"세 번째 한번 볼까? 이것 바뀌었죠. 여기(1, 2번 스위치의 고정접점)는 구리였다가 여기(3번 스위치의 고정접점)는 뭘까?"

"알루미늄."

"은박지."

스위치의 고정접점이 구리에서 알루미늄(은박지)으로 바뀌었다.

교사 왜 구리로 하다가 은박지로 바꾸었을까?

학생 구리가 다 떨어져서.(웃음)

교사 (구리를 보여주며) 많아요.

학생 두 개 다 어차피 전기가 통하기 때문에.

교사 은아야, 한번 만져볼까?

교사 승민이 한번 만져볼까?

선생님이 은아와 승민이에게 다가가 두 개의 스위치를 직접 만져보도록 한다.

"왜 바꾸었을까?"

"좀 무겁기 때문에."

"아, 은아가 말 잘했어. 무겁기 때문에. 너무 단단해서 잘 붙지도 않아. 그래서 잘 붙는 은박지로 바꾸었어요."

이어 5~7번 스위치에서 고정접점과 전선을 연결하는 구멍의 크기를 작게 바꾼 까닭을 묻는다.

"구멍이 너무 커서 (전선이) 빠져요."

수빈이의 말처럼 고정접점과 전선이 분리되지 않도록 하기 위한 것이다. 연결 부분을 종이에서 투명한 OHP 필름으로 바꾼 까닭도 마저 짚고 넘어간다. 고정접점과 가동접점이 잘 분리되도록 탄력(스프링 기능)을 보강하기 위한 것이다. 이렇듯 스위치 제작 과정을 자세하게 알아본 까닭을 학생들에게 이야기해준다.

> **교사** 이렇게 발명이나 뭔가를 만들 때에는 한 번에 성공할 수 없어요. 물론 한 번에 성공할 수도 있어요. 그렇지만 만들어가는 과정 속에서 점차 개선되고 좋아지는 거야.
>
> **학생** 실패는 성공의 어머니!
>
> **교사** 그렇지. 실패는 성공의 어머니죠. 실패하는 과정을 거치면서 더 좋은 제품을 만들 수가 있어요. 여러분들도 이번 시간에 한 번에 성공할 수도 있지만 실패했다고 너무 실망하지 말고 다음에 기회가 되면 더 좋은 제품을 만들 수 있어요.

전기용품 설계하기

이제 전기용품을 설계할 차례다. 학생들은 설계도 그리기가 달갑지 않은 모양이다. 머릿속에 다 있다며 아우성이다. 선생님은 소란스러워진 분위기를 가라앉히고, 설계에 대해 안내한다.

"설계하는데 무작정 설계하면 안 되고, 우리가 그동안 배운 것을 정리하면서 설계를 해야 해. 여러분들이 생각해볼 점을 쭉 적었어요. 설계하면서 잘하고 있나? 빠뜨렸나? 체크를 해보세요."

선생님이 학생들에게 활동지와 체크리스트를 나눠준다. '전지, 전선, 전구, 스위치 위치가 적당한가요?', '불이 들어올 수 있도록 설계되었나요?', '실제로 만들 수 있도록 설계되었나요?' 전체적인 체크 항목이다. 세부적으로는 전지(개수, 규격, 연결 방식, 전지 끼우개의 종류), 전구(개수, 규격), 집게 달린 전선 및 전구 소켓(수량, 전선과 전지·전구·스위치의 연결 방법), 스위치(위치, 전지 끼우개와의 연결 방법)를 체크할 수 있도록 세밀하게 구성되어 있다.

학생들이 설계 활동을 시작한다. 활동지와 체크리스트를 살피고, 모둠 친구들과 의논하느라 여념이 없다. 교실이 학생들의 활기로 가득 차오른다. 학생들은 미리 준비물을 확인하기도 하고, 선생님께 가서 궁금한 점을 여쭤보기도 한다. 체크리스트를 보며 활동을 점검하는 친구들도 눈에 띈다. 선생님은 모둠을 돌아보며, 학생들의 설계 활동을 돕고 있다. 3분 남짓 지났을까. 선생님이 학생들의 활동을 중단하고, 박수로 자리를 정돈한다. 활동을 멈추고 싶지 않은 듯 학생들이 다소 소란스럽다.

전기용품 만들기

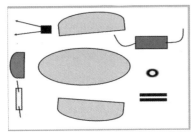

"뒤에서 불 나오죠? 실제 전구로 만들 거야."

"선생님은 반딧불이를 만들 거야."

선생님이 프로젝션 TV로 반딧불이 구상도를 보여준다. 머리, 몸통, 날개, 더듬이, 전구, 전지, 전지 끼우개, 스위치 등을 늘어놓은 파워포인트 자료다. 제작에 앞서 예시로 보여주려는 것일 게다.

"반딧불이요?"

학생들이 되묻는다.

"응, 뒤에서 불 나오죠? 실제 전구로 만들 거야. 반딧불이 장난감을 만들 거예요."

"전구는 여기 있어야겠지요?"

장 선생님은 학생들과 말을 주고받으며 마우스로 몸체와 부품들의 위치를 옮긴다. 일종의 조립 시뮬레이션인 셈이다. 전지는 보이지 않게 반딧불이의 배 쪽에, 전구는 맨 뒤로, 스위치는 손으로 조작하기 쉽게 머리 쪽에 배치한다.

"이렇게 하라고요. 알았죠?"

선생님의 안내에 따라 학생들이 멈추었던 활동을 재개한다. 친구들과 서로 이야기를 나누며 설계도를 마저 그리고, 점검하느라 분주하다. 선생님은 모둠을 돌아보며 학생들의 활동을 살피고 있다.

이제 직접 만들어볼 차례다. 학생들이 바구니에 들어 있는 재료와 준비물을 이용하여 전기용품을 만들기 시작한다.

"선생님, 스위치 가져가도 돼요?"

선생님이 직접 제작한 소형 스위치를 나눠준다.

"선생님, 안 들어가요?"

UFO를 만들기로 한 은아가 선생님께 다가간다. 일회용 접시 가장자리에 전구를 끼울 구멍을 내려고 하는데, 펀치가 잘 들어가지 않는 모양이다. 선생님이 펀치 사용법을 알려주자 자리로 돌아와 접시에 구멍을 낸다.

"하다가 어려우면 선생님한테 도움을 청하세요."

선생님은 학생들을 코치하고, 돕느라 몹시 분주하게 움직인다. 저마다 설계한 전기용품을 만드느라 시간 가는 줄을 모른다.

4모둠은 UFO를 만드느라 접시에 구멍을 내고 전구를 끼워 넣는다. 2모둠은 가로등을 만들기 위해 테이프로 전선을 고정시키고 있다. 3모둠은 헤드 랜턴을 만들려는 듯 머리띠에 원형 베이킹 컵을 부착시키는 모습이 눈에 띈다. 4모둠은 꽤 진척된 듯 절연 테이프로 배선작업을 진행하고 있다. 모둠 활동을 보면, 2인 1조로 모둠당 두 세트씩 만드는 모양이다. 학생들의 참여를 세심하게 배려한 것으로 보인다. 2모둠의 수빈이네 팀은 가로등에 전구를 조립하고 있다. 선생님은 자동차의 헤드라이트를 만드는 1모둠의 작업을 돕고 있다. 그러고는 모둠을 돌며, 학생들의 활동을 살핀다. 저마다 만들기의 재미에 푹 빠진 모습들이다. 비디오카메라가 전체적인 모습을 담고 있어 모둠 활동을 자세히 확인하기는 어렵다.

학생들이 분주하게 손을 놀린다.

"다 한 조는 저 뒤에다 갖다 놓으세요."

완성 단계에 이른 팀이 있는 모양이다.

"꾸미자고."

기본 작업을 마치고, 겉모습을 디자인하는 팀도 있는 모양이다. 은 아네 팀이 준비물 코너에 가서 주황색 리본을 가져온다. 그러고는 풀을 들고서 접착제를 찾는다. UFO의 테두리를 꾸미려는 것이다. 선생님은 접착제는 없다고, 꾸미기는 그만해도 된다고 말해준다. 시간이 다 되어가는 모양이다. 학생들은 여전히 분주하게 손을 놀린다.

"자, 다 한 모둠 한번 손 들어보세요."

"꾸미는 것은 안 해도 돼요."

장 선생님은 완성한 팀에게 발표용 활동지를 배부한다. 잠시 후 선생님의 신호에 따라 학생들이 활동을 멈춘다.

"잠시만 멈춰보세요."

멈추기가 쉽지 않은 듯 완성하지 못한 친구들은 여전히 손을 움직인다.

발표하기

"예상한 것보다 시간이 너무 걸렸어. 그래도 완성한 모둠이 있죠?"

선생님이 1모둠에서 완성한 장난감 자동차 헤드라이트를 보여준다.

"자동차에 플라스틱 통을 연결하고, (통의 끝부분에) 전구를 연결했어."

전선은 길쭉한 통 속에 매립되어 있다. 선생님이 스위치를 눌러 헤드라이트에 불을 켠다. "불이 들어오죠? 스위치와 전지를 연결해서 만들었어요."

이번엔 3모둠에서 머리띠와 베이킹 컵을 이용해서 만든 헤드 랜턴을 보여준다. 스위치를 눌러 전구에 불이 켜지는지 확인한다. 회로가 정상으로 작동한다. 다음은 4모둠의 두 팀이 완성한 UFO를 소개할 차례다.

"스위치가 밖으로 나와 있죠?"

모양이 제법 그럴듯하다. 스위치가 밖으로 노출되어 있고, 전지와 전지 끼우개, 전선 등은 매립되어 있다. 역시 회로는 정상으로 작동한다. 이렇듯 각 모둠에서 만든 전기용품을 선생님이 소개해준다. 학생들이 발표하도록 할 예정이었으나 시간이 부족한 탓이다.

정리

시에라 휴대용 전등. "이건 누구를 위한 제품이냐면?"

"뭐예요?"

"자, 보이죠?"

선생님이 프로젝션 TV로 자료 화면을 보여준다. 한 어린이가 쪼그려 앉아 어둠 속에서 책을 읽고 있다.

"여기에 보면 담요 비슷한 것이 있어요. 담요가 건전지를 넣고 작동을 하는 거예요."

주변이 어두운 만큼 밝게 빛을 내고 있다. '시에라 휴대용 전등'이다. 접을 수 있는 광전지가 들어 있어 전기 시설이 없는 곳에서도 사용이 가능하다. 도입부에서 소개한 북라이트처럼 책을 보거나 글을 쓸 때 사용할 수 있는 물건이다.

"그런데 중요한 건 이건 누구를 위한 제품이냐면?"

전기를 쓸 수 없는 사람, 아프리카 같은 지역, 집을 잃고 떠도는 난민, 전쟁 때문에 쫓겨 다니는 사람들을 위한 것이라고 말해준다. 책을 볼 기회가 없는 사람들이다.

"그런 사람들을 위해서 만든 제품이 바로 이거예요."

장 선생님이 2모둠 친구들이 만든 전기용품을 집어 든다. 그러고는 학생들에게 말한다.

"누구를 위한 제품인가?"

물건을 만드는 것도 중요하지만, 그것이 누구를 위한 것인가도 한번쯤 생각해봐야 한다는 것이다. 화면으로 보여준 것처럼 '가난한 사람들', '소외된 사람들'을 생각해보자는 것이다. 마치 고흐의 그림처럼 인상 깊게 다가오는 부분이다. 이어서 학습 활동을 정리한다. 미처 완성하지 못한 모둠은 다음 시간에 발표하자는 것이다. 그 사이 1모둠에서 완성품이 또 나온 모양이다. 선생님이 학생들에게 보여주며, 스위치의 위치와 기능을 간단히 확인한다. 그러고는 수업을 마무리한다.

"다음 시간에 또 수업이 있어요. 여기서 마칠게요."

누군가 만든 물건을 집에 가져가도 되느냐고 묻는다.

수업 워크숍 리포트

앞에서 기술한 것처럼 초등학교 과학과 교육과정에서 '전기'를 처음으로 도입하는 단원이다. 그리고 오늘은 '전구에 불 켜기' 단원의 마지막 시간이다.

"오늘 여러분들이 그동안 배운 걸 총정리하는 시간이나 마찬가지

예요."

"그래서 오늘 수업을 위해서 뭔가를 가져왔어요."

이 수업은 '휴대용 전등 만들기'라는 조작 활동으로 앞에서 공부한 개념과 지식을 적용해보는 시간이다. 단원 전체를 놓고 보자면 습득한 지식을 응용해보는 피날레에 해당하는 활동인 셈이다. 학생들은 본 단원에서 전원의 사용, 전구의 얼개, 전기 회로, 도체와 부도체, 연결 방식 등의 기본적인 개념들을 학습했다. 게다가 생활 속에서 이미 전기를 경험한 까닭에 그리 어렵지 않게 소화해낼 수 있는 활동이다.

이 수업은 장 선생님과 함께 공부하는 동료 교사들이 수업 설계 과정에 참여했으며, 수업 토론회를 함께했다는 점에서 각별한 의미가 있다. 다들 바쁜 와중에 시도한 첫 번째 작업임에도 나름의 성과가 있었다. 우선 장 선생님의 강도 있는 고민과 동료 교사들의 집단적인 의견이 직조되면서 수업이 꽤 괜찮게 디자인됐다는 점이다. 물론 이는 장 선생님의 속도와 강도가 추동해낸 리듬이다. 1차로 수업에 대한 고민을 나누다 보니 솎아내기 아까울 만큼 아이디어가 쏟아져 나왔다. 후속 과정에서도 장 선생님의 강도와 속도가 새로운 고민거리와 과제를 던져주었고, 의견을 나누면서 당사자도 만족하고 동료들에게도 새로운 감응을 불러일으키는 그런 수업안이 완성되었다.

수업을 설계할 때 동료들은 교과서에 제시된 학습 과제가 창의성과 상상력을 특정한 방향으로 제한한다는 점을 지적했다. 물론 40분 수업에 적합한 과제라는 의견도 있었으나 '제한된 시간'에 멈출 수는 없었다. 그와 같은 문제의식 속에서 학습 과제를 '간단한 전기용품 만들기'로 변경했다. '휴대용 전등'을 '전기용품'으로 바꾸는 순간 많은 아이디어가 쏟아져 나왔고, 아이디어가 또 다른 아이디어를 이끌어내었다. 장 선생님은 아이디어가 풍부한 분이다. 아마도 동료들이 쏟아놓은 아이디어까지 갈무리하느라 꽤나 고민했을 것이다. 실제 수업은 빙산의 일각에 비유할 수 있을 것이다. 모르긴 해도 장 선생님이 수업 연구에 투자한 고민과 노력은 수면 아래의 빙산의 하부에 해당할 것이다.

이렇듯 이 수업은 공부하는 동료들과 함께 디자인했다는 점에서 '수업 비평 워크숍'에 초대했던 여느 수업들과는 좀 다르다. 이전의 방식은 모임에 참여하는 구성원의 수업임에도 '비디오 분석'의 한계를 크게 벗어날 수 없었다. 물론 수업 당사자 면담과 토론, 학생 인터뷰와 설문, 학습 활동 산출물 검토 등 성찰과 판단에 필요한 근거들을 통해 비디오 분석의 '사각지대'를 축소한 것은 긍정적이다. 그럼에도 수업 당사자의 수업 설계와 준비 과정에 대한 참여와 공유를 누락하고 있었다. 그런 점에서 보자면 '전기용품 만들기' 수업 워크숍은 수업을 이해하는 내재적인 관점에 한 발짝 더 접근했다고 할 수 있다. 달리 말하자면 수업의 맥락이 좀 더 잘 보였다고 해도 무방할 것이다.

수업을 보면, 후반부의 '철학적 성찰'을 비롯해 시간이 아쉽다는 생각이 들었다. 교과 전담 시간이라서 40분으로 끝내야 하기 때문이다. 게다가 상황도 좋지 않았다. "미리 와서 촬영 준비 좀 해달라고 메시지를 보냈는데, 촬영을 해주기로 한 선생님이 시작할 시간이 돼도 오지 않았어요. 그렇게 시작 타이밍이 어긋났고, 5분가량 지나서야 시작할 수 있었어요."

시간에 쫓기다 보면 학생들의 리듬과는 무관하게 우격다짐으로 수업을 마무리하는 것이 다반사 아니던가? 또는 일찍 끝나서 '소란'을 관리해야 하는 경우도 생기지 않던가? 물론 주어진 시간에 맞게 설계했어야 한다고 지적할 수도 있을 것이다. 틀린 말은 아니다. 그러나 장 선생님이 시간에 맞게 진행할 수 없었던 것은 아닐 것이다.

장 선생님이 학생들의 활동을 급하게 마무리할 수밖에 없었던 데에는 그럴 만한 사정이 있었다.

"다음 시간에 또 수업이 있었어요."

수업 운영에 혼란을 야기한 원인을 찾아보자는 것이 아니다. 다만 고정된 교과 전담 시간은 융통성을 두기가 어렵다는 것이다. 그렇기 때문에 학생들의 속도와 활동의 리듬을 배려하기 어려운 것이다. 학생들에게 여유 있는 배움을 보장하기가 쉽지 않은 것이다. 그런 점에서 40분 단위로 다른 학생들을 맞이해야 하는 교담 수업은 늘 시간이 아쉽다는 생각이 든다. 물론 여기서 학교 수업 시간의 기원을 따져보거나 대안을 제시할 생각은 없다. 한 가지 추가하고 싶은 것은 그렇듯 시간 운영을 잘못한 까닭에 오히려 괜찮은 수업을 만날 수 있었다는 사실이다.

시간에 융통성을 둘 수 있었다면, 애초의 설계대로 진행했을 것이다. '전기용품'을 모두가 완성했을 것이다. 그리고 완성한 작품을 친구들에게 직접 보여줄 수 있는 시간이 되지 않았을까 싶다. 장 선생님이 계획한 대로 좀 더 여유 있는 '철학적 성찰'도 가능했을 것이다. 우리는 시간의 제약이 학습을 부실하게 만든다는 사실을 경험적으로 알고 있다. 특히나 이 수업이 교과 전담 시간임을 생각해보면 40분은 매우 '불편한' 시간이다. 마무리하기도 전에 대기하고 있는 학생들이 밖에서 웅성거리고 있지 않은가? 이와 같은 사정을 덮어두고 시간 부족으로 야기된 문제점을 지적하는 것은 무의미한 일일 것이다. 학습의 분량과 깊이를 시간에 맞게, 매끄럽게 계산해야 하는 것일까?

함께 설계하고 수업을 보면서 말할 수 있는 지점과 말할 수 없는 지점이 자연스럽게 가려진다는 느낌을 받았다. 수업을 함께 디자인하면서 수업의 맥락에 대한 이해가 자연스럽게 이루어졌던 까닭이다. 이는 기존의 방식이 안고 있던 취약점을 좀 더 개선했다는 점에서 나름의 의미가 있다. 수업 설계에 참여·분유participation하는 과정 자체가 공부가 됐다는 점도 무시할 수 없는 지점이다. 안목 있는 전문가의 도움이 아쉽기는 했으나 수업 설계에서부터 수업 이야기를 나누기까지의 과정에 '동료 컨설팅'이란 이름을 붙여도 크게 무리는 없을 것이다. 참고로 우리가 수업에 접근하는 방식은 '수업 컨설팅'이라기보다는 비평의 방식에 가깝다. 여기에 설계가 추가된 것이란 점에서 '컨설팅'과는 차이가 있다.

발명가-되기, 배움의 감응

리포트를 좀 더 추가하자면 수업에 대해 이야기를 나누는 토론 공간도 꽤 달라졌다는 것이다. 수업을 쉽게 재단할 수 없게 되었고, 보는 시선도 상당 부분 달라졌다. 부정적인 의미의 비판과 평가의 논리를 넘어 겉으로 드러나지 않는 맥락을 보게 되었다고 말한다면 지나친 과장일까? 가령 도입부에서 보여주는 북라이트(리딩라이트)라든가 통상 관심을 두지 않는 '90%를 위한 디자인'의 제시가 그렇다. 물론 동기 유발의 측면으로 한정해서 보자면 '북라이트'는 학생들이 만들고 싶은 전기용품을 미리 정했다는 점에서 그 효과를 긍정하기는 어렵다. 그러나 그것이 전시 학습을 상기하고, '발명'의 콘셉트 속에서 소개하기로 한 '무명'의 발명품임을 알고 나면 그럴 만한 이유가 있었음을 충분히 이해할 수 있다.

후반부에서 '인간을 위한 디자인'을 소개한 것도 같은 맥락이다. '누구를 위한 과학인가?' 이를 통해 질문하고자 했던 '철학 혹은 윤리적 성찰'을 정리 단계에서 제시하기로 한 것은 수업 설계 과정에서 이미 의논했던 사항이다. 학생들은 자신이 만들 전기용품을 구상할 때 그와 같은 질문을 염두에 두지는 않았다. 그와 같은 사정을 무시하고 '철학과 윤리'를 도입부에서 다루는 것은 '기계적인' 배치 이상이 되기 어렵다는 판단 때문이었다. 그래서 피날레를 장식하는 질문으로 배치했던 것이다. 물론 수업에서 이 부분을 충분하게 다루지 못한 것은 사실이다. 그렇다고 '도입부에 배치하는 것이 좋았을 것'이라는 지적은 사후적인 판단으로 인과율을 계산하는 오류가 아닐까?

학생들이 전기용품을 설계하는 도중에 제시한 '반딧불이' 구상도나 스위치 제작 과정에 대한 소개도 같은 맥락으로 읽을 수 있다. 학생들이 설계도를 손쉽게 그려냈다면 굳이 반딧불이 구상도를 제시할 필요는 없었을 것이다. 학생들에게 도움을 주기 위해서 예시가 필요했던 것이다. '스위치 제작 과정'의 소개도 그렇다. 단순히 '만들어 완성하기'를 목표로 한 수업이 아님을 알 수 있다. 장 선생님은 시행착오를 거듭하며 수업 시간에 사용할 스위치를 손수 제작하는 데에 많은 시간을 낭비(?)했다. '과학적 태도'를 보여주려 했던 것이다. 이처럼 장 선생님의 '발명가-되기'는 '발명'의 콘셉트와도 잘 어울릴 뿐만 아니라 학생들에게도, 수업을 보는 이들에게도 새로운 감응을 불러일으키는 설정이 되었다.

두세 차례 토론을 거치면서 '발명'의 콘셉트에 '인간'이 추가되었고, 때문에 준비하는 과정에서 꽤나 많은 시간과 에너지를 낭비(?)하게 된 수업이다. 북라이트, 소형화한 스위치, 학습 준비물, '90%를 위한 디자인' 관련 자료 등이 이를 방증한다. 장 선생님은 빅터 파파넥(Victor Papanek, 1927~1999)을 참고했다고 한다. 그는 디자이너의 윤리의식과 사회적 책임을 강조하고, 소외계층, 빈민, 신체장애자 등 사회적 약자와 소수자들을 위해 제반 시설과 도구를 디자인하는 일에 매진했던 사람이다. 이 수업은 '90%를 위한 디자인'을 철학적인 성찰의 요소로 비중 있게 다루고자 했다. 세심하게 세팅한 부분이다. 학생들이 받아들인 감도를 따지기 전에 '철학'의 문제를 터치한 흔치 않은 수업임을 높이 사고 싶다.

장 선생님은 도입부에서 북라이트의 용도를 추론하고, 부품들의 기능과 회로의 구성을 알아보고, 제품의 장점과 단점을 이야기하기까지 꽤 긴 시간을 할애한다. 얼리 어댑터early adaptor의 기질을 엿볼 수 있는 지점이다. 여담이지만 장 선생님은 신제품이나 새로운 프로그램에 관심이 많다. 북라이트를 비롯하여 스위치 제작 과정을 소개하는 등 창의성과 추론적 사고 또한 비중 있게 다루고 있음을 곳곳에서 발견할 수 있다. 앞에서도 밝혔듯이 동기 유발의 효과나 적실성을 따진다면 다른 의견이 나올 수도 있겠으나 발명의 콘셉트와 제대로 어울리는 세팅이라는 생각이 든다. 북라이트로 시선을 끌어당겨 그 용도와 회로의 구성을 분석적으로 상세하게 알아본 것도 이와 무관하지 않을 것이다.

손수 제작한 스위치를 보여주며 시행착오와 업그레이드 과정에서 얻은 노하우를 추체험하게 하는 방식으로 묻고, 아이들이 추론하여 답하는 방식으로 들려준다. 이와 같은 스위치 제작 과정의 소개에 대해서는 다른 말이 필요 없을 것이다. 사전 제작을 거쳐 필요한 스위치를 만들어내기까지의 과정과 시행착오로부터 얻은 노하우를 실물, 사진, 경험담으로 제시하고 있는 바, 발명의 콘셉트에 이보다 더 잘 어울릴 수는 없을 것이다. 앞에서도 말한 것처럼 '발명가-되기'는 가르치는 장 선생님 자신에게도, 배우는 학생들에게도, 수업을 참관하는 이들에게도 각기 다른 방식으로 배움의 감응을 불러일으켰을 것이다.

장 선생님의 강밀한 고민과 치밀한 준비가 빛나는 지점이다.

'철학적 성찰'은 학생들과 참관한 교사들 사이에 감도의 차이가 있을 것으로 보인다. 학생들의 반응은 확인할 수가 없어 섣불리 단정할 수 없으나 수업을 참관한 교사들에게는 호평을 받은 것으로 전해 들었다. 시간에 쫓겨 학습 활동을 서둘러 마무리할 수밖에 없었던 까닭에 손을 멈춰야만 했던 학생들에겐 어쩌면 관심 밖의 문제였을 수도 있다. 혹여 누군가의 무의식 속에 살짝 자리를 잡았다면 그것으로 족할 일이다. 어떤 학생들은 그 말을 가슴에 새겼을지도 모르는 일이지만 말이다. 또한 이 수업은 참관자들에게도, 함께 공부하는 동료 교사들에게도 '교사-되기'의 새로운 감응을 불러일으켰을 것이다. 좋은 수업을 고민하는 장 선생님의 과도한(?) 열정을 소중하게 기억하고 싶다.

'인간을 위한 디자인'의 제시는 철학적 성찰에 대한 주문이기도 하지만 그 질문 자체가 또 '다른 세계'를 보여준다는 점에서 학생들의 '사고'를 열어주는 기능도 함께 수행한다. 학생들의 생각과 느낌은 따로 논할 문제이기는 하나 동료 교사들이 받은 감응을 생각해보면 크게 다르지는 않을 것이다. 장 선생님의 고민과 노력이, 그 낭비(?)가 결코 아깝지 않다는 생각이 들었다. 아쉬운 점이 전혀 없는 것은 아니나 열정을 지켜볼 수 있었고, 누군가는 자신이 하고 싶었던 수업을 보게 되었을 것이다. 인색한 표현일지 모르겠으나 '그래, 이거야!', '좋은데!'와 같은 찬사가 조금도 아깝지 않다. 이런 감응을 느끼는 것은 아마도 실제 수업에 드러나지 않는 90%의 낭비가 조형해낸 아름다움 때문일 것이다.

―――――――

북라이트 소개, 소개를 생략한 수면등, 스위치 제작, 학습 준비물 준비, '인간을 위한 디자인'의 소개에 이르기까지 손이 많이 간 수업이다. 우리는 보통 쉽게 가는 길을 택한다. "실패는 성공의 어머니!" 이는 비단 과학자나 발명가들에게만 필요한 말일까? 또한 실험이나 조작 활동 위주의 과학 수업에서 과학적인 태도나 철학적인 성찰을 얼마나 강조하고 있을까? 통상 지식과 기능 위주의 교육에 매몰되어 STS(Science, Technology and Society) 교육에 관심을 두지 않는다. STS는 영국의 과학교육학자 지만(Ziman, 1980)이 처음 사용한 용어로, STS 교육은 문제 해결과 의사 결정을 위한 가치관 교육을 강조한다. 과학 기술에 대한 윤리적 성찰과 사회적 책임에 대한 감수성을 길러주는 일은 교육의 역할일 것이다.

교실을 보면 '인체 골격 모형'이 프로젝션 TV 옆에 놓여 있다. 마치 리모컨 가이로 채용된 것처럼. 나름 골격을 유지하고 있지만 쓰러지지 않고 버티는 게 다행이다. 아마도 6학년 학생들이 뼈의 구조와 기능에 대해 공부하고 있을 것이다. 밖에서 기다리는 학생들이 6학년일지도 모르겠다. 빨리 끝내고, 학생들을 또 맞이해야 할 것이다. 교사들의 일상이다. 쏟아지는 업무는 또 어떤가? 수업을 충실하게 준비할 수 있는 시간을 확보할 수 있을까? 교사들이 흔히 던지는 질문이다. 때문에 쉽게 가는 길을 택하는 것일까? 그렇다고 이 수업을 보고, 일반적인 현실과는 거리가 먼 과도한 열정으로 냉소할 필요는 없을 것이다. 오히려 교사로서의 성장을 위해 '자기'를 던지는 장 선생님의 노력과 열정에 찬사를 보내야 할 것이다.

5.

독서와 탐구,
배움과 변이의 문법

'교과'의 수준으로 접근한 고3 독서 수업이다. 방지현 선생님에 따르면 지난 10여 년간 논술고사에 출제되었던 논제들을 주제별로 재편하여 여섯 개의 테마로 구성했다고 한다. '인간과 언어', '자본주의 시장경제와 소유, 그리고 현대의 소비생활', '현대과학과 인간', '자유민주주의와 국가', '학문과 지식인', '앎과 삶, 역사' 모두 가볍지 않은 주제들이다. 이우중학교 국어과 교육과정이 '자기 언어 찾기'에 중점을 둔다면, 고등학교 과정에서는 '자기 언어로 타인과 만나기'에 초점을 둔다고 한다. 이와 같은 맥락에서 방지현 선생님은 '지금-여기'의 삶과 앎에 대한 탐구를 염두에 두었다고 한다. 국어과 수업이면서도 '교과서'라는 익숙한 통념과 제한을 넘어선 접근이다. 모르긴 해도 고등학교 과정을 마무리하는 이우以友의 학생들에게 '기억'에서 쉽게 지워지지 않는 선물이 되었을 것이다.

 언어와 사고, 언어와 권력을 주제로 다루는 수업이다. '언어'와 관련한 국어교과 내용의 학문적 배경과 근거를 추적하면서 현대 언어학의 흐름 혹은 역사를 훑어내고 있다. 뿐만 아니라 '언어학'의 경계를 넘어 '언어와 권력'의 문제로까지 확장된다. 사피어-워프의 언어 상대성 가설을 시작으로 소쉬르의 개념들과 촘스키의 문제의식까지 주파하고 있는 것이다. 이렇듯 언어학 담론에서 출발하여 그 '공간'을 넘어선 적용과 해석에 이르기까지 제시하는 논거나 사례들이 따라잡기 어지러울 만큼 흥미진진하다. 때문에 학생들의 열기에 자연스럽게 휘말려 들어가게 된다. 이 수업은 학생들의 리서치와 공유의 과정으로 이어지는 토론형 세미나에 가깝다. 자유롭게 토론free talking에 참여하는 학생들의 모습도, 탐구 공간을 열어주는 혹은 내주는 교사의 자리매김 positioning도 매우 인상적으로 다가온다.

수업 보기

이 수업은 앞에서 말한 것처럼 사피어Edward Sapir-워프Benjamin Lee Whorf의 언어 상대성 가설, 언어 상대성 가설에 비춰 본 영어 공용화론, 소쉬르Ferdinand de Saussure 언어학의 개념들과 영향, 촘스키Avram Noam Chomsky의 변형생성문법과 문제의식을 다룬다. 이에 앞서 언어의 일반적인 특성과 기능을 공부한 것으로 보인다. 학생들은 모둠별로 조사한 주제를 발표하면서 자유로운 형식으로 토론을 벌인다. 그리고 이 수업은 논술 혹은 에세이 쓰기를 목표로 한다고 한다. 일반적인 수업의 절차에서 기대할 수 있는 도입부도 정리도 눈에 띄지 않는다. 먼저 '언어 상대성 가설'에 대한 검토로부터 시작한다.

언어 상대성 가설

유진 일단 언어 상대설 가설이란 것이 뭐냐면, 예를 들어 설명해줄게. 무지개의 색깔이 몇 가지게?

학생들 엄청 많아. 무수히 많아. 일곱 개. 여러 가지…….(웃음)

"네 대본대로 안 해줄 거야."

한 학생이 익살스러운 농담으로 웃음을 자아낸다. 한결 가벼운 분위기 속에서 친구들 앞에 선 유진이가 사피어Sapir-워프Whorf의 '언어 상대성 가설'을 설명하기 시작한다. 우선 가설의 논거로 '무지개의 색깔'과 '형제를 지칭하는 호칭'을 제시한다. 우리나라에서는 무지개를 일곱 가지 색이라고 말하지만, 미국의 경우 "남색이 없대. 남색이란 게 없기 때문에 무지개의 색깔을 여섯 개"라고 생각한다는 것이다. 그리고 우리나라에서는 나이가 들면, 남동생과 달리 오빠나 형에게는 '존댓말'을 쓰기도 하지만, 이를 모두 'brother'라고 부르는 미국에서는 그렇지 않다는 것이다. 이처럼 "인식과 사고가 사용하는 언어에 따라서 달라질 수 있다는 것"이 언어 상대성 가설이라는 것이다.

교사 왜 가설일까?

유진 그러니까 추측, 아직 확실히 된 게 아니잖아요. (시선을 학생들 쪽으로 옮겨) 그래서 논란이 많아. 언어 상대성 가설은 언어와 사고는 밀접한 연관이 있다, 그리고 또는 사고는 언어의 영향을 받는다, 이런 식으로 말하는 게 언어 상대성 가설의 입장이야.

이어 '언어 상대성 가설'을 반박하는 논리(②번 문제)로 옮겨 간다. 유진이가 조사해서 제시하는 반박의 근거는 모두 다섯 가지다. 우리말의 '한자어', '푸르다'라는 표현, '높임말', '낙태', '농아聾兒'에 관한 것이다.

"근데 그게 뭔가 논리가 부족한 것 같지 않아?"

유진 첫 번째, 우리말에 한자어가 되게 많잖아. 그렇다고 해서 우리의 가치관과 세계관이 중국의 세계관과 가치관과 같다고 볼 수는 없지. 같은 언어를 사용하는 데도 불구하고……

진하 근데 그게 뭔가 논리가 부족한 것 같지 않아? 왜냐면 중국이 랑 한국은 기본적으로 문장의 어순도 다르고, 문자만 같이 쓸 뿐이지 완전 다른 언어잖아.

진하의 날카로운 지적이다. 유진이는 "진하의 말이 맞다"며 지적에 수긍하면서도 "그런 식으로 다가가면 되는 건 아무것도 없다"며 다른 근거들을 제시하기 바쁘다. 다음은 우리말 '푸르다'의 용법에 관해서 다. '하늘은 푸르다', '초원은 푸르다'처럼 동일한 표현을 쓰지만, 초원 의 푸른색과 하늘의 푸른색을 구별 못하는 것은 아니라는 것이다. 즉, '언어'는 똑같지만 '사고'가 다르다는 말이다. 낙태할 때 메스를 피해 움직인다는 태아의 행동도 '언어'와 무관한 '사고'의 사례라는 것이다. 또 우리말처럼 높임말을 쓰는 사람들이 그렇지 않은 언어권보다 예의 범절이 더 바른 것은 아니라는 것이다. 끝으로 듣지 못하고 말하지 못 하는 '농아'도 사고 능력이 있다는 것이다.

유진 질문? 더 추가할 것 없어?

다인 반박하는 논리에 대해서 내가 찾아봤는데 노암 촘스키가 보편 문법이라는 걸 주장했고, 스티븐 핑커라는 사람이 『언어본능』 이라는 책에서 이야기한 건데 모든 인간에게는 보편어가 내재 되어 있대. 정신어라고 하는. 그러니까 문화와 영향이 지배적인 게 아니라 어차피 다 그게 내재가 되어 있기 때문에 그 정신어 를 자신이 속한 사회 언어로 변형시켜서 의사소통을 한다는 논 리를 편 게 있대. "사회에 의해서 언어가 정의되는 것이다. 언어 에 의해서 사회가 정의되는 것이 아니다……."

교사 이게 너희가 발표한 언어 상대성 가설과 반대되는 입장이거든.

매우 중요한 지적인데……. 자, 이 두 가설에 어떻게 차이가 있는지 좀 더 명확하게 설명해볼까?

같은 모둠의 다인이가 '언어 상대성 가설'에 대한 반박 논리를 추가하고 있다. 노암 촘스키의 '보편문법'과 스티브 핑커의 '정신어(보편어)'에 관한 이야기이다. 요지는 "언어에 의해서 사회가 정의되는 것이 아니라 사회에 의해서 언어가 정의된다"는 것이다. 다인이에 이어 우영이는 '인지언어학'을 따라온다. 언어 상대성 가설이 '언어결정론'이라면, "인지언어학은 자기가 속해 있는 세계와 주위 환경이 언어 구조를 결정한다"는 것이다. 가령 우리말의 '존칭어'는 "옛날부터 유교사상, 유교적인 세계의 영향을 받아 형성된 언어구조"라는 것이다. 반면 미국을 비롯한 서양에는 그와 같은 '존칭어'가 없다. 이를 근거로 "주위 세계를 인식하는 방법이 언어의 구조를 결정한다"고 '언어 상대성 가설'을 반박할 수 있다는 것이다. 다인이가 다시 '이민자의 언어 습득 방식'을 반박의 사례로 덧붙인다. "언어를 배울 수 있는 능력이 내재되어 있기 때문에 자기 사고를 변형시키는 걸 보면, 사람이 꼭 언어에 지배당하는 것은 아니라"는 설명이다.

이어 유진이가 궁금한 점이 있다며 말을 꺼낸다. ① '언어〉사고', ② '언어〈사고', ③ '언어 = 사고'(나중에 언어와 사고는 무관하다는 관점으로 수정한다)의 세 가지 도식을 칠판에 적어놓고, ①은 이해가 되지만, ②와 ③이 잘 이해가 되지 않는다고 한다. 선생님을 보면서 말하지만, 방지현 선생님은 개입하지 않는다. 다시 '무지개의 색깔'을 예로 들어 ① '언어 우위설'을 설명하고는 친구들에게 ②와 ③에 대해 묻는다. 친구들이 이해를 돕기 위해 「식객」, 「미스터 초밥」과 같은 만화와 인지언어학을 거론하지만 역부족인 듯하다.

교사 이 가운데에 해당하는 게 아까 다인이가 잘 얘기한 부분이거든? 다시 한 번만 들려줄래? 다인이 이야기 다시 들어봐.

다인 모든 인간에게는 정신이, 그러니까 보편적인 언어가 내재하고 있어. 언어를 배울 수 있는 능력이 내재가 되어 있어. 그래서 그 내재된 능력을 이용해서 자신이 속한 사회 언어를 변형시켜서 소통을 하는 거야. 자기 능력대로 사회에 맞게 변형을 시키는 거야. 자기가 그 사회에 맞추는 것이 아니라.

교사 굉장히 중요한 이야기를 했는데, 지금 워프나 사피어의 가설, 언어 상대성 가설하고 이 다인이가 이야기한 것이 근본 출발이 매우 다르지.

지켜보시던 방 선생님이 말문을 연다. 유진이가 이야기한 것이 언어가 사고를 결정한다고 보는 입장이라면, 다인이가 말한 것은 그와 상반된 가설이라는 설명으로 일단 가닥을 잡는다. 그리고 이어 진하네 모둠에서 논의를 좀 더 진전시킨다. 진하는 우선 북아메리카 인디언부족의 '나발어'를 예로 들며 언어 상대성 가설의 논거를 추가한다. 그들은 기하학적인 용어를 많이 썼으며, '멀리 나아가는 흰 평행선들의 집합', '동심원을 이루는 두 개 이상의 흰 선' 등과 같은 형상을 한 개의 단어로 표현했다는 것이다. 이렇듯 그들은 기하학적인 용어가 발달했기 때문에 사물을 기하학적인 시선으로 바라본다는 것이다. 그러고는 '언어와 사고'에 관한 자신의 관점을 이야기한다. 요약하자면 언어는 인간의 필요에 따라 만든 것으로, '언어'가 만들어지기 이전에는 '사고'가, 그 후로는 '언어'가 '우위'인 것 같다는 것이다. 그러면서 친구들의 의견을 묻지만, 의견을 내는 학생은 없다.

영어 공용화론

교사 우리가 1학년 때 한번 다뤘던 영어 공용화 논쟁 있었죠. 이것을 가설의 입장으로 한번 설명해볼까요? 찬성하는 쪽과 반대하는 쪽 입장이 근거로 들 수 있는 게 뭘까요?

지원 찬성이라면, 사고가 더 위에 있다. 그러니까 영어를 쓰더라도 우리는 당연히 한국적으로 생각할 수 있으니까 상관없다, 영어 공용화를 하자, 그런 거 같아요.

학생 한국어를 포기하면 한국의 정서가 없어질 것 같아요.

"언어 자체가 원인이라기보다는 언어를 통해 들어오는 문화에 영향을 받는 것이 아닐까?"

선생님이 '영어 공용화 논쟁'으로 화제를 옮긴다. 방지현 선생님은 오늘의 수업과 관련하여 어떤 입장이 설득력이 있는지, 사고에 영향을 주는 정도가 어떤지 따져보라며 학생들의 토론을 주문한다. 다리에 깁스를 한 학생이 먼저 의견을 낸다. 언어가 사고에 크게 영향을 끼치기 때문에 외국어를 모국어로 사용하게 되면 사고와 삶의 방식이 달라질 것이라는 의견이다. 발표자인 진하의 의견은 좀 다르다. 언어 자체가 원인이라기보다는 언어를 통해 들어오는 문화에 영향을 받는다는 주장이다. 여기서 선생님은 찬성과 반대 입장의 설득력 있는 근거를 생각해보라고 주문한다. 이에 수현이는 어느 심리학지의 퍼즐 실험을 예로 든다. 말을 하면서 퍼즐을 맞추게 한 결과 말과 사고를 동시에 진행하는 문화에 익숙한 서양인의 경우 좋은 결과가 나왔지만, 말에 앞서 사고를 선행하는 동양인의 경우 결과가 나쁘게 나타났다는 것이다. 결론적으로 다른 문화권의 언어를 사용하게 되면, 그 영향으로 사고방식이 바뀔 가능성도 있다는 의견이다. 유진이도 영어를 모어로 배우게 되면 '무지개'를 일곱 가지가 아닌 여섯 가지 색으로 사고하게 될 것 같다고 이야기한다. 이에 한 학생이 우리나라에서는 영어에 없는 '남색'을 만들 거라며, 사고가 더 우위에 있다고 반론을 제기한다.

토론을 지켜보던 방지현 선생님은 학생들에게 '우리에 맞게 영어를 변형시킬 것'이라는 입장과 '언어 때문에 사고방식이 바뀔 수도 있다'는 주장으로 논점을 환기시켜준다. 계속해서 찬반 논쟁이 활기 있게 펼쳐지고, 교탁 앞에 서 있던 진하가 다시 말을 꺼낸다. "처음에 언어가 시작될 때는" 필요에 따라 언어를 만들어내지만, 그 후에는 언어가 사고의 지배를 받는다는 주장이다. 이어 '무지개 색깔'의 예가 적절하지 않다는 반론이 끼어든다.

"그걸 일곱 가지로 부른다고 해서 정말 일곱 가지로만 인식하는 건 아니잖아."

사고가 언어의 지배를 받는 것은 아니라는 반론이다.

학생 미국에서는 무지개가 여섯 개만 보이는 거 아냐?(웃음)

학생 보이는 건 똑같을 거 아냐.

학생 '여섯 개다'라고 하니까 여섯 개로 시작한 거지.

학생 맞아. 그렇지.

학생 그러니까, 아, 그게 지배를 받는 건가?

반론을 제기했던 남학생이 한발 뒤로 물러서고, 지원이가 화제를 돌린다. "필요에 의해서 언어가 생기"고, "사고가 더 우위에 있었을 것"이라는 말이다. 그리고 그 이후에는 "언어의 지배를 받았을지도 모른다"는 주장이다. 지원이는 '언어 우위설'의 근거로 두 가지 예를 제시한다. 하나는 '외고' 학생들의 사례. 논지를 요약하자면, 각 과별로 분위기에 차이가 있는데, 특정 언어를 배우게 되면 그 문화가 사고에 영향을 주기 때문이라는 것이다. '거친 말을 할 때 행동도 그에 따라 풀어진다'는 이야기도 덧붙인다. 또 하나는 '발성 구조'에 관한 이야기다. 발성 구조는 언어마다 각기 다르고, 그 영향으로 사고도 다를 수 있다는 것이다. '행복 비디오'를 예로 발성 기관의 모양에 따라 기분이 달라질 수 있다는 설명이다.

"얘기하는 거 듣다 보면, 변수가 너무 많아. 그래서 이거는 언어가 위고, 사고가 위라고 하기에는 변수가 너무 많다는 거야."

지원 초등학교 때 '북한 알아보기' 이런 거 하잖아. 그때 내가 알게 된 게 북한에서는 오징어를 문어라고 부르고, 문어를 오징어라고 부른다(우와~!). …… (책상 위에 물병을 옮겨놓으며) '이거는 정호야'라고 부르면, 너넨 다 정호라고 부르지만, 이건 다 어떤 용도인지 알잖아. …… 마그리트의 작품 중에, '이건 파이프가 아니다.' 그리고 파이프 그림을 그려놓은 게 있다.

'언어 우위설'에 대비되는 '사고 우위설'에 관한 예시들이다. '오징어', '정호', '그림'은 사회적 약속에 따른 기호일 뿐이라는 것이다. 따라서 사고가 언어를 지배한다고도 얘기할 수 있다는 것이다. "얘기하는 거 듣다 보면, 변수가 너무 많아. 그래서 이거는 언어가 위고, 사고가 위라고 하기에는 변수가 너무 많다는 거야."라는 의견을 추가하며 발언을 마무리한다.

소쉬르 언어학의 개념과 영향

교사 자, 지금 자연스럽게 소쉬르 얘기가 나올 수밖에 없는 타임이에요. 지금 지원이가 '자의성' 이야기를 했죠. '기호' 이야기를 했어요. 이제 다음 단계로 넘어가서 소쉬르 얘기를 들어보면, 조금 더 분명해질 것 같아요.

학생 우리는 소쉬르의 '일반언어학 강의'라는 것에 대해서 설명을 해줄 건데, 일단, …… 랑그라는 것은 언어 능력이라는 거야. 파롤이라는 것은 실제 음성 언어 행위, 그러니까 말을 하는 행위를 말하는 것이다. 예를 들자면, 랑그는 악보에 비유할 수 있어. 뭔가 딱 규정되고, 정해져 있는 걸로 비유할 수 있고, 파롤은 음악회에 비유할 수 있는데, 똑같은 악보를 갖고 연주를 하더라도 연주하는 사람에 따라서 달라질 수도 있고, 지휘자에 따라서 달라질 수도 있고, 무한하게 변할 수 있잖아.

혜주가 조사한 자료를 보며, 소쉬르의 기본 개념들을 풀어놓는다. 랑그langue가 "어떤 상황에서도 변하지 않는 언어의 본질적 모습"이라면, 파롤parole은 "상황에 따라 다양하게 표현되는 구체적인 언어

의 모습"이라는 것이다. 그리고 소쉬르는 "고정적이고 본질적이기 때문에 랑그만이 언어학의 연구 대상이 될 수 있다"고 보았다는 설명이다. 이어 시니피앙과 시니피에에 대한 설명으로 넘어간다. 기표signifiant는 '기호의 표현'을, 기의signifié는 '기호의 의미'를 뜻한다는 설명이다. "시니피에는 의미를 형성시키는 청각 영상이고, 시니피앙은 개념이고, 시니피에와 시니피앙의 결합을 언어 기호라고 한다"는 설명도 덧붙인다. 또한 "시니피앙과 시니피에가 결합되고 나면, 그 약속이 사회적 구속력을 가지게" 되는데, 이를 '언어의 자의성'이라고 한다는 것이다. '사과'를 예로 들어 영어로는 apple, 한국어로는 사과, 불어로는 pomme(뽐므), 일본어로는 リンゴ(링고)라고 부른다며, 이해를 돕는다.

도식을 그리고, 예를 들어가며 통시적 연구와 공시적 연구를 설명한다.

다음은 통시적 연구와 공시적 연구에 대한 설명이다. 통시적 연구란 "역사적으로 변해간 언어의 측면을 말하는" 것이란다. 한 친구의 요청에 따라 칠판에 두 축으로 된 도식을 그리고, 한문 '초서체'(?)를 예로 들어가며 개념을 설명한다. '大'(사람이 팔과 다리를 벌리고 서 있는 형상)자의 변화 과정을 예로 들어, 특정 시기의 글자 모양을 연구하는 것이 공시적 연구라면, 시간의 흐름에 따라 변화한 글자의 모습을 연구하는 것이 통시적 연구라는 것이다. 혜주에 이어 한 친구가 '침채→팀채→딤채→김치'의 어원 변화를 예로 들어 통시적 개념에 대한 설명을 추가한다. 또 다른 친구가 '인터넷상에서 사용하는 용어의 실태' 연구 같은 것이 공시적 연구에 해당한다는 설명을 덧붙인다.

잠시 후 혜주가 두 개념을 "구분하는 게 의미가 없다"는 말을 던진다. 이에 대해 "통시적 연구를 하다 보면 공시적 연구도 들어갈 수 있을 것 같다"거나 "연관이 없다"는 등의 의견들이 이어진다. 이때 유진이가 '김치'의 어원 변화를 예로 두 개념의 차이에 대해 다시 질문을 던진다. 학생들 사이에 나름의 답변이 쏟아진다. 김치를 예로 들었던 학생은 그 어원 변화가 공시적 연구로는 무리가 있다고 말한다. 혜주는 다시 우리말의 높임법을 예로 들어 두 개념을 설명한다. '해라체', '하게체', '하오체', '합쇼체' 등의 종결형을 예로 들어 이를 연구하는 것이 공시적 연구라는 설명이다. 반면 중세에서 근대로 "높임말이 어떻게 변해왔는지를 연구하는 것"이 통시적 연구에 해당한다는 것이다. 이에 한 친구가 통시성의 축과 공시성의 축을 손짓으로 표현해가며 두 개념의 차이를 묻지만, 굳이 답을 구하려는 것 같지는 않다.

계속해서 혜주는 ④번 문제-소쉬르의 이론이 후대 언어 및 인문학 연구에 미친 영향-에 대한 설명으로 넘어간다. 우선 언어학 연구에서 소쉬르 이전과 이후의 차이에 대해 설명한다. 소쉬르 이전에는 말소리, 어휘, 문법 등 언어에 대해 원자론적으로 접근했다면, 소쉬르 이후에는 언어를 '구조화된 체계'로 파악했다는 것이다.

혜주 소쉬르 이전의 언어학자들은 언어 구조에 원자론적인 방식으로 접근했다. 언어를 말소리, 어휘, 문법상의 어미와 같은 것들의 집합으로 보았다. 반면 소쉬르는 언어는 구조화된 체계이고 각 요소들에 미치는 다른 요소들과의 관계에 따라 주어진다고 했다. 소쉬르는 언어학적 기호를 소리와 개념의 관계, 아까 말했듯이 시피니앙과 시니피에라고 했잖아. 그거의 결합으로 본 거야. 그러니까 의미와 표기의 결합.

이해하기 어렵다는 듯 몇몇 질문들이 이어지고, 혜주는 이해를 돕기 위해 설명을 반복한다. 그래도 학생들은 어렵다는 반응이다. 한 학생이 나름의 답변을 내놓지만, 정리가 안 되는 듯 말끝을 흐린다.

교사 그전의 연구와 소쉬르 이후 연구의 가장 큰 차이를 혜주가 설명한 말 중에 단어 두 개를 비교하자면 그전에는 '집합', 이후에는 '구조'거든요. 집합과 구조가 어떻게 다른지 설명해주면 차이를 알 것 같아요. 지금 설명을 좀 했거든요.

혜주가 설명을 반복하지만, 친구들은 이해하기가 쉽지 않은 모양이다.

논의에 진전이 없자 방지현 선생님이 논점을 정리해준다. 혜주는 설명하기 어려운 듯 생각할 시간을 달라고 말한다. 학생들도 이구동성으로 쉬는 시간을 요청한다. 브레이크 타임! 그러나 놀랍게도 의외의 풍경이 연출된다. 삼삼오오로 토론을 계속하는 것이 아닌가. 교실 앞쪽에서는 학생들과 선생님의 대화가 계속되고, 카메라 앵글의 바깥에서도 이야기를 나누는 학생들의 목소리가 인상적이다.

쉬는 시간이 끝나고, 소쉬르가 후대의 언어 및 인문학에 미친 영향에 대한 이야기로 되돌아간다. 먼저 유진이가 영어에서 'not'을 의미하는 접두사 'in'과 'im'에 관해 이야기한다. 접두사 'in'이 m, n, p 앞에서는 말하기 쉽도록 'im'으로 변형된다는 것이다. 그러나 제대로 설명하지 못한 듯 유진이는 "이해가 안 되지?"라며 한발 물러선다. 말의 맥락과 설명이 다소 모호해 보인다. 그러나 방지현 선생님은 좋은 예를 들었다며, 소쉬르 이전에 'in'과 'im'을 어떻게 설명했을지 생각해보라고 한다. 이에 다른 학생이 소쉬르 이전에는 'in'과 'im'을 'not'을 뜻하는 두 개의 독립적인 접두사로 보았다면, 소쉬르 이후에는 'im'을 'in'의 변형으로 설명한다는 것이다. 거기에 "발음과 단어의 연관 관계를 설명한 것 같다"는 설명을 덧붙인다.

이 주제와 관련하여 방지현 선생님도 코멘트를 추가한다. 소쉬르 이전의 연구가 언어에 대한 원자론적 접근, 집합체 개념으로 접근했다면, 소쉬르의 구조주의 언어학에서는 그와 같은 변화를 '구조' 속에서 파악한다는 것이다. 따라서 소쉬르 이후에는 언어 현상이 "언어의 규칙이라든가 조건들에 따라서 예외 없이 일반화될 수 있게" 되었다는 설명이다. 전 시간에 공부했던 자의성, 기호성, 사회성, 역사성, 공시적 개념, 통시적 개념 등 언어의 특성이 바로 소쉬르 언어학에 기초하고 있다는 것이다. 즉 언어학의 토대와 체계를 만들어놓은 것이 소쉬르의 언어학이 갖는 의의라는 것이다.

수현이는 소쉬르의 『일반언어학 강의』에 나오는 체스 게임으로 통시적 연구와 공시적 연구를 설명한다.

이어 수현이의 발표가 계속된다. 주제는 소쉬르의 언어학이다. 우선 통시적 연구와 공시적 연구의 개념에서 출발한다. 수현이는 소쉬르의 『일반언어학 강의』 번역본을 들고 나왔다. 책에 나오는 체스 게임으로 개념을 설명한다. 체스 게임에서 말들의 가치는 위치에 따라 결정되며, 마찬가지로 언어도 각 언어의 요소들이 다른 언어 상황들과 대립되면서 가치를 갖는다는 것이다. 그리고 어떤 말을 한 수 움직였을 때 그 상태는 언어의 어떤 상태와 대응한다는 것이다.

"책을 읽을 때는 됐는데 말하려니까 되게 어렵다."

"잠깐만! 어, 완전 떨려."

읽을 때와 다르게 '체스의 비유'를 설명해내기가 쉽지 않은 듯하다. 또한 말들을 한 번씩 움직이는 것은 고립된 언어의 개별 요소들을 움직이는 것과 대응이 되며, 그처럼 우리가 사용하는 언어에서도 고립된 개별 요소들의 변화만 일어난다는 것이다. 비숍이 이동하기 전 A라는 상태와 이동한 후의 B라는 상태는 완전히 다르며, 그런 상태들의 움직임을 연구하는 것이 통시적 연구라는 설명이다. 반면 체스 판에 놓인 말들의 가치와 연관관계를 연구하는 것이 공시적 연구라는 설명이다. 몇몇 친구들이 고개를 끄덕이거나 "어.", "오케이! 알겠다"는 등의 반응을 보이기도 하지만, 반향이 없는 학생들도 여럿 눈에 띈다.

다음은 소쉬르의 연구가 인문학 연구에 미친 영향에 관한 이야기다. 수현이는 여기서 패러다임 개념으로 과학혁명을 해석한 토마스 쿤의 『과학혁명의 구조』를 따온다. 요약하자면 이전의 연구가 과학사의 개별적 사건들에 대한 연구였다면, 소쉬르 이후에는 "일련의 사건들을 종합적으로 설명해내려는, 일련의 구조를 파악해내려는 움직임이 일어나기 시작했다"는 설명이다. 언어학의 경계를 넘어 과학사 연구와 연관시켜 설명한 것이다. 발표를 마친 수현이에게 친구들이 박수를 보낸다.

"저런 책을 찾아서 읽는 경우는 처음 봤어."

방지현 선생님도 어려운 책을 읽고, 정리해내는 것이 쉽지 않은 일이라며 칭찬과 격려를 아끼지 않는다. 이로써 소쉬르에 관한 이야기가 마무리된다.

촘스키, 언어와 권력

다음은 촘스키가 주제다. 우선 발표자로 나온 수아가 변형생성문법을 설명하기 시작한다. 수아는 "기존의 구조주의 언어학이 가지고 있던 난점을 타파하고, 언어에 대한 새로운 관점에서 언어구조를 기술해야 한다는 노암 촘스키에 의해서 제안·발달된 문법"이라고 들려준다. 이에 "다시 한 번만!"을 연거푸 요청하는 한 친구로 인해 웃음과 농담이 쏟아진다. 수아는 자세히 설명하기 위해 칠판에 두 개의 문장을 적고, 설명을 추가한다.

① 존경하는 선생님께서 꽃을 보내셨어요.
② 존경하는 제자들이 꽃을 보내왔어요.

수아와 학생들 사이에 '존경하는'이라는 수식어를 둘러싸고 문장 해석에 잠깐 논란이 발생한다. 수아는 친구들에게 "첫 번째 문장과 두 번째 문장이 문법적으로 같다고 할 수 있겠어?"라고 묻는다. 그러고는 "문법적으로는 같다"고 말한다. 그런데 '자의적인 해석' 때문에 "문법적으로 같은지 아님 다른지 혼동을 느낀다"는 설명이다.

선유 그런데 아예 두 개가 다른 게, 존경하는 선생님께서 꽃을 보낸 거랑 존경하는 제자들이 꽃을 보내온 거랑 결국엔.

학생 같은 거지.

유진, 학생들 첫 번째 첫은 선생님께서 보낸 거고, 두 번째 것은 제자가 보낸 거지.

수아가 촘스키의 변형생성문법을 설명한다.

잠깐 동안 해석에 논란이 일지만, 뜻은 다르다는 것으로 정리가 된다. 이렇듯 촘스키가 "문법적으로는 같지만 뜻이 달라지는 것에 대해서 구조적인 난점이 있다"고 보고, 새롭게 발견한 것이 변형생성문법이라는 설명이다. 그리고 그것이 엄청난 파장을 일으켰다는 설명도 추가한다. 또한 우리가 두 문장에서 혼동을 느끼거나 차이를 발견할 수 있는 까닭은 선천적으로 '언어 습득 능력'을 갖고 있기 때문이라는 것이다. 그리고 그것이 촘스키의 주장이며, 언어학의 흐름에 많은 영향을 끼치게 됐다는 것이다. 여기에 한 친구가 선천적으로 타고나는 '언어 습득 능력'을 '보편문법'이라고 하며, "그 보편문법의 체계를 명시적으로 밝혀서 진술해보자는 게" 변형생성문법이라는 설명을 덧붙인다. 이어 수아는 다음 주제인 '플라톤과 오웰의 문제'로 넘어가려 한다.

교사 잠깐만! 요거 지금 지윤이가 설명을 잘했는데요, 이게 문장의 구조, 겉으로 봤을 때는 어떻게 틀렸고 하는 게 설명할 수가 없단 말이야. 똑같은 구조의 문장이니까. 그런데 우리는 이미 알고 있거든. 이런 언어 능력을 뭐라고 표현했지? 화자에게, 모어 화자가 갖고 있는 능력?

학생들은 '역사성', '보편문법'에 이어 '직관'이란 응답을 내놓는다. 선생님은 '언어적 직관'이 여기서 나오며, 언어의 본질을 다룰 때 접한 개념들임을 상기시킨다. 그 개념들이 "어디서 나왔고, 누가 주장했고 하는 것을 우리가 지금 검토하고 있다"는 코멘트도 곁들인다. 이어 "겉으로 볼 때는 똑같은 것인데도", "그 안에 담긴 심층까지 다 이야기해낼 수 없다"는 구조주의 언어학의 한계 때문에 촘스키가 새로운 문법을 제기한 것이라고 짚어준다. 그러고는 수아에게 표층 구조와 심층 구조 개념을 먼저 얘기해달라고 주문한다. 수아는 앞에서 거론한 두 개의 문장을 예로 들어 설명한다. 표층 혹은 문법적으로 보면 두 문장이 같은 것이지만, 심층적인 의미는 다르다는 것이다. "그런 차이를 알게 되는 것이 바로 촘스키의 심층적인 언어학"이라는 것이다. 두 문장의 의미 해석을 둘러싸고 학생들 사이에 잠깐 논란이 빚어진다. "그러니까 여러 해석이 있잖아. 너 같은 해석도 있고 다른 애들 해석도 있고." 그런데 "구조학적으로만 그것을 정의 내릴 수 없다는 것이 촘스키의 얘기였던 것 같다"며 표층 구조와 심층 구조에 관한 설명을 마무리한다.

수아 ②번에서 '플라톤의 문제'와 '오웰의 문제'를 정리해보래. 이거 되게 재미있는데, 플라톤의 문제는 우리에게 주어진 자료가 아주 적은데도 어떻게 해서 우리가 그렇게 많이 알 수 있는지를 설명하는 것이고, 오웰의 문제는 주어진 자료가 많은데도 왜 우리는 그렇게 조금밖에 이해하지 못하는지를 설명하는 거야.

수아는 친구들이 메모할 수 있도록 '플라톤의 문제'와 '오웰의 문제'를 반복해서 들려준다. 먼저 광고 카피를 예로 들어 '플라톤의 문제'를 설명한다. 짧은 광고 카피를 보고서도 "무슨 상품을 팔려고 하고, 어떤 말을 하려는 건지 알 수 있다"는 것이다. "간 때문이야"라는 우루사 광고 카피를 보면, "주어진 자료가 한 문장으로 간결하고 적은데도", "간 때문에 약을 먹어야 하고, 치료를 할 수 있다"는 걸 알 수 있다는 것이다. 옛날 시어머니와 며느리 이야기를 예로 들기도 한다. 아기를 업고 있는 며느리에게 '내가 업어줄까?'라는 시어머니의 말은 '요리', '청소', '설거지' 등 집안일을 하라는 '신호'로 받아들여진다는 말이다. 시험이 끝난 뒤 엄마가 보낸 "수아야, 오늘 하루 좋은 하루!"와 같은 문자 메시지도 '무언의 압박'으로 다가온다는 것이다.

오웰의 문제에 대해서는 '유대인 학살'을 예로 든다. 『아우슈비츠 수용소』, 『안네의 일기』 등을 비롯해 많은 자료가 존재하지만, 그 상황에 대해 제대로 이해한다고 말할 수는 없다는 것이다. 이처럼 주어진 자료가 많은데도 "이해를 한다는 것에 대해서는 접근하지 못하는 것"이 바로 오웰의 문제라는 설명이다.

"조금 다른 거 같은데." 한 친구가 플라톤과 오웰의 문제를 바로잡는다.

학생 조금 다른 거 같은데, 내가 찾아본 것은 아까 플라톤의 문제에서는 우리가 주어진 게 적은데 많은 걸 알 수 있다, 여러 가지를 알 수 있다 이러는데, 오웰은 인간 의식의 조작 가능성에 대해서 얘기를 하는 거래. 예를 들어서 전체주의 정부나 이윤만을 추구하는 악덕 기업들에서 여론 조작을 하고 이래서 사실을 감추기 때문에 우리가 알 수 없다 이런 얘기로 나는 찾았거든(학생들: 맞는 것 같아).

학생 그러니까 촘스키가 기득권자들, 권력을 가진 자들이 항상 정보에 접근하는 것을 막고, 방해하고 여론 조작을 한다고 주장하거든.

수아는 자신이 "정확하게 접근하지 못한 거 같다"고 답변한다. 이에 이견을 제시했던 친구가 수아의 설명을 보충한다.

"수아의 예에서도 이거를 찾을 수 있는 게, 유대인 학살을 독일정부가 가리고 가리면, 자료가 많지만 우리가 그걸 보지 못하고 그런 거 같은데."

은폐와 왜곡으로 인해 '인간 의식의 조작 가능성'이 발생할 수 있다는 설명이다. 수아는 또 다른 예로 '장자연 사건'을 추가한다.

"결론적으로는 거짓이라 그러고 가짜 문서라고 하잖아. 그런데 사실 아는 사람들은 알지. 그리고 그게 기득권자들이 어떻게, 어떻게 언론에 의해서 했다는 것도 알 수 있고."

기득권자들이 사건을 은폐하거나 조작해도 진실을 밝혀낼 수 있다는 것이다. 이렇게 이야기가 마무리되고, 종이 울린다.

'지금-여기' 앎과 삶에 대한 탐구

쉬는 시간이 인상적인 수업이다. 브레이크 타임! 그러나 학생들의 열기가 수그러들기는커녕 오히려 상승곡선을 그린다. 학생들은 '채널'을 고정한 채 삼삼오오로 모여 이야기를 계속한다. 수업 시간만으로는 아쉬움이 컸던 모양이다. 교실 앞쪽으로 자연스럽게 모여든 학생들이 선생님과 함께 이야기를 나누고, 카메라 앵글의 바깥에서도 이야기를 주고받는 학생들의 목소리가 들려온다. 이렇듯 예상을 깨고 연출되는 의외의 광경이 눈길을 끌어당긴다. 이우학교에서 6년째 공부하고 있는 학생들이다. 이를 학생들의 성장과 이우의 잠재력potential을 보여주는 모습이라고 말해도 지나친 표현은 아닐 것이다. 물론 아주 보기 드문 모습은 아니다. 시험 보는 날 쉬는 시간이면 귀가 따갑게 소란하지 않던가? 우스갯소리다.

주목할 만한 도입도 매듭을 짓기 위한 마무리도 눈에 띄지 않는 수업이다. 뚜렷한 절차도 형식도 찾아볼 수 없다는 말이다. 시종 모둠별로 조사한 주제를 발표하고, 자유롭게 토론을 거치는 형식이다. 교사의 개입도 논점을 환기하거나 간단한 코멘트로 토론의 방향을 잡는 수준에서 그친다. 그런 점에서는 수업의 흐름이 매우 단조롭다는 생각까지 든다. 그러나 학생들은 꽤나 깊게 빠져 들어간 듯하다. 물론 절차와 형식에 대한 강박으로 이 수업을 보려는 것은 아니다. 도입과 정리를 비롯해 흔히 볼 수 있는 절차를 따른다고 좋은 수업이 되는 것은 아니지 않은가? 또한 비주얼한 수업 기술이나 절차와 형식에 익숙한 감각으로는 이 수업에 함축된 메시지를 발견하기 어려울 듯하다.

이처럼 이 수업은 비주얼이나 절차 따위는 그리 중요하지 않다는 듯 바로 토론 공간으로 진입한다. 긴장과 변화를 위한 별다른 절차와 형식이 없어도 학생들은 토론의 리듬과 분위기에 자연스럽게 휘말려 들어간다. 만만찮은 강도와 속도가 느껴지는 것은 '자습self-directed learning'하는 학생들이 만들어내는 협력과 공조의 '리듬' 때문이 아닐까? 이렇듯 이 수업은 서로에게 기대어 만들어가는 집합적인 리듬이 매우 인상적이다. 이를 익숙한 용어로 협력 학습collaborative learning이라 불러도 괜찮을 것이다. 또 하나 이 수업은 시작되었다거나 끝이 났다는 생각이 들지 않는다. 물론 시간상으로 수업의 시작과 끝은 있다. 그럼에도 끝없이 이어지는 지적 탐구 과정의 어느 한 순간으로 다가온다는 느낌이다.

서두에서 말한 것처럼 학생들은 '언어와 사고', '언어와 권력'을 주제로 관련 텍스트를 읽어낸다. 그러면서 독서 수업은 '지금-여기'에 대한 탐구로 확장된다. 국어 교과 수업이면서도 '교과'라는 분할의 경계와 중력으로부터 비교적 자유롭기에 가능한 양상일 것이다. 이렇듯 이 수업을 통해 우리는 기존의 교과를 넘어선 지식의 생성 혹은 탐구가 가능한 수업을 새롭게 상상해볼 수 있다. 경계를 가로지르는 유연성이 떨어지는 까닭에 고착된 '교과' 개념으로는 불가능한 접근일 것이다. 시종 긴장을 유지하는 학생들의 의욕과 열기는 이와 같은 배치에서 비롯된 측면도 있을 것이다. 이를 두고 교과의 경계와 중력을 터널링tunnelling[4]하고 있다고 말한다면 지나친 표현일까?

소쉬르 언어학의 개념들과 영향을 발제發題하는 한 학생은 소쉬르Saussure의 『일반언어학 강의』와 토마스 쿤T. S. Kuhn의 『과학혁명의 구조』까지 찾아 읽고 있다. 생각처럼 쉬운 일은 아니다. 공시적 개념과 통시적 개념을 설명하기 위한 '체스의 비유'는 책을 읽지 않고서는 찾아내기 어렵다. 뿐만 아니라 소쉬르의 영향을 언어학의 경계를 넘어 과학사 연구와 연관시켜 설명한다. 이에 방지현 선생님도 "저런 책을 찾아서 읽는 경우는 처음 봤어"라며 격려해준다. 이렇듯 '깊이' 속으로 빠져드는 게 공부가 아닐까? 이런 것이 교육이 추구해야 할 '생성 문법'이 아닐까? 이 수업은 입시라는 미명하에 '말더듬이'를 만들어내는 한국형 공교육의 한계와 중력을 터널링하고 있다고 말해도 좋을 것이다.

물론 다루는 주제들이 쉽지 않은 만큼 어설픈 모습도 눈에 띈다. 가령 후반부에서 다루는 '플라톤의 문제'와 '오웰의 문제'에 대한 접근이 그렇다. 학생들은 '광고 카피', '시어머니의 말', '엄마의 문자 메시지' 등을 예로 들어 '플라톤의 문제'를 설명한다. 이와 같은 언표들에는 잉여적인 '명령어'가 함축되어 있다는 것이다. 그러나 이는 언어활동의 본질을 '정보 전달'이나 '의사소통'이라고 말하는 기존 언어학의 통상적인 공준에 대한 비판에 가깝다. 물론 그런 방식으로 언어활동을 다루는 화용론이 '권력'의 문제를 다루는 것이란 점에서 관련이 없는 것은 아니다. 그럼에도 이는 '인간 이성의 (불)가능성'에 대한 촘스키의 대응과 기존의 '구조주의 언어학'에 대한 비판이라는 '문맥'을 다소 축소한다고 생각한다.

이처럼 이 수업은 소화하기 쉽지 않은 주제들을 다룬다. 그런 만큼 학생들이 내용을 충분히 이해했다고 보기 어려운 측면들도 발견된다. '지금-여기' 앎과 삶에 대한 탐구라는 측면에서 보면 촘스키의 문제의식을 상대적으로 약하게 다루는 것처럼 보일 수 있다. 그러나 이는 괜한 기우에 불과하다. 방지현 선생님에 따르면 후속으로 촘스키의 문제의식을 집중적으로 다루는 시간을 가졌다고 한다. 학생들에게 촘스키의 신념인 '인간 이성의 가능성'을 강조하고 싶었다는 것이다. 이를 방해하는 '언어와 권력'의 메커니즘을, 진실을 교묘하게 은폐하는 '언어'의 배후를 밝혀보는 시간이었다고 한다. 학생들 스스로 이와 관련한 현실의 사례를 찾아내며, 배움의 희열을 맛보는 모습을 지켜볼 수 있었다고 한다.

사토 마나부는 「배움의 쾌락」에서 '탐구'를 '통찰'과 '반성'과 '숙고熟考'의 과정으로 정의한다. 학생들은 서로의 '언어'에 기대어 지적 탐구를 밀고 나간다. 토론 공간에 집단적으로 참여하여 자기 '언어'를 검토하고, 이를 자양분으로 각자의 판단에 따라 자기 '언어'를 새롭게 구성해갈 것이다. 이와 같은 지적 탐구의 과정에서 이질적인 텍스트와 타자의 '언어'에 감염되었을 것이다. 공부를 한다는 것은 이처럼 타자의 '언어'에 감염되어 자기 '언어'가 변이되는 것이 아니던가! 이질적인 '언어'에 접속할 때마다, 감염될 때마다 자기 '언어'가 새롭게 태어나는 것이다. 배움이란, 변이란 그렇게 자기 '언어'를 새롭게 생성해낼 때 가능한 것이다. 그 '언어'를 논술 혹은 에세이로 풀어놓았을 것이다. 반성과 숙고의 '언어'들이 궁금하다.

학인學人들의 공동체

학생들이 지적 탐구에 열중하고 있다면, 방지현 선생님은 한 걸음 뒤로 물러나 있다. 발제자와 학생들이 마주 보며 토론하는 탐구의 배치에서 시각적으로도 잘 드러나지 않는 위치에 있다. 게다가 개입과 발언도 엄격하게 제한하고 있다. 미진한 발표를 보완하거나 학생들이 곤란을 겪는 경우 도움을 주기도 하지만, 토론의 초점을 환기하거나 간단한 코멘트로 그친다. 마치 피드백Feedback이나 평가Evaluation 따위는 기대하지 말라는 듯한 인상이다. 이것이 학생들을 내버려두는 '자습'과는 의미가 다르다는 사실을 굳이 부연할 필요는 없을 것이다. 그러나 이와 같은 교사의 자리매김positioning은 토론 공간을 자유롭게 열어준다. 그로 인해 학생들 간의 자유로운 탐구와 의견 교환으로 나타나는 것이다.

이처럼 방지현 선생님은 학생들에게 권한을 고스란히 내주고 있다. 때문에 '교사'라는 기존의 권위적 시선이나 비대칭적인 권한은 찾아보기 어렵다. 여기서 왜소해지는 교사의 존재를 아쉬워할 필요는 없을 것이다. 수업은 당연하게도 교사가 아닌 학생들을 위한 것이기 때문이다. 교사를 교육과정의 '전달자' 혹은 '실행자'로 자리매김하는 전통적인 관념에서 교사의 권한이란 사실 기능적인 '전달 벨트'에 가깝다. 2년 전에도 방지현 선생님의 수업을 본 적이 있다. 그때도 역시 기존의 관념과 익숙한 문법을 터널링하는 '균열의 쾌감'을 맛볼 수 있었다. 교사가 계획대로 학생들을 끌고 가는 요란한 '빈 수레'를 미련 없이 내려놓았던 것이다. 이 수업은 그때와 다르게 또 한 수준 업그레이드된 모습을 보여준다.

교사를 단순히 '실행자'나 '전달자'로 할당하는 근대적 관념으로는 교사의 역할을 대안적으로 사유할 수 없다. 그와 같은 관념으로는 새로운 시대가 요구하는 '교사'를 발견하기 어려운 까닭이다. 이 수업 안에서 겉으로 드러나는 교사의 모습은 '길잡이guide' 혹은 '조력자helper'의 이미지에 가깝다. 물론 방지현 선생님의 모습이 여기에 국한되는 것은 아니다. 이와 관련해서는 뒤에서 다시 논할 생각이다. 하여튼 이처럼 '교사'라는 낡고 익숙한 관념을 끊임없이 지워갈 때, '교사'의 외연을 끊임없이 확대해갈 때 우리는 근대적인 관념으로부터 출구를 발견할 수 있을 것이다. 거기서 초라한 권위가 아닌 '능력'의 이름으로 '교사'를 새롭게 발견할 수 있을 것이다.

'교사'가 근대적 관념의 무능으로부터 벗어나는 시점에서 '학생'의 존재 또한 생각해볼 필요가 있다. 교사가 지식과 가치를 전달하는 계몽의 배치에서 학생들은 수동적 존재의 위치를 벗어나기 어렵다. 교사의 유도에도 응답과 반향이 없는 '유령'들이 되어버린 중등교육의 현실은 이와 무관하지 않을 것이다. 이는 교사의 독백이 더 이상 유효하지 않음을 보여주는 것이 아닐까? 그와 같은 현실과 대비해서 보자면, 방지현 선생님의 수업에서 볼 수 있는 학생들의 모습은 그야말로 환상적이다. '교사'가 지워진 공간에서 학생들은 능동적 주체로 변이한다. 스스로 관련 텍스트를 찾아 탐독하고, 맡은 주제를 발제한다. 리서치 과정에서 책과 사람, 인터넷이라는 지식과 정보의 '네트'에도 접속했을 것이다.

이렇듯 학생들 또한 '수동적 대상' 혹은 '계몽의 대상'이라는 근대적 관념의 무능으로부터 스스로를 구원한다. 이는 물론 교사의 경우도 마찬가지일 것이다. 지적 탐구와 수양을 게을리하는 교사가 이처럼 '깊이'를 탐구하는 학생들과 교감하는 것은 어려운 일이다. 그런 까닭에 우리는 교사도 학생들과 마찬가지로 배우는 학인學人이라고 정의할 수 있을 것이다. '교사'라는 존재는 접속과 배움에 의해 자기를 지워가며 변이할 수 있는 능력에 의해 규정되는 것이다. 이런 맥락에서 교사는 '학습하는 전문가professional learner'가 되어야 한다고 말할 수 있다. 익히 알고 있는 '반성적 실천가'라는 쇤(Schön 1983, 1987)의 규정도 이와 관련한 '성찰적 전문성'과 무관하지는 않을 것이다.

방지현 선생님은 이 수업을 통해 예상치 못했던 학생들의 탐구 의욕을 확인할 수 있었다고 한다. 교과 내용보다 수준 높은 과제임에도 학생들의 도전이 매우 의욕적이었던 것이다. 그만큼 학생들이 수준 높은 배움 혹은 지적 자극에 갈증을 느끼고 있었던 것이다. 때문에 교사는 자신의 지적 소양을 되돌아볼 필요가 있다고 말한다. 교사 자신의 전문성과 소양이 부족하면 학생들의 의욕적인 탐구를 제대로 보장할 수 없다는 것이다. 이와 함께 이 수업은 학생을 바라보는 시선의 변화도 요청한다. 집단적으로 배움의 연대連帶를 형성하는 학생들의 모습은 색다른 감응을 불러일으킨다. 이는 앞에서 말한 교사의 자리매김과 학생들 스스로 토론 공간을 구성하는 탐구의 배치에서 기인한다고 생각한다.

소쉬르나 토마스 쿤을 찾아 읽는 것도, 신문기사를 찾아보는 것도, 스마트폰으로 촘스키나 스티븐 핑커를 찾아보는 것도, 인터넷으로 각국의 무지개 색깔을 검색해보는 것도, 주변 사람들과의 대화도 모두 접속의 양태들이다. 그리 새로울 것도 없는 말이다. 지금은 접속이 일반화된 시대다. 기술적으로 언제 어디서든 접속이 가능할 뿐만 아니라 도처에 지식과 정보가 흘러넘친다. 접속 매체를 굳이 스마트폰이나 컴퓨터와 같은 장치로 한정할 필요는 없을 것이다. 배움이란 그와 같은 모든 접속에서 비롯된다. 그로 인한 감염과 변이에 다름 아니다. 자신에게 없는 어떤 것과 마주치는 것이고, 그것을 자기화하는 것이다. 배움은 그렇게 자기를 끊임없이 갱신할 수 있을 때 가능하다.

앞서 말한 것처럼 이 수업은 낡고 오래된 관념들이 붕괴된 수업의 양상을 보여준다. 이 수업의 매력에 휘말려 들어간 것은 그런 까닭일 것이다. 기존의 관념으로는 상상할 수 없는 것, 불가능한 것을 향해 수업을 밀고 나간다는 점이다. 기존의 교사라는 중력이 소멸하고, 학생이라는 관념을 넘어선 지점, 그렇기에 어떤 개념과 지식을 동원해도 붙잡을 수 없는 지점으로. 이 수업이 보여주듯 학생이라는 관념이나 교사라는 관념은 변이를 통해 새롭게 구성될 것이다. 모두가 학인學人이 되는 형상으로. 이우가 꿈꾸는 배움의 공동체란 이처럼 학생도 교사도 함께 배우는 학인들의 공동체가 아닐까? 이는 또한 '학교'의 용법을 따져 묻는 모든 이들의 희망일 것이다.

수업 실천의 차원에서 방지현 선생님은 이미 낡은 관념의 문턱을 넘어선 것으로 보인다. 입시 대비, 분과 수업 시스템, 분절된 수업 시간, 교과 진도 등이 발목을 잡는 '한국형' 수업 환경에서는 좀처럼 만나기 어려운 수업이다. 그러면서도 한편으로는 친숙하다는 생각도 없지 않다. 이와 같은 수업의 형상은 언제부턴가 희미한 형체로 나를 둘러싸고 있던 '유혹'이었는지도 모르겠다. 어쩌면 수업의 형상이라기보다는 배움의 형상이라고 말하는 것이 좀 더 분명할 듯하다. 이처럼 이 수업이 매력적으로 다가오는 까닭은 실천의 차원에서 기존의 관념을 넘어선 배움의 형상을 보여준 까닭이다. 물론 '배움의 공동체' 6년을 빼놓고서 지적 탐구를 향한 학생들의 열기를 설명할 수는 없을 것이다.

근래에 들어 교육계에 콘텐츠가 빈곤한 브랜딩 현상이 범람하고 있다. 그 속을 들여다보면 기표들이 공허하게 흘러넘치는 네이밍에 불과하다. 그 자족과 자폐의 나르시시즘에 대한 '충동'을 긍정하기란 불가능하다. 그것이 얼마나 낙후한 것인가를 이 수업을 통해 보고 배울 필요가 있지 않을까? 차별성도 특이성도 없는 기표들이 공허하게 흘러넘치는 브랜딩 현상을 보면서 죽음의 선을 그리는 공교육을 발견하는 것은 그리 어렵지 않은 일이다. 이와 같은 맥락에서 방지현 선생님의 수업은 한국형 수업 환경에 구멍 하나를 뚫은 것처럼 즐겁고 상쾌하다. 그런 '수업-구멍'이 여기저기서 만들어지고 범람한다면 수업 문화도 바뀌지 않을까? 마치 멩거(Karl Menger, 1902~1985)의 스펀지처럼![5]

4. 양자역학에서 따온 개념이다. 양자는 파동의 흐름이면서 동시에 불연속성을 갖는 입자다. 이 입자가 에너지 장벽에 부딪히면 일부는 팅겨 나오지만 일부는 그 벽을 통과한다. 마치 터널을 뚫고 나오는 것 같다고 해서 이를 터널링이라고 한다.
5. 제임스 글릭, 박배식·성하운 옮김, 『카오스』, 동문사, 1993, 126쪽. 시어핀스키 카펫을 3차원으로 확장한 것으로 표면적은 무한하지만 부피는 0에 수렴하는 기이한 입체를 말한다.

6.
생물과 화학의 '사이', 횡단의 유연성

인간을 당혹스럽게 하는 사태들이 있다. 사스(severe acute respiratory syndrome, SARS), 슈퍼 바이러스supervirus, 일본의 후쿠시마 원전 사고, 한국의 구제역 사태처럼 인간의 지식 혹은 과학적 시선의 바깥에 '있던' 혹은 '있는' 것들이다. 물론 이런 사태들은 과학의 시야 안으로 들어오게 되는 순간 쉽게 묻혀버린다. 2009년 전 세계적으로 번져갔던 신종플루도 그랬다. 불안과 공포로 마스크와 체온계가 불티나게 팔렸고, 학생들은 마스크를 쓴 채 등교했다. 보건 당국은 체온계로 집단생활 시설의 '게이트'를 관리하고, 타미플루를 긴급 투입했다. 이 수업이 다루고 있는 주제가 바로 신종플루와 타미플루다. 생물 담당 임선영 선생님과 화학 담당 박소연 선생님이 공동으로 기획한 고2 수업이다.

학생들은 DNA와 RNA의 차이로부터 시작해서 신종플루를 중심으로 생물계에 돌연변이가 생기는 원리를 공부한다. 물론 타깃은 신종플루다. 세포막을 통과한 바이러스가 숙주 세포 내 시스템(복제, 전사, 번역)을 이용한 다음 새로 생성된 바이러스가 다른 숙주 세포로 옮겨가면서 증식하는 원리를 학습한다. 이어 바이러스의 증식·확산을 억제 혹은 중단시키는 타미플루의 작용 기전(機轉, mechanism)에 대한 학습이 결합된다. 생물 파트를 맡은 임 선생님은 시종 "무엇이 우리를 두렵게 하는가?"라는 질문을 던진다. 과학적 관점(생물, 화학)에서 신종플루와 타미플루를 공부하고, 삶과의 연관에 대한 통찰을 주문하고 있는 교과 통합 수업이다. 우선 신종플루에 대한 탐구로부터 수업을 시작한다.

수업 보기

|생물 파트| 신종플루와 생물계의 돌연변이

무엇이 우리를 두렵게 하는가?

임 선생님은 우선 학생들과 함께 활동지에 제시한 '신종플루' 관련 기사를 읽는다. 읽기에 앞서 수업 시간 내내 '무엇이 우리를 두렵게 하는가?'라는 질문을 놓치지 말라고 당부한다. 한 학생이 대표로 읽고, 나머지는 눈으로 따라간다. 『조선일보』에 실린 2010년 11월 20일자 기사로 신종플루 집단 발병 사실, 보건 당국의 집단 발병 및 유행 기준, 확산 조짐에 관한 내용 등이 담겨 있는 짧은 기사다.

교사 작년에 어땠어?

학생들 걸렸어요. 작년에 우리 학교 걸렸어요.

교사 이런 일이 있을 때마다 뭐 TV에서 어쨌든 뉴스에서 나오는데, 과연 무엇 때문인지 구체적으로 알아봅시다. 자, 요게(스크린에 제시한 자료) 여러분한테 이야기하기 위해서 몇 가지 가져온 건데, 들어봤지요? DNA?

질문을 던지며, 곧바로 주제를 옮긴다. 스크린을 통해 DNA 구조를 보여주며, 유전물질, 염색체, 염색사, 핵산, RNA를 간략하게 짚고 넘어간다. 소화해내기 쉽지 않은 용어들이다. 이어 생명체에 따라 유전 정보를 담아두는 방식이 다름을 설명한다. 사람처럼 DNA에 담아두는 경우도 있지만, 어떤 생명체는 RNA에 담아두는 경우도 있다는 것이다. 그러면서 DNA와 RNA의 차이가 무엇인지 모둠별로 토의해보라고 주문한다.

학생들이 활동지를 보며 DNA와 RNA의 차이에 대해 의견을 주고받는다.

토의가 시작되고, 활동지를 보며 모둠원끼리 의견을 나눈다.

"염기의 종류가 달라."

"DNA는 H, RNA는 OH를 가지고 있어."

"오류 발생률은 DNA가 훨씬 낮고."

"일단 큰 차이는 H랑 OH의 차이야."

"그러니까 돌연변이가 덜 발생하는 거지."

모둠별로 자유롭게 의견을 주고받는다. 학생들은 토의를 통해 'DNA와 RNA의 화학적 구조의 차이', '염기 종류의 차이', '복제 시 오류 발생률의 차이' 등을 정리해낸다. '다양한 개체', '면역력의 증가', '돌연변이의 발생', '환경 변화에 대한 적응력' 등 불안정한 유전물질이 갖는 장점도 추론해낸다.

교사 RNA에서 산소가 빠진 거지, 그게 DNA인 거야! 그러면 OH가
아니라 H라서 갖게 된 장점이 뭐지?

학생 복제 시 오류 발생률이 낮아요.

교사 왜?

학생 그건 왜 그래요?

학생 산소 O가 없으니까요.

교사 OH와 H를 비교했을 때 둘의 반응성의 차이, 화학 시간에? 어,
누가 반응성이 좋다?

임 선생님은 이처럼 문답식으로 학생들의 토의 결과를 확인·정리
한다. OH와 H의 반응성, 염기의 배열, 유전 정보의 변화, 환경의 영향,
단백질의 전기적 성질과 중화반응, RNA의 장점과 돌연변이, 환경 적
응력 등에 대해 얘기하며 DNA와 RNA에 대한 깊이 있는 이해를 돕고
있다. 이어 수업은 바이러스가 숙주세포를 파괴하는 원리에 대한 학습
으로 이어진다. 전에 학습한 내용인 듯 가볍게 정리하고 넘어간다.

신종인플루엔자 바이러스의 종류와 HA,
NA의 역할과 작용에 대해 의견을 나누
고 있다.

드디어 신종플루를 탐구할 차례다. 임 선생님은 우선 신종플루의
구조를 보여준다. 학생들은 신기하다는 듯 스크린을 주목한다. 이어
활동지에 있는 신종플루 관련 자료를 읽어보고, 그에 딸린 두 개의 문

제를 해결해보라고 안내한다. 학생들은 간간히 궁금한 것들을 묻고 답해가며 자료를 읽는다. 다 읽은 모둠은 서로 의논하면서 문제를 해결하기 시작한다. 잘 풀리지 않는 듯한 학생이 시알산sialic acid에 대해 질문을 하기도 한다. 학생들은 모둠별로 신종 인플루엔자 바이러스의 종류와 HA, NA의 역할과 작용에 대해 의견을 나누고 있다. 포유류와 조류 바이러스의 종 특이성과 그 원인에 대해서도 바이러스의 구조를 살펴가며 유추하고 있다. 가볍게 생각을 주고받는데도 분위기는 진지하다.

교사 자, 얘들아, 1번 보자. 신종 인플루엔자 바이러스 종류 세 가지 얘기할 수 있겠어?

학생 세 가지요? A형, B형, C형.

……(중략)

교사 헤마글루티닌. 자, 얘는 헤모글로빈이랑 결합이 잘돼서 그 헤마가 헤모의 헤마야. 자, 얘가 하는 역할이 뭐다?

학생 침투할 때 들어가요.

학생 시알산과 결합해요.

교사 그렇지. 시알산과 결합해서 얘가 어떻게 한다?

학생 열어요.

교사 파고 들어간다. 들어가서 뭐 내놔?

학생 RNA.

모둠 활동이 끝나고, 임 선생님은 학생들과 함께 토의 결과를 확인한다. 먼저 헤마글루티닌Hemagglutinin과 시알산의 결합, 숙주세포로 들어간 바이러스의 RNA 복제와 바이러스의 증식에 필요한 단백질의 합성, 숙주 표면에서 바이러스의 분리와 뉴라미니다아제Neuraminidase의 역할에 대해 정리한다. 다음은 바이러스의 종 특이성에 대한 설명으로 이어진다. 학생들은 임 선생님의 발문에 응답하면서 헤마글루티닌의 종류에 따른 포유류 바이러스H1N1와 조류 바이러스H5N1의 차이점과 기질 특이성을 정리한다. 학생들은 그리 어렵지 않다는 듯 막힘이 없다. 생물 파트 학습이 마무리되어갈 즈음 한 학생이 "사람도 조류독감에 걸리지 않나요?" 하고 불쑥 질문을 던진다. 임 선생님은 답을 유보하고, 화학 파트를 맡은 박 선생님에게 '배턴'을 넘긴다.

|화학 파트| 타미플루의 작용 기전(機轉, mechanism)

이제 치료제인 '타미플루Tamiflu'를 다룰 차례다. 수업이 바로 이어진다. 박 선생님은 본격적인 시작에 앞서 생물 파트에서 다룬 RNA 복제에 의한 바이러스의 침투 방식과 증식 메커니즘을 간단하게 확인한다. 그러고는 바이러스의 복제·증식을 막는 방법에 대한 질문으로 화학 수업을 시작한다.

"숙주세포를 죽여요."

"H1N1을 제거해요."

"시알산을 바꿔요."

학생들이 질문에 답하면서 타미플루의 작용 원리를 화학적으로 탐구하기 시작한다.

교사 힌트를 주자면 H1N1에 뭔가를?

학생 H1N1에 맞는 시알산을 넣어줘요.

학생 막을 씌워요.

학생 모자, 모자 같은 걸…….

교사 한 명씩, 잠깐만요.

학생 그걸 바이러스의 겉 표면에 맞는 기질특이성 때문에 그렇다고 했잖아요. 열쇠가 맞는 단백질을 싸주면요, 걔네들끼리만 반응 하지 않을까요?

교사 싸주면 걔네들끼리만 반응해?

학생 어. 미안! 생각을 정리할게.

교사 지금 코팅한다는 의견이 비슷한 것 같아. 그치? 어디에 코팅해? H1에 코팅, 아니, HA에 코팅해, 아니면 NA에 코팅을 해?

학생들 HA요.

교사 우선 HA에 코팅을 하면 시알산에 결합이 안 되는 방법이 있겠 네. 그렇지?

학생들 예.

교사 이런 방법이 있을 거라고 나도 생각했어. 그다음에 또 어떤 방 법이 있을까? 이미 결합이 되어 있다고 한다면 또다시 막는 방 법은?

"이것이 시알산과 그 결합을, HA와 그 결 합을 끊지 못하게 만드는 거야."

　박 선생님은 NA의 두 가지 코팅 방식과 타미플루의 작용에 대해 설명한다. 타미플루의 2차원 분자 구조를 스크린으로 보여주며 설명을 계속한다.

"얘가 시알산과 그 결합을, HA와 그 결합을 끊는 것을 못하게 만드는 거야."

타미플루가 NA에 달라붙어 시알산과 HA의 분리를 방해한다는 것이다. 그리고 분자 구조를 보면서 학생들과 함께 카르보닐 그룹, 에스테르기, 아미노기, 에테르기 등 타미플루의 작용기들을 살펴본다. NA와 결합하는 작용기의 기능을 설명하기 위한 것이다. 이어 3차원 분자구조를 보여주고, 2차원 분자 구조와 비교해가며 타미플루의 입체 구조에 대한 이해를 돕는다.

교사　바이러스, 커다란 덩어리가 있으면 여기에 NA라는 부분이 있고, 여기에 HA라는 부분이 있는 거야.

교사　HA가 지금 시알산하고 결합되어 있지? 그럼, 얘가 가서 어떻게 할까?

학생　끊어요.

교사　NA가 이 두 개의 결합을 느슨하게 하겠지?

교사　느슨하게 하지 못하게 하려면 누군가가 얘랑 뭘 해야 해?

학생　결합.

교사　이 단단한 결합을 하고 있는 것이 바로 타미플루야.

타미플루의 작용 메커니즘에 대한 설명이다. 바이러스의 NA 부분에 결합하여 NA가 시알산과 HA의 결합을 끊지 못하게 방해한다는 내용이다. 박 선생님은 '타미플루가 바이러스와 결합한 모습'의 그림을 스크린으로 보여주며 재차 이해를 돕는다. 이어 활동지에 제시한 2번 문제를 풀어보도록 한다.

학생들이 타미플루에 대해 이야기를 나눈다.

　학생들이 모둠별로 이야기를 나누기 시작한다. '바이러스와 결합하고 있는 타미플루의 작용기 찾기' '타미플루와 바이러스의 결합의 종류', '유사 약품을 만들 경우 가지고 있어야 하는 분자 구조'를 추론하는 것이다. 박 선생님이 모둠을 돌며 도움을 주지만, 학생들은 가닥을 잡기가 쉽지 않은 듯하다. 박 선생님은 토의를 잠시 멈추게 하고, 분자 구조 그림으로는 결합과 분리 여부를 식별하기 어려운 부분에 대해 다시 설명해준다. 학생들이 모둠 토의를 계속한다. 여전히 곤란을 겪는 것으로 보인다.

학생들이 곤란을 겪자 박 선생님이 타미플루의 작용기들을 다시 짚어준다.

　얼마쯤 지났을까. 박 선생님이 다시 토의를 중단시킨다. 작용기의 이름을 몰라서 문제를 해결하지 못하는 학생들이 있었던 것이다. 그림을 보면서 타미플루의 작용기들을 다시 짚고 넘어간다. 이어서 단백질과 작용기들의 결합을 설명한다. 학생들의 응답을 유도하면서 당단백질인 NA와 타미플루의 작용기가 강한 인력의 '수소결합'을 하고 있다는 설명을 덧붙인다. 학생들은 여전히 쉽지 않다는 반응이다. 이로써 시알산과 HA의 분리를 방해하는 타미플루의 작용 메커니즘에 대한 학습을 마무리한다. 그리고 유사 약품을 제조할 경우 에스테르기와 아미노기가 꼭 포함되어야 하며, 사이즈와 기타 작용기들의 반응 등을 감안해서 만들어야 한다는 설명도 추가한다.

타미플루와 관련한 OX문제를 풀고, 그렇게 생각한 까닭을 정리하고 있다.

다음은 분자 구조를 보면서 타미플루의 성질과 반응을 예측해보는 것이다. 제시된 OX 문제를 풀고, 그렇게 생각한 까닭을 기술하는 방식이다. 힘겹다는 듯 여기저기서 탄성이 흘러나온다. 그러면서도 흐트러짐이 없다. 박 선생님은 타미플루의 약효와 관련하여 이 학습의 중요성을 재차 강조한다. 첫 번째는 타미플루의 '성질'을 묻는 것으로, '불포화 탄화수소', '액성', '물과의 결합 방식', '브롬수 통과 시 용액 탈색', '방향족 탄화수소 유도체' 여부를 가려내는 것이다. 두 번째는 '반응'에 관한 것으로, '알칼리 금속과 반응', '가수 분해 반응', '은거울 반응', '산화 반응 가능성', '정색 반응', '산과의 중화 반응', '에스테르화 반응' 여부에 관한 질문들이다. 학생들은 모둠별로 의견을 나눠가며, OX를 표시하고 이유를 적어나간다.

쉽지 않은 듯 학생들의 토의가 끝나지 않는다. 시간이 부족한 듯 박 선생님은 학생들에게 판단의 근거를 물어가며, 타미플루의 성질을 정리한다. '반응'과 관련해서는 '산과 중화 반응'을 한다는 문제만 다루고 넘어간다. 끝으로 타미플루의 합성 메커니즘이다. 타미플루를 합성하기 위해 필요한 두 가지 물질을 추론해보는 것이다. 에스테르화 반응으로 타미플루를 합성할 수 있다면, 에탄올과 특정 작용기들을 포함하는 카르복시산이 필요하다는 것이다. 그러면서 그런 방식과 다르게 실제 타미플루의 합성 메커니즘은 무척 복잡하다는 설명도 추가한다. 이에 대해서는 복잡한 분자 도식을 참고 자료로 보여주고 매듭짓는다. 이어 박 선생님은 타미플루의 작용 메커니즘을 간단하게 정리하고 화학 파트 수업을 마무리한다.

|생물 파트| 마무리

교사 어떤 의사가 "인간의 역사는 미생물과 인간과의 싸움"이라고 얘기했는데, 그걸 분자적으로 보면 무엇이야?

학생 바이러스와······.

교사 왜 미생물과 인간과의 싸움이야? 미생물한테 뭐가 있으니까?

학생 돌연변이.

교사 그 돌연변이는 주로 무엇이 많이 유발해?

······(중략)

교사 RNA에서 주로, 특히 더 많이 유발하게 돼. 예를 들면, 미생물 중에 DNA 바이러스는 대부분 퇴치가 됐어. 근데 아직도 퇴치가 되지 않은 것이 뭐다?

새로운 약물 개발로 신종인플루엔자를 퇴치할 수 있을까?

다시 생물 파트 수업이다. 임 선생님은 학생들에게 활동지 7쪽에 제시한 문제를 풀도록 한다. '인플루엔자 바이러스의 변이와 그 원인들', '인간이 조류독감에 감염된 이유', '신종인플루엔자 퇴치 가능성'에 대해 생각해보는 것이다. 수업 동영상이 편집된 듯 바로 정리가 시작된다. 첫 번째로, 두 종류 이상의 바이러스 유전자가 뒤섞이는 재편성, 복제 시 발생하는 RNA 변이, 새로운 배열 혹은 조합으로 바이러스의 변이 원인들을 정리한다. 두 번째로, 조류와 인간의 독감바이러스 수용체를 모두 갖고 있는 돼지를 브로커Broker로, 1997년 홍콩에서 발생한 조류독감이 사람에게 감염된 이유를 설명한다. 세 번째, 첨단 생명과학기술에 의한 새로운 약물 개발로는 신종인플루엔자를 퇴치할 수 없다는 것이다. 그러면서 과학기술과는 다른 차원에서 이 문제에 접근해 볼 것을 제안한다. 사고의 전환을 주문하고 있는 것이다. '무엇이 우리를 두렵게 하는가?'라는 처음의 질문으로 다시 돌아가려는 것일까? 그러나 아쉽게도 수업 동영상은 여기서 멈춘다.

통합적 사고의 유연성

만만찮은 주제임에도 장시간의 집중과 몰입을 볼 수 있는 수업이다. 학생들은 시작부터 끝날 때까지 끊임없이 말하고 생각한다. 특별한 격식 없이 자연스럽게 말하고, 듣고, 질문한다. 수업의 리듬도 자연스럽다. 비디오 분석의 한계로 인해 학생들 개개인의 강도와 속도는 가늠할 수 없으나 전반적으로는 흐트러짐이 없다. 이런 에너지가 어디서 나오는 것일까? 학생들이 자신의 희망에 따라 선택한 교과라는 사실만으로는 설명이 부족할 것 같다. 고2 수업인 만큼 소집단 학습, 도전 과제, 협력, 경청 등 '배움의 공동체'로서 이우학교가 추구하는 수업 방식을 5년 가까이 경험한 학생들이기에 가능한 모습일 것이다.

그럼에도 타미플루의 작용 기전을 학습하는 과정을 보면, 곤란을 겪는 모습이 역력하다. 따라잡기 힘들어하는 모습도 더러 눈에 띈다. 상대적으로 화학 파트가 지나치게 깊이 들어가는 것이 아닌가 싶기도 하다. 그런 점에서는 난이도와 학생들의 지적인 소화력 간에 적절한 균형이 필요하다는 생각도 든다. 교과 통합에서 자기 파트를 지나치게 강조하거나 욕심을 내다 보면, 물리적 혹은 병렬적 수준의 통합을 벗어나지 못할 수 있다. 자칫 통합의 유연한 리듬과 효과를 기대하기 어려울 수도 있다는 말이다. 그렇게 되면 통합의 이유가 사라지게 되는 것이다. 물론 이 수업이 그렇다는 것은 아니다. 경계할 필요가 있다는 얘기다.

이 수업은 단절된 교과 일반과는 수업의 양상이 다르다. 일방으로 환원할 수 없는 '사이'가 만들어지는 까닭이다. 당연한 얘기지만, 이 수업은 생물 수업도, 화학 수업도 아니다. 생물과 화학은 있으나 단절된 교과의 형상은 사라진 것이다. 이는 분과의 해체인 동시에 분할의 경계를 넘어선 탈구축deconstruction을 의미한다. 기존의 분과를 넘어선 지식의 생성 혹은 구성, 이것이 통합의 이유이자 능력인 셈이다. 이 수업이 색다른 감응을 주는 것도 그런 이유 때문일 것이다. 그런 점에서 이 수업은 수업에 관한 다양한 상상력을 촉발한다고 할 수 있다. 사회과나 철학 혹은 정치적 담론과도 접속할 수 있을 것이다. 이렇듯 수업을 기존의 고정된 체계와 분할된 영역을 가로질러 의외의 '형상'을 창안할 수 있는 가변적인 것으로 볼 수 있게 만든다.

이우학교는 벌써 6년째 수업 개선을 중심으로 학교 개혁을 추구해 오고 있다. 이 수업은 최근 교육과정의 재구성과 프로젝트 학습에 힘을 쏟고 있는 이우학교 수업의 예고편이라고 해도 틀린 말은 아닐 것이다. 이 수업은 신종플루와 타미플루에 대한 과학적 접근을 중심으로 '바이러스와 인간'을 탐구하고자 하는 분명한 목표가 있다. 그와 같은 학습 과제를 제시한 만큼 분할된 혹은 폐쇄적인 교과의 경계를 가로질러 새로운 접속을 시도하고 있다. 이 수업을 깊이 있는 지식의 탐구와 횡단의 유연성이라고 요약해도 괜찮을 것이다. 그런 만큼 교사도 학생도 할당된 자리와 영역을 넘나드는 감각이 필요한 수업이다.

활동지에 제시한 과제도 만만치 않은 수준으로 보인다. 학생들은 수동적인 수용을 넘어 새로운 지식과 담론의 구성에 집합적으로 참여한다. 혼자서는 해결하기가 쉽지 않다. 그런 까닭에 협력이 필요한 것이다. 이런 수업을 하나의 과제에 여러 각도에서 다면적으로 접근한다는 점에서 '문제 중심의 학습Problem Based Learning' 혹은 소규모 프로젝트로 이해해도 괜찮을 것이다. 이와 같은 학습에서는 분과 지식을 기계적으로 적용하는 것이 아니라 그 지식들을 연결·종합하는 능력이 중요하다. 그리고 거기에는 분과 지식의 경계와 질서를 가로지르는 유연한 감각과 횡단적 사고가 필요하다.

한국의 공교육 일반에서 통합 수업은 쉬운 일이 아니다. 분과 교육 혹은 커리큘럼은 경험과 단절된 추상 개념의 과잉, 상호 연관성을 상실한 지식의 파편화, 배움의 역동적 과정이 생략된 평가의 절대화, 과도한 경쟁 등으로 인해 공부가 고역이 된다. 이와 같은 분과 교육이 어떤 주체를 길러낼 것인가? 부정적인 답을 피할 수 없을 것이다. 그런 점에서도 통합적으로 접근할 필요가 있다. 이 수업은 그런 식의 교과 수업 혹은 분과 지식의 경계를 횡단하고 있다. 그런 까닭에 주어진 분할의 체계와 질서로 인해 볼 수 없었던 것을 새롭게 볼 수 있는 배움의 공간을 창안할 수 있는 것이 아닐까? 이처럼 우리가 만들어가야 할 '수업의 정치학'이 있다면, 볼 수 있는 것을 볼 수 없게 만드는 분할의 체계와 질서를 문제 삼아야 하는 것이 아닐까?

교사, 실행자와 학습하는 전문가

교육과정 개발 및 재구성이나 학습 프로젝트와 관련해서도 생각해 볼 만한 수업이다. 지금은 '재량 활동'이나 '창의적 재량 활동' 등을 비롯하여 교육과정에 대한 단위 학교와 교사의 권한이 상당 부분 확대된 상황이다. 그럼에도 교육과정의 개발 및 재구성은 소극적인 수준에서 이루어지는 경우가 많다. 학습 프로젝트의 기획 또한 마찬가지다. 분과 수업 시스템, 평가와 입시의 중력 등 현실적인 제약들이 많은 까닭이다. 교육과정의 기획이나 실행과 관련하여 교사들의 전문성이 부족한 것도 사실이다. 그런 까닭에 교사들은 교육과정의 실행자 혹은 전달자의 위상을 넘어서기 어려운 것이다.

프로젝트 학습은 시간 제약을 비롯해 전술한 분과 수업 시스템의 한계를 넘어설 수 있는 방식이기도 하다. 그러나 대개는 활동 중심 체험학습에 경도되어 있는 경우가 일반적이다. 때문에 '체험'을 넘어선 '탐구'의 사례를 만나보기 어렵다. '체험'의 가치를 무시하려는 것이 아님을 굳이 부연할 필요는 없을 것이다. 그와는 달리 이 수업은 분명한 주제, 다면적인 접근, 팀워크, 완결성 있는 탐구라는 기획 혹은 디자인이 눈에 띈다. 신종플루와 타미플루라는 주제로 지적 탐구를 깔끔하게 매듭짓고 있다. 담당 선생님들은 학생들의 탐구를 안내하고 돕는다. 물론 학생들에게 권한이 크게 이양된 수업이라고 보기 어려운 측면은 있다.

교육과정의 개발 및 재구성이나 학습 프로젝트의 운영은 교사의 위치와 역할의 변화를 요청한다. 이우학교는 국가 수준 교육과정의 전달자를 넘어 교육과정의 개발 및 재구성자로 전문가적 역량을 축적해왔다. 그 과정에서 프로젝트 학습은 이우학교 교육과정의 재구성과 통합 지향이라는 흐름과 방향을 견인하는 구성과 확장의 벡터라고 할 수 있다. 이 수업은 교과 통합적인 재구성의 시도로 '바이러스와 인간'에 대한 심층 탐구를 목표로 하고 있다. 이는 교육과정의 실행자 혹은 전달자가 기획하기 어려운 수준이다. 이우가 추구하는 교과 혹은 교육과정 재구성, 프로젝트 학습은 이렇듯 교사의 위상 변화를 동반한다.

최근 수업 전문성에 대한 연구 동향을 보면, 교사의 역할을 '반성적 실천가'(Schön 1983, 1987)로 규정하면서도 교육과정 개발 및 재구성자, 내러티브적 탐구의 주체, 연계적 전문가 등으로 조금씩 초점을 달리한다.[6] 이러한 관점들은 공통적으로 교사 전문성에 대한 도구적 관점의 '기술 합리성technical rationality' 패러다임을 비판하고 있다. 교사를 단순히 '실행자'나 '전달자'로 보는 이와 같은 근대적 관념은 교사의 역할을 대안적으로 사유할 수 없게 만든다. 실행자나 전달자를 넘어선 교사들을 '기술 합리성'이란 관념 바깥으로 추방하고 배제하는 까닭이다. 결국 교사는 그와 같이 할당된 기능과 '자리'를 벗어나기 어렵게 된다.

이처럼 주체의 '자격'을 제한하고, 교사의 역할을 실행자와 전달자로 환원하는 이런 식의 관념이 오늘의 교사들에게 희망이 될 수는 없을 것이다. 이 수업에서 임 선생님과 박 선생님은 그와 같은 근대적 관념의 무능으로부터 벗어난다. 이 수업을 공동으로 기획한 임 선생님과 박 선생님에게서 '도구적 관념'에 포획된 실행자 혹은 전달자의 이미지를 찾아보기란 어렵다. 그와는 달리 '교육과정 재구성자', '수업 기획자', '연계적 전문가', '학습하는 전문가professional learner', '길잡이' 혹은 '조력자', '반성적 실천가'와 같은 이미지에 가깝다. 이처럼 이 수업은 수업 전문성과 관련하여 '기술 합리성'이라는 무능의 지대에서 새로운 능력을 창조하고 있다는 점에서도 생각할 거리를 제공한다.

생물 파트를 담당한 임 선생님에 따르면, 과학과 교사들의 연구모임에서 진행한 『조류독감』세미나에서 수업 주제와 관련한 아이디어를 얻었다고 한다. '배움의 연대'를 꿈꾸는 이우학교의 리듬을 짐작할 수 있는 에피소드이다. 수업 스타일은 교육적 이상, 그것을 추구하는 교사들의 공동성과 특이성, 교육과정의 운영 방식 등 다양한 층위들이 어울려 하나의 집합적인 리듬을 형성하면서 만들어진다. 이 수업은 여기에 교사들의 학습공동체를 또 하나의 특이적 성분으로 추가할 수 있을 것이다. 함께 공부하고, 토론하면서 '자기'를 넘어서려는 교사들이기에 기존의 규범과 익숙한 문법을 흔들어볼 수 있는 것이 아닐까?

이 수업은 '주제-탐구-표현' 모델을 따르고 있다.[7] 사토 마나부는 「배움의 쾌락」에서 '탐구'를 '통찰'과 '반성'과 '숙고熟考'의 과정으로 정의한다. 2010년 12월이면 신종플루에 대한 불안과 공포가 가라앉은 시기이긴 하나 여전히 관심을 가질 만한 주제다. 과학적 지식을 넘어 넓게는 '바이러스와 인간'을 탐구하고 있다. 그러나 과학적 지식의 탐구가 그 이상의 통찰로 경쾌하게 확장되지는 않는다. 임 선생님은 시종 "무엇이 인간을 두렵게 하는가?"라는 화두로 과학적 지식을 넘어선 통찰과 반성과 숙고를 주문하고는 있으나 이 수업은 과학적 지식의 탐구에 머무는 것처럼 보인다. 물론 수업 비디오에 담기지 않은 마지막 부분에서 화두처럼 던진 질문을 터치하고 있는지는 모를 일이다.

지식 탐구 자체의 즐거움을 넘어 '배움의 쾌감'을 기대하는 것은 이 수업의 맥락과 무관한 지나친 기대일지도 모르겠다. 그런 까닭에 새로운 시도임에도 여전히 아쉬움이 남는다. 지식을 깊이 있게 탐구하고는 있으나 '통찰의 쾌감' 혹은 '배움의 쾌감'에 이르지는 못하고 있다는 생각이 든다. 교사 간 혹은 교과 간 협력적 연계 기획을 볼 수 있는 다양한 후속편을 기대한다. 그런 과정 속에서 이우학교 수업과 교육의 잠재성potential이 현행화될 것이다. 본편들이 하나둘 곧 개봉되길 기대한다. 아니, 어쩌면 뒤늦게 수업을 보는 사이에 본편이 이미 개봉되고, 또 다른 질문과 탐색들이 시작됐는지도 모를 일이다.

6. 함영기, 『수업 전문성의 재개념화를 위한 실천적 탐색』, 한국학술정보(주), 54~56쪽.
7. 사토 마나부, 『교육개혁을 디자인한다』, 2001, 공감, 92~93쪽.

7.
새로운 교육 트렌드,
디베이트의 역습

최근 2년 사이 디베이트가 새로운 교육 트렌드로 등장했다. 바야흐로 디베이트의 시대가 도래한 것일까? 십 수 년 전에도 모 일간지에서 디베이트를 소개하는 기사를 본 적이 있다. 그때는 단지 '신문기사'였을 뿐 지금처럼 반향이 크지는 않았던 것으로 기억한다. 그런 반면 디베이트가 확산되고 있는 지금의 양상은 교실의 정체停滯와 무능을 질타하듯 가히 폭발적이다. 토론 문화가 빈곤한 한국사회에 불을 지핀 선두 주자는 바로 '투게더 디베이트 클럽'일 것이다. 발 빠른 지역 교육지원청에서는 교사, 학부모를 대상으로 강좌나 연수를 개설하고, 학생들이 참가하는 디베이트 대회를 개최하고 있다. 심지어는 유사 디베이트 교육 법인이나 학원들이 눈치 빠르게 명함까지 내밀고 있다.

조경삼 선생님의 수업에서도 디베이트의 확산 속도를 실감할 수 있다. 선생님은 2011년에도 초등학교 6학년 역사 수업을 디베이트로 진행한 경험이 있는 분이다. 올해는 초등학교 4학년 2학기 국어과 교육과정을 재구성하여 상당 부분을 디베이트 수업으로 진행하셨다고 한다. 그러니까 개인적으로는 조 선생님의 디베이트 수업을 두 번째 보는 셈이다. 디베이트 수업은 현재 '진행형'이라서 따져볼 수 있는 거리를 확보하기가 쉽지 않다. 게다가 조 선생님이 핸들링하고 있는 퍼블릭 포럼 디베이트도 그리 익숙한 포맷은 아닐 것이다. 따라서 함께 공부한다는 생각으로 수업의 흐름을 따라가며 디베이트 수업의 '현재'를 조망해볼 계획이다. 디베이트가 과연 '교실'을 밝히는 청신호가 될 수 있을까?

수업 보기

준비 시간 20분! 학생들이 저마다 디베이트 준비로 분주하다. 앉아서 메모를 하거나 팀 동료에게 다가가 의논을 하느라 여념이 없다. 몇몇 학생들은 부지런히 노트북 자판을 두드린다. 준비가 다 된 듯 여유 있게 기다리는 학생도 눈에 띈다. 각기 네 명으로 구성된 찬반 팀이 서로를 마주 보고, 각 팀의 뒤쪽에는 지원단이 배치되어 있다. 교실 뒤편에는 세 명의 판정단이 자리하고 있다. 판정단은 디베이트를 진행하는 역할도 함께 수행한다. 교실 앞쪽의 화이트보드에는 제5회 디베이트의 주제와 순서가 안내되어 있다.

입안

상준 여러분 안녕하십니까? 이번 토론 사회를 맡은 이상준입니다. 오늘은 '영어 공용화를 추진해야 한다'는 논제를 가지고 디베이트를 하려고 합니다.

상준이가 시작을 알리고, 각 팀의 대표들이 간단히 팀을 소개한다. 이어 판정단의 수연이가 "감정적인 태도나 의견은 지양하고, 가능한 많은 학생들이 논리적으로 발표하길 바란"다고, 또 "최선을 다해 객관적으로 평가"하겠다고 말한다. 이어 상준이의 진행에 따라 반대 측에서는 태하가, 찬성 측에서는 다빈이가 각 팀의 입장을 발표한다. 우선 양측의 입장을 간단하게 요약하면 아래의 표와 같다.

반대 측 입안(먼저 발언, 태하)	찬성 측 입안(나중 발언, 다빈)
영어 공용화를 강력히 반대한다. 첫째, 사회적 혼란을 초래할 수 있기 때문이다. 영어 교육을 받지 못한 구세대와 영어 교육을 받은 신세대 간에 갈등이 생길 수 있다. 둘째, 영어를 잘 못하는 구세대가 영어를 잘하는 신세대와 대화를 잘 못하게 된다. 셋째, 영어를 공부하려면 학원비가 많이 든다. 넷째, 우리말의 표현이 다양하고 풍부하다면 영어는 제약이 있기 때문이다.	영어 공용화를 추진해야 한다. 첫째, 외국에서 의사소통이 편리하기 때문이다. 많은 사람들이 쓰기 때문에 영어를 배우면 의사소통이 편리하다. 둘째, 학교에서 공부하게 되므로 영어를 배우는 데에 필요한 교육비가 줄어들기 때문이다. 셋째, 영어를 공용화하면 한국의 문화나 말이 사라질 것이라고 생각하지만 다르게 생각해 보면 외국에 가서 한국의 문화를 알릴 수 있다.

반대 측의 태하는 '사회적 혼란', '신구 세대 간의 갈등', '학원비 증가', '영어 표현의 제약'을 근거로 제시한다. 그런데 첫 번째와 두 번째 이유는 인과 관계를 형성하나 별 차이가 없는 듯하다. 네 번째 이유는 '한글의 우수성'에 대해 말하는 것으로 보인다. 우리말은 파란색을 '푸르스름하다', '파랗다', '하늘색' 등으로 다양하게 표현할 수 있는데, "영어는 'blue'라는 한 가지 말밖에 없다"는 것이다. 찬성 측의 다빈이는 '편리한 의사소통', '영어 교육비 감소', '한국 문화의 전파'를 근거로 제시한다. 당연하게도 양측은 입장의 배치에 따라 입안의 근거를 '영어 공용화'의 단점과 장점에서 찾는다. 흥미롭게도 '학원비의 증감'에 관한 양측의 판단이 상충한다.

교차 질의

태하 영어 교육비가 감소한다고 하셨는데, 어린이들은 한 번 듣고 어떤 뜻인지 이해하지 못하기 때문에 영어 학원에 더 많이 다니게 됩니다. 그래서 영어를 다 배울 때까지 학원에 나너아 하고,

그러려면 교육비가 더 많이 드는데 이거에 대해 어떻게 생각하십니까?

다빈 어차피 영어가 공용화되면 학교에서 가르치기 때문에 영어 학원비는 걱정하지 않아도 될 것 같습니다.

다빈이가 상대편이 사용하는 용어의 뜻을 확인한다.

반대 측의 질문을 시작으로 양측 입안자들의 교차 질의가 바로 이어진다. 상대편의 입장을 확인하거나 약점을 드러내기 위한 질문과 답변이 오간다.

"아까 '심화'라고 하셨는데 심화의 뜻이 무엇인가요?"

다빈이가 태하에게 묻는다.

"더 악화가 된다는 뜻입니다."

태하가 간단하게 답한다. 상대편을 공략하기보다는 낱말의 뜻을 확인하려 한 것으로 보인다.

"시력이 좋으면 영어를 잘 할 수 있다고 하셨는데, 왜 시력이 좋으면 영어를 잘한다고 생각하십니까?"

다빈이의 질문이다.

이에 대해 태하는 "노인들이 영어의 소문자를 보기가 힘들고, 또 기억력이 안 좋아서 무리가 따를 수 있다"고 답한다. 이처럼 논점을 다소 벗어나는 공방이 오가기도 한다.

그러던 중 태하가 질문 타이밍을 잡는다.

"다른 나라에서 영어를 쓴다고 우리나라도 한국어를 버리고 영어를 사용한다는 것입니까?"

'영어 공용화'를 모국어 포기 혹은 대체 개념으로 오인한 듯하다. 태하의 자충수다. 이를 놓칠세라 다빈이는 "영어 공용화는 영어만 쓰는 게 아니고 한글과 같이 쓰는 것이기 때문에 한글은 사라지지 않을 것"이라고 대응한다. 상대방의 허점을 드러내는 다빈이의 센스와 순발력이 돋보인다. "영어를 학원에서 배워야 한다고 하셨는데, 영어를 공용화하면 학교에서 배울 수 있다"고 다빈이가 논박을 이어간다. 태하가 답변을 시작하자마자 교차 질의 시간이 종료된다.

반박

다음은 반박 순서다. 먼저 발언해야 할 반대 측이 준비가 안 된 듯 2분간의 준비 시간prep time을 요청한다. "아, 뭐 하냐고." 걱정이 되는 듯 팀의 동료가 약간 짜증을 낸다. 그러면서도 팀원들끼리 모여 상대 측 주장의 허점을 찾고, 대응할 방법을 모색한다. 찬성 측 팀원들도 바로 모여서 의논을 한다. 노트북으로 미리 정리해둔 문서 파일을 살펴보기도 하고, 서로 상의하며 반론을 준비하기도 한다. 포스트잇을 활용하여 메모를 하는 등 모두가 바쁘게 움직인다. 지원단도 합세하여 반론 준비를 돕고 있다. 시간이 금방 지나가고, 찬성 측과 그 지원단 학생들이 감점을 의식한 듯 자리로 돌아간다. 판정단의 타이머가 준비 시간이 종료되었음을 알린다. 이때 반대 측에서 시간이 더 필요한 듯 1분간 연장을 요청한다. 그러고는 서로 의논을 해가며 메모하느라 여념이 없다. 선생님께 '요약' 순서와 관련하여 궁금한 것을 여쭤보는 친구도 있다. 판정단의 타이머가 다시 종료를 선언한다.

이윽고 사회자의 진행에 따라 반박이 시작된다. 먼저 반대 측의 성준이가 반론자로 나선다.

"아까 통역이 쉽다고 하셨는데, 이것은 더 어려운 것 같습니다."

말문을 열고는 성준이가 갑자기 자리에 앉는다. 팀 동료와 나누어 하기로 한 듯하다. 민규가 반박을 이어간다.

"찬성 측에서는 학원에서 부담하는(내는) 돈은 학교에서 하면 되니까 문제가 없다고 말씀하셨는데요. 학교에서 해도 그 많은 돈을 국가에서 부담하는 게 됩니다."

국가가 더 큰 비용 부담을 떠안게 된다는 것이다. 이어 성준이가 발언한다.

"예를 들어 외국에서는 우리가 아는 영어 발음을 사용하지 않고 더 어려운 발음을 사용합니다. 이것을 어떻게 생각하십니까?"

반박을 질문으로 처리한 탓에 팀 동료들이 만족스럽지 못하다는 반응을 보인다. 성준이도 자기 실수를 감지한 듯 어색한 웃음으로 말꼬리를 흐린다. 상대편에서 세 번째 근거로 제시한 '한국 문화 전파'와 관련해서는 별다른 대응 없이 끝낸다.

승헌이와 미진이가 '반박'을 준비하기 위해 리서치한 자료를 살펴보고 있다.

이때 찬성 측에서 준비 시간을 요청한다.

"아 살았다. 쓰는 데 시간 많이 걸리는데."

"빨리 써."

반대 측에서도 시간이 필요했던 모양이다.

"민규, 아까 뭐랬어. 다시 한 번 말해봐. 아까 반박했던 거 못 들었어."

반대 측의 요약을 맡은 상기의 요청인 듯하다.

"이런 쓸데없는 거."

"우리가 벌점 받을 만하지."

반대 측에서 불만스러운 대화가 오간다. 찬성 측 친구들은 메모를 하거나 모여서 의논을 하느라 분주하다. 뒤쪽의 판정단도 양측의 감점 요인을 분석하고, 의견을 주고받으며 심사를 진행하는 등 맡은 역할을 수행하느라 바쁘다. 시간을 재던 타이머가 종료를 선언하자 찬성 측에서 1분간의 연장을 요청한다. 긴장된 분위기가 인상적이다. 승헌이와 미진이는 리서치한 자료를 함께 살펴가며, '반박'을 준비하느라 연필을 바쁘게 움직인다. 판정단도 심사를 진행하는 듯 의견을 주고받는다. 타이머가 연장 시간이 종료되었음을 알린다. 이제 찬성 측이 반박할 차례다.

승헌 찬성 측 반박을 맡은 김승헌입니다. 첫 번째 우리나라 말인 한글을 지키려면 영어 공용화를 추진하면 안 된다고 하셨는데, 영어를 배워 외국에 가서 한글과 한국의 문화와 전통을 알릴 수 있습니다. 그렇게 우리의 문화를 알려 많은 사람들이 우리의 문화를 보러 오면 수입이 더 늘어날 수 있습니다. 두 번째는 영어를 공용화하면 영어가 경쟁이 되어 조금 더 배우기 위해 영어 학원에 다니는 학생이 늘어 영어 비용이 든다고 하셨습니다. 하지만 영어 공용화를 추진하면 교육비는 더 줄어들 것입니다.

이처럼 찬성 측의 승헌이는 두 가지 측면에서 반론을 내놓는다. "한글을 지키기 위해 영어 공용화를 추진하면 안 된다"는 주장에 대해서는 "영어를 배워 외국에 한글과 우리 문화와 전통을 알릴 수 있다"고 반박한다. 영어 공용화의 강점을 부각시키려는 논리다. 그리고 더 배우기 위해 영어 학원비가 늘어날 것이라는 반대 측의 주장에 대해서는 학원에 다닐 필요가 없어 오히려 "영어 교육비가 더 줄어들 것"이라고 말한다. 사교육비 감소를 강조하나 '국가가 더 큰 비용 부담을 떠안게 된다'는 반대 측의 지적에 대해서는 적절히 대응하지 못한다. 뿐만 아니라 상대편에서 거론한 '신구 세대 간의 갈등'이나 '영어 표현의 제약'에 대해서는 반론 제기 없이 반박을 끝낸다.

교차 질의

민규 영어 공용화를 하면 아예 학원에 다닐 필요가 없다고 하였는데요. 처음에 영어 공용화를 시작할 때 드는 비용은 학원에 다녀야 하지 않을까요?

승헌 꼭 학원에 다니는 게 아니라 학교에서도 배울 수도 있을 것입니다. 영어 전문가나 영어를 잘 아는 사람들에게 공짜 아니면 돈을 조금씩 내고 배우면 됩니다.

반박에 이어 바로 교차 질의가 시작된다. 먼저 반대 측의 민규가 질문을 던진다. 영어 '교육비'를 둘러싼 양측의 공방이다. 양측의 이어지는 질문과 답변을 다듬어 순서대로 정리하면 다음의 표와 같이 요약할 수 있다.

반대 측(발언자 : 민규, 성준)	찬성 측(발언자 : 승헌)
답변(민규) : 한국말을 같이 쓴다 해도 영어가 습관이 되면 점차 한국말이 사라질 염려가 있다.	질문 : 한국어는 우리의 민족(?)이 담긴 것이라고 했는데, 한국어랑 영어를 같이 쓰는 것이니 문제 될 것이 없지 않은가?
질문(성준) : 우리 문화를 알리려면 우리부터 우리 문화를 써야 하는 것이 아닌가?	답변 : 아까도 말했듯이 한국어가 아예 없어지는 것은 아니다.
답변(민규) : 한국말을 쓴다고 해도 젊은 층들은 영어를 많이 쓰기 때문에 점차 한국어 사용이 줄어드니까 문제가 될 것이다.	질문 : 노인들이 영어를 못해도 노인과는 한글로 말하면 되지 않을까? 영어 공용화는 영어와 한국어를 같이 쓰는 것이다.
질문(민규) : 학교에서 영어를 하게 되면, 그 비용을 국가가 부담하게 되는 것이 아닌가?	답변 : 국가에서 부담을 한다고……(답변을 시작하자마자 시간이 종료된다).

교차 질의 중간에 반대 측의 성준이가 질문을 할 때 찬성 측에서 연거푸 다시 말해줄 것을 요청한다. 잘 알아듣지 못한 모양이다. 이를 답답하게 여긴 듯 반대 측의 요약을 담당한 상기가 불쑥 끼어든다.

"우리 문화나 우리말을 쓰자는……."

그러나 감점을 의식한 듯 팀 동료가 상기의 개입을 제지한다. 결국은 성준이가 발언을 마무리한다. 판정단은 토론 상황을 주시해가며 부지런히 메모를 하거나 양측의 점수를 체크하고 있다. 시간이 다 되어가는 듯 타이머가 '1분'이라고 쓰여 있는 카드를 들어 보인다.

요약

다음은 요약의 순서다.

"안녕하세요. 저는 이번 논제에서 요약을 맡은 권상기입니다."
반대 측이 먼저 발언한다.

반대 측의 요약 발언.

상기 영어 공용화 추진에 반대하는 네 가지 근거를 요약하겠습니다. 첫 번째, 한국어는 우리 민족만의 전통이 담긴 것이므로 영어를 국어로 사용하면 많은 사회적 혼란 및 사회적 문제가 생길 수 있습니다. 두 번째, 영어를 잘 배우지 못하는 노인들은 영어를 잘 배우는 젊은 사람들과 대화를 하지 못한다는 점입니다. 세 번째, 많은 사람들이 영어를 배우기 위해 학원을 다니게 되면서 학원비가 많이 든다는 것입니다. 다음은 찬성 측 요약. 첫 번째, 영어를 알면 외국에서 의사소통이 편리하다. 두 번째, 영어 공용화를 추진하면 학원비가 필요 없다. 세 번째, 외국에 가서 한국의 문화를 알릴 수 있다. 그리고 반대 측 반박 요약. 외국과 우리나라의 영어 발음이 달라서 의사소통이 힘들다. 영어 공용화가 되면 영어를 배우는 돈을 국가에서 부담한다. 찬성 측 반박 요약. 영어를 배워 우리나라의 문화를 외국에 알릴 수 있다. 영어 공용화를 추진하면 학원비가 필요 없다. 이래서……. 아, 뭐였지?(머리를 긁적인다.) 이래서 강력히 반대합니다.

상기는 입안에서 반박까지 양측의 주장과 반론을 평면적으로 나열한다. 토론의 쟁점이나 핵심 논점을 자기 팀에 유리하게 요약하거나 상대편의 약점을 드러내지는 못한다. 자기 팀에게 불리한 논리를 보완하거나 강점을 드러내는 발언도 보이지 않는다. '요약'을 말 그대로 짧게 줄여서 말하는 것으로 이해한 듯 보인다.

> **미진** 안녕하세요? 저는 찬성 측 요약을 맡은 김미진입니다. 저희는 '외국에서 의사소통이 편리하다', '영어 교육비가 줄어든다', '외국에 가서 한국 문화를 알릴 수 있다'라고 했습니다. 이에 반대 측에서는 '한국어는 민족의 전통으로 젊은 사람이 노인들과 대화를 못 한다', '영어의 뜻이 적다(?)'라고 하였습니다. 그리고 반대 팀은 한국의 민족의 전통이라는 것에 대해서 '우리의 전통을 잊고 외국에 가서 우리문화를 알릴 수 있다는 것이냐'라고 반박하였습니다. 이것은(우리 팀의 주장은) '우리나라에서 영어를 배워 외국에 가서 우리의 문화를 알릴 수 있다는 것'입니다. 그렇게 되면 영어는 우리의 문화를 없애는 것이 아니라 자기네 나라의 전통을 자랑하는 수단이 될 것입니다. 그러니 영어 공용화를 추진하는 것이 더 낫다고 생각합니다.

찬성 측의 요약이다. 발언자로 나선 미진이도 일단 양측의 주장을 요약한다. 이 점에서는 반대 측과 별다른 차이가 없다. 그러나 '한국의 전통 혹은 문화의 전파'와 관련해서는 쟁점을 짚어가며 자기 팀에 유리하게 논점을 정리한다. "영어는 우리 문화를 없애는 것이 아니라 전통을 자랑하는 수단이 될 것"이라며 상대편의 논리적 약점을 드러내고 있는 것이다. 디베이트에서 요구하는 입체적인 요약에 가까운 모습이다. 이로써 요약 발언이 끝난다.

전체 교차 질의

상준 두 분 수고하셨습니다. 그럼 모두가 참여하는 전원 교차 질의 후 마지막 초점을 듣도록 하겠습니다. 교차 질의는 3분입니다.

반대 측(발언자:태하, 현우, 민규)	찬성 측(발언자:미진)
태하:아까도 말했지만 영어 공용화가 되면 영어 학원에 다니는 비용이 든다. 그럼에도 영어 학원에 안 다녀도 된다고 주장하는데, 어린이는 한번 듣고 무슨 뜻인지 모른다. 이에 대해 어떻게 생각하는가?	미진:학교에 다니니까 공용화가 되면 학교에서 선생님들이 매일 매일 가르치기 때문에 걱정하지 않아도 될 것 같다.
현우:다른 나라와 친해질 수 있다고 했는데, 전 세계가 다 외국어(영어)만 쓰는 게 아니라서 외국어(영어)를 쓴다고 해서 친해질 수 있는 것은 아니라고 생각한다.	미진:외국과 의사소통이 잘 되어 더 친하게 지내면 한국 문화를 더 잘 알릴 수 있을 것 같은데 어떻게 생각하는가?
민규:학원이 아니고 학교에서 배운다고 했는데, 학교에서 배우려면 교육비가 더 많이 들어갈 텐데, 그거를 뒷받침해줄 돈이, 한꺼번에 공용화를 하면 할 수 있을까?	미진:학원에 한 달에 몇만 원씩 주는(내는) 것보다 같이(합쳐서) 학교에 주는(내는) 것으로 하면 걱정할 필요가 없다.

양측의 교차 질의를 요약한 내용이다. '교육비 부담'과 '의사소통'을 쟁점으로 질문과 답변이 번갈아 오간다. 반대 측은 '교육비'를, 찬성 측은 '의사소통'을 초점으로 상대편을 공략한다. 그리고 양측 모두 이유가 있는 답변을 제시하고 있다. 그러나 상대편의 질문이나 답변을 맞받아 역공을 펼치는 모습은 보이지 않는다. 양측의 발언 순서도 정해져 있는 것으로 보인다. 그런 까닭인지 교차 질의가 다소 단조로운 인상을 준다.

마지막 초점

준비 시간. 양측 모두 마지막 초점을 준비
하느라 분주하다.

　전체 교차 질의가 끝나고, 상준이가 마지막 초점을 진행하려고 한
다. 이때 반대 측에서 1분간의 준비 시간을 요청한다. 양측 모두 팀 동
료들과 모여 마지막 초점을 준비하느라 바쁘다. 타이머의 종료 선언과
함께 자리가 정리되고, 반대 측이 먼저 마지막 초점을 발표한다. 반대
측이 발언을 마치자 찬성 측에서도 준비 시간을 요청한다. 팀 동료들
과 의논을 마치고, 드디어 경민이가 마지막 초점을 발표한다. 양측의
마지막 초점을 그대로 옮기면 다음과 같다.

　반대 측은 '세대 간의 갈등과 분열', '학교에서 생길 수 있는 문제'를
초점으로 반대 입장을 피력한다. 찬성 측은 '의사소통과 그 효과', '학
원비 절감'을 강조하며 마지막 초점을 발표한다. 판정단 친구들이 어
느 팀의 발언을 좀 더 설득력 있게 받아들였을지 궁금하다.

판정과 강평

　세 명으로 구성된 판정단 학생들이 머리를 맞대고 의논을 하고 있
나. 찬반 측 베스트 디베이터를 선정하려는 것이다.

　"오늘 디베이트에 참여한 여러분 모두 수고 많으셨습니다."

반대 측(발언자 : 현우)	찬성 측(발언자 : 경민)
'영어 공용화를 추진해야 한다' 라는 논제로 디베이트를 하고 있습니다. 이 논제에 대하여 강력히 반대합니다. 그 이유는 영어를 잘 배우지 못하는 노인들은 영어를 잘 배우는 젊은 사람들과 대화를 하지 못한다는 점입니다. 노인들은 똑같이 기억력과 시력이 좋지 않아서 영어를 배우는데 큰 지장이 있을 것으로 생각됩니다. 그러므로 영어를 배운다고 해도 정확히 배우지는 못합니다. 그 시점에서 젊은 사람들은 기억력과 시력이 좋아서 영어를 잘 배울 것입니다. 그렇게 되면 영어를 잘 못하는 노인들과 잘하는 사람으로 우리나라는 또 분열이 될 수가 있습니다. 이런 식으로 영어 공용화가 되면 학교에서 생기는 일도 만만치 않을 것입니다. 학교에서 영어를 잘하는 사람과 못하는 사람으로 나뉘어서 힘들어할 것입니다. 그리고 우리같이 작은 나라는 다 합쳐도 모자랄 판인데, 이런 것에서 분열이 되면 우리나라는 과연 강한 나라가 될까요? 저는 이러한 이유가 많은 사람들에게 받아들여질 것이라고 굳게 믿습니다.	안녕하세요? 저는 찬성 측 마지막 초점을 맡은 김경민입니다. 우리나라가 더 발전하려면 외국과 의사소통이 통해야 합니다. 왜냐하면 외국과 교류를 하면 더 친해지고, 한국문화도 알리고, 우리나라도 더 발전하니 1석 3조입니다. 또 학원비도 적게 듭니다. 왜냐하면 학원을 다니는 많은 학생, 사람들이 있으니 학원비용도 줄어듭니다. 그러므로 우리는 영어 공용화를 추진해야 한다고 생각합니다. 감사합니다.

의논이 끝난 듯 판정단의 진행자 상준이가 말문을 연다. 가장 적극적으로 참여한 베스트 디베이터는,

"찬성 측 김승헌, 반대 측의 박민규입니다. 축하합니다."

이어 판정단 대표 수연이가 디베이트에 대한 판정 결과를 발표한다.

수연 반대 측은 전체적으로 태도가 좋지 않았고, 찬성 측은 반박과 마지막 초점이 짧아서 시간을 낭비했습니다. 이렇게 해서 120점 만점에 찬성 측은 40점, 반대 측은 46점으로 반대 측이 승리하였습니다.

태하의 표정에는 승리를 거둔 기쁨이 가
득하다.

　판정단의 발표가 채 끝나기도 전에 반대 측에서 환호성이 터진다.
반대 측의 입안자로 활약한 태하는 일어나 소리를 지르며 동료와 손
뼉을 맞부딪힌다. 팀원들의 얼굴에는 승리를 거둔 기쁨이 가득하다.
　"진정해주시기 바랍니다."
　판정단의 수연이가 반대 측을 향해 진정해달라고 말한다.
　"저렇게 하면 안 되지. 우리가 이겼을 때도 그렇게까지 안 했는
데……."
　불쾌한 듯 찬성 측의 미진이가 한마디 던진다.
　"너도 그러면 안 되지."
　상민이가 받아친다.
　"첫 승이라서 그래."
　한 친구가 웃으며 끼어든다. 이어 찬반 양측에서 각 팀의 토론을 잘
지원해준 친구를 발표한다. 반대 측에서는 준성이를, 찬성 측에서는
서인이를 뽑았다.
　이로써 학생들이 디베이트를 마무리하고, 조경삼 선생님이 강평을
시작한다. 먼저 '학원비'가 쟁점이 된 입안에서는 양측 모두 근거가 부
실했다는 점을 지적한다. 리서치 과정에서 초등학교 영어 교육 시행
이후의 '학원비' 증가에 관한 통계자료를 찾아 활용하지 못한 점이 아
쉽다는 것이다. 그리고 반대 측에서 근거로 제시한 '한글의 우수성'은

주제와의 관련성이 부족한 것 같다는 점도 덧붙여 말한다. 때문에 입론의 우열을 가리기가 어려웠다는 것이다. 반박 부분에서는 반대 측의 발언자들이 "서로 다른 이야기를 하고, 한 사람이 못하고 다른 사람이 이야기한" 점이 감점의 요인이 되었을 것이라고 말한다. 준비가 부족했다는 지적이다. 찬성 측은 반대 측 논거에 대해 두 가지밖에 대응하지 못해서 나머지는 인정하는 것으로 받아들여질 수 있다는 점을 짚어준다. 반대 측의 네 가지 논거에 대해 빠짐없이 반박할 필요가 있다는 것이다.

> **교사** '전통을 살리려면 우리부터 써야 하는 것 아니냐?'라는 질문은 예리해서 참 좋았고요. 거기에 대한 답변, '한글을 우리가 언제 쓰지 말자고 했느냐, 영어 공용화는 한글을 쓰지 말자는 게 아니다.'라는 답변도 대응을 잘한 거 같아요.

교차 질의에 대한 강평이다. 상대방의 허를 찌르는 질문과 '공용화' 개념과 관련한 이중 의미의 오류를 바로잡은 답변에 대한 칭찬이다. 조경삼 선생님은 강평을 잠깐 멈추고, 전원 교차 질의 때 아쉬워했던 상기에게 발언할 기회를 준다.

"상기 준비됐으면 그거 다시 들어볼 수 있을까요?"

상기를 배려하려는 것이다.

> **상기** 영어 공용화를 추진하면 학원비가 필요 없다고 했잖아요. 학원비가 필요 없다면 영어 학원들은 거의 안 한다는 거고, 그럼 그 학원의 강사는 일자리를 잃을 것 같은데요.
> **경민** 그렇게 되면 영어 강사들은 영어 학원에 (취업)하지 않고, 영어

공용화를 하면 영어를 강화한다는 것이니까 학교에 들어와서 돈을 벌면 될 것 같습니다.

이어 조경삼 선생님은 학생들에게 영어를 공용어로 쓸 경우 학교에서 공부하는 모습이 어떻게 달라질까 상상해보자고 주문한다. "누가 막 주면, Thank you!" 상준이의 말에 학생들이 가볍게 웃는다.

"야, 원래 그러잖아. 너."

미진이가 대꾸한다.

"쉽게 생각해서 반반을 쓴다고 생각해보세요. 시험 문제도 반은 영어고, 반은 한글이고. 디베이트도 영어로 한다고."

선생님의 질문에 여기저기서 왁자하게 대답을 쏟아내지만, 감 잡기가 쉽지 않은 모양이다. "주제가 어렵다 보니까 여러분들이 영어 공용화의 실제 모습을 상상하지 못한 것은 아닌가 생각해서 이 이야기를 했어요."

이렇게 이야기를 마무리하고, 다시 강평을 이어간다.

"마지막 초점은 상당히 기울었어요."

한 가지 초점을 잡아 부각시킨 반대 측의 '마지막 초점'이 좋았다는 것이다. 반면 찬성 측은 "소통, 교류 그거 하나만 붙잡고…… 초점화했으면 좋지 않았을까?" 싶다는 평가다. 그리고 지난번 디베이트보다 반박 부분이 나아졌다고 칭찬하며 강평을 마무리한다. 학생들은 아쉬운 듯 소감을 풀어놓는다.

"너무 좋아해서 별로였어요. 솔직히 저희 첫 승 했을 때 그렇게 좋아하지 않았는데……."

미진이는 불만이 풀리지 않은 듯하다.

"얘네(반대 측)는 자세나 태도가 안 좋은데요, 얘네(찬성 측)는 준비

선생님이 지난 번 디베이트보다 반박 부분이 나아졌다고 칭찬하며 강평을 마무리한다.

나 내용이 안 좋아서."

판정단의 상준이도 한마디 한다.

"그런 내용들을 아예 심사평에 넣지 그랬어요."

"다음번 심사 때는 그렇게 해주세요."

선생님의 조언이다.

"만점이 120점인데, 어떻게 점수가 40점이에요."

미진이는 판정 점수도 불만인 모양이다.

"그러게. 감점이 좀 많네요."

선생님이 가볍게 감싸준다.

"맞아. 나빠."

미진이의 불만이 여전하다.

"아냐. 주제가 어려운 거야."

재인이가 툭 던지는 말이 인상적이다. 사회자가 다음 디베이트 날짜와 주제를 안내하며 수업이 끝난다.

논리, 사고의 필터

18대 대선을 앞두고 곰TV가 생중계하는 맞짱토론이 세간의 화제가 되고 있다. 프리스타일 디베이트(?)로, 대표적인 진보 논객인 진중권 교수와 변희재 대표를 필두로 한 보수 논객들 간의 맞짱토론이다. 사망유희! 1970년대 액션 무비스타 이소룡의 영화 제목을 본뜨고 있다. 흥행을 고려한 듯 재미있는 네이밍이다. 1, 2차 토론 관전 소감부터 밝히자면, 그리 흥행에 성공할 것 같지는 않다는 것이다. 혹 변수가 있을지는 모르겠다. 물론 여기서 토론을 분석하거나 평가하려는 것은 아니다. 다만 한두 가지 인상을 말하자면, 1차 토론에서는 팩트와 관련하여 '리서치'가 중요하며, 2차 토론에서는 토론에도 '규칙'이 필요하다는 당연한 상식을 확인할 수 있었다. 우리 사회의 토론문화를 확인한 것 같아 씁쓸할 뿐이다.

디베이트Debate는 규칙이 분명한 토론이다. 토론의 절차와 요령, 시간과 순서 등을 세밀하게 제시한다. 그런 까닭에 당연하게도 프리 스타일과는 매우 다른 양상으로 토론이 전개된다. 조경삼 선생님이 핸들링하고 있는 방식은 퍼블릭 포럼 디베이트 포맷이다. 수업에 많이 활용하는 포맷으로 찬반 입장을 선택하는 동전 던지기, 입안 Constructive Speech, 교차 질의Crossfire, 반박Rebuttal, 교차 질의Crossfire, 요약Summary, 전체 교차 질의Grand Crossfire, 마지막 초점Final Focus의 순서로 진행된다. 그리고 스포츠 경기의 작전타임과 유사하게 토론 도중에 준비 시간을 활용할 수 있다. 준비 시간은 상대편이 신청한 경우에도 활용이 가능하다. 순서별 시간 배분은 다음과 같다.

퍼블릭 포럼 디베이트는 개인 토론이 아닌 팀 토론으로 준비 시간까지 포함하여 37분가량 소요된다. 수업에 활용하기에 알맞은 포맷이다. 토론 절차와 순서의 배치가 학생들의 순발력과 센스, 집중력을 기르는 데 도움을 주는 형식이기도 하다. 이 수업을 보면 그 실제 모습을 확인해볼 수 있다. 수업의 흐름을 요약하자면 대략 이렇다. 우선 디

퍼블릭 포럼 디베이트 포맷[8]

먼저 발언하는 팀	나중에 발언하는 팀
입안 4분	입안 4분
교차 질의 3분	
반박 4분	반박 4분
교차 질의 3분	
요약 2분	요약 2분
전체 교차 질의 3분	
마지막 초점 2분	마지막 초점 2분

*준비 시간prep time-팀당 2분

베이트 주제를 미리 안내하고, 학생들이 리서치를 수행한다. 당일 디베이트를 하기 전에 '동전 던지기'로 찬반 입장과 발언 순서를 정하고 팀별로 준비 시간을 갖는다. 이어 실제 디베이트를 진행하고, 판정과 강평으로 수업을 마무리한다. 주제의 배경에 대한 설명을 비롯하여 디베이트 코치, 즉 선생님과 함께하는 다른 절차들도 있으나 이에 대한 설명은 생략하기로 한다.

벌써 5회째 진행하는 디베이트고, 토론에 앞서 리서치가 이루어진 만큼 입안은 무리 없이 진행된다. 반대 측은 '영어 공용화'의 단점을, 찬성 측은 장점을 입안의 근거로 제시한다. 양측 모두 입장의 배치에 따라 입안의 근거를 찾고 있으며, 흥미롭게도 '교육비 증감'에 관한 판

단이 상충한다. 그러나 주장을 뒷받침하는 근거가 다소 빈약해 보인다. 조경삼 선생님도 수업의 말미에서 강평한 것처럼 '교육비 증감'과 관련하여 설득력 있는 팩트, 즉 관련 사례나 통계와 같은 데이터를 빠뜨린 까닭이다. 때문에 학생들은 입안에 이어지는 교차 질의와 전체 교차 질의에서 '교육비 증감'의 문제를 반복해서 불러내게 된다. 그러나 상대편을 제대로 공략하지 못한 채 쟁점이 소멸하고 만다.

'교육비 증감'에 관한 판단의 근거 혹은 출처를 캐묻는 질문이 등장하지 않는 것도 그런 사정과 관련이 있을 것이다. 학생들이 아직은 팩트에 접근하는 요령이 부족한 것일까? 팩트에 대한 접근력을 길러줄 필요가 있다. 한편으로는 "아냐. 주제가 어려운 거야"라고 말하는 재인이의 한마디가 기억에 남는다. '영어 공용화'는 초등학교 4학년 학생들이 다루기에 다소 버거운 주제가 아닐까? 상대편의 근거를 조목조목 반박하지 못하는 이유도 거기에 기인하는 것으로 보인다. 때문에 새로운 쟁점을 형성하며 토론의 열기가 증폭되지는 않는다. 그런 점에서 디베이트 주제 개발도 소홀히 할 수 없는 숙제이다. 학생들의 수준에 맞게 주제의 난이도를 고려할 필요가 있다는 것이다.

입안에 이어 진행되는 교차 질의에서는 다빈이의 센스와 순발력이 단연 돋보인다. 반대 측의 태하가 "한국어를 버리고 영어를 사용한다는 것입니까?"라고 질문을 던진다. 이에 찬성 측의 다빈이가 "한글과 같이 쓰는 것"이라고 재치 있게 받아친다. '영어 공용화'를 모국어 포기 혹은 대체 개념으로 오인한 태하가 자충수를 둔 것이다. 같은 용어를 다른 뜻으로 쓰면서 찬성 측의 주장을 오인한 까닭이다. 이와 같은 장면이 디베이트의 매력이 아닐까? 또한 판정단의 입장에서는 상대편의 논리적 허점을 찾아 공략하는 이와 같은 장면들이 관전 포인트일 것이다. 이처럼 퍼블릭 포럼 디베이트 포맷은 다이내믹한 상황에서 상대방의 논리에 대응하는 순발력과 센스, 집중력을 기르는 데 효과적이다.

이와 함께 학생들이 준비 시간을 활용하는 모습도 매우 인상적이다. 학생들은 반박과 마지막 초점을 앞두고 두 차례의 준비 시간을 갖는다. 상대편의 발언을 분석하고, 대응 전략을 짜기 위한 것이다. 팀 동료들과 모여서 리서치한 자료들을 살펴보고 의논을 해가며 논리를 개발하느라 여념이 없다. 노트북을 이용하거나 포스트잇에 메모를 하는 등 양측 모두 분주하게 움직인다. 양측의 지원단도 합류하여 힘을 보탠다. 이처럼 준비 시간은 자유롭게 진행되면서도 긴장과 활기가 넘친다. 토론을 단지 관망하는 위치에 머무는 학생이 없는 것이다. 팀 동료들과 손발을 맞추면서 협력적인 태도나 팀워크와 같은 소셜 스킬 social skill도 자연스럽게 익힐 수 있을 것이다.

이처럼 디베이트는 다양한 교육적 효과가 있으나 그 핵심은 '논리' 게임이다. 쏟아지는 정보를 걸러내고, 사회적 갈등을 직시하자면 논리라는 사고의 필터가 필요하다. 따라서 논리적 사고의 훈련 그 자체만으로도 충분한 의미가 있다. 그럼에도 논리는 진실 혹은 가치와는 무관한 '규칙'일 뿐이다. 가치의 문제와 어긋날 수 있다는 것이다. 동전 던지기로 포지션을 정하는 까닭에 자신의 신념이나 가치와는 상반된 입장에서 발언하게 되는 경우가 발생한다. 그로 인해 내면적인 갈등이 생길 수 있으며, 자칫 논리에 밀려 가치의 문제가 실종될 수도 있다. 조경삼 선생님은 이와 같은 문제를 고려하여 에세이 쓰기를 후속 활동으로 배치한다고 한다. 이는 '속풀이'가 될뿐더러 생각을 정리할 수 있는 기회가 된다.

물론 디베이트의 효과가 논리적 사고로 한정되는 것은 아니다. 리서치나 토론 과정을 통해 합리적 사고나 비판적 사고와 같은 사고의 훈련도 가능하다. 또한 서로 다른 주장과 의견을 균형 있게 볼 수 있는 기회를 제공한다는 점에서도 긍정적이다. 그럼에도 지성 혹은 논리의 차원이 강조되면서 감성 혹은 감수성의 차원이 소홀하게 취급될 수도 있다. '관계'의 기술에서는 '논리'의 차원 못지않게 '감성'의 차원 또한 중요하다는 사실을 새삼 강조할 필요는 없을 것이다. 그런 까닭에 파스칼은 "가슴은 머리가 알지 못하는 다른 논리를 가지고 있다"고 말한 바 있다. 어쩌면 초등 교육에서는 비판적 혹은 논리적 사고보다 감성 혹은 감수성의 발달이 더 강조되어야 하는 것은 아닐까?

디베이트, 트렌드 키워드

디베이트의 '전도사'를 자처하는 '투게더 디베이트 클럽(케빈 리 대표)'은 디베이트 코치 양성, 디베이트 대회와 캠프를 개최하고, 디베이트 클래스를 개설하면서 디베이트의 확산에 주력하고 있다. 그리고 명지대학교 사회교육대학원에서는 2012년 가을 학기부터 국내 최초로 토론 지도 석사과정을 개설하고 있다.[9] 게다가 한국디베이트코치협회에서 발급하는 디베이트 코치 자격증도 생겼다.[10] 시도 교육 당국이나 지역 교육지원청 차원에서는 교사, 학부모들을 대상으로 디베이트 관련 연수를 실시하고, 방과 후 클래스를 개설하거나 대회를 개최하는 등 매우 적극적인 모습이다. 뿐만 아니라 디베이트 붐을 예상한 듯 유사 교육 법인이나 토론 전문 학원이 등장하는 등 학원가의 발 빠른 대처도 눈에 띈다.

학교 교육에서 토론 교육을 강조한 것은 어제오늘의 일은 아니다. 그런 만큼 교사들은 담론에서 실행 스킬에 이르기까지 토론 교육에 관심을 두지 않을 수 없다. 유행의 흐름에 민감한 출판가에서도 토론 교육 안내서 혹은 가이드북을 꾸준히 출판하고 있다. 그럼에도 구미가 당기는 안내서를 만나기는 쉽지가 않다. 그러나 최근에 등장한 디베이트는 세간의 주목을 끌고 있다. 디베이트를 기존 담론에 추가된 옵션으로 취급할 수도 있겠으나 그 확산 혹은 전염의 양상이 기존의 담론과는 다른 것 같다. 지식의 전달과 주입으로 일관해온 한국 교육의 무능과 정체停滯를 역습하듯 급부상한 까닭이다. 따라서 수업과는 거리가 있을지도 모르겠으나 디베이트가 불러일으키는 반향이 궁금하지 않을 수 없다.

우선 디베이트가 널리 확산되는 것은 개정교육과정, 입시제도 등 교육 환경의 변화와 관련이 있을 것이다. 중등의 경우 2009 개정교육과정 이후 토론 교육을 강조하면서 교육의 방향을 독서, 토론, 논술 능력 향상으로 설정하고 있다. 또한 입학사정관제와 수시 비중의 증가로 인해 면접과 논술 전형이 급격히 확대되고 있는 것도 디베이트를 교실로 불러오는 이유가 될 것이다. 결국은 입시 논술이나 입시 면접과 궁합이 잘 맞는 까닭일까? 이처럼 교육 담론 분석의 공식이 되어버린 '입시 블랙홀'이란 관점에서 설명할 수 있는 측면도 있으나 단지 그것만으로 한정되는 것은 아닌 듯싶다. 사고의 훈련이나 에세이 혹은 논술 교육이 부실한 '한국형' 공교육의 무능에 대한 질타로도 읽히는 까닭이다.

디베이트가 새로운 트렌드 키워드로 등장하게 된 것은 최근의 교육이 지식의 전달과 주입에서 논리적 사고력을 강조하는 추세로 변화하고 있는 상황과도 무관하지 않을 것이다. 기존 담론의 부진도 디베이트의 확산을 가속화하는 요인으로 작용하는 듯하다. 이를테면 기존의 토론 교육 담론에 대한 새로운 대안으로 부상하고 있는 것이다. 게

다가 디베이트는 담론의 차원뿐만 아니라 실행의 차원에서도 손에 잡히는 매뉴얼을 제시하고 있다. 가령 조경삼 선생님이 핸들링하고 있는 퍼블릭 포럼 디베이트 포맷은 토론의 절차와 요령, 발언 시간과 순서, 심사 기준에 이르기까지 구체적인 가이드를 제공한다. 이처럼 실행 매뉴얼과 대안까지 제시하고 있다는 점에서 한때의 유행으로 사라질 것 같지는 않다.

연구자들의 교육 담론은 대개 학교 현장과 떨어져 있는 경우가 많다. '현장과 만나지 않는 이론, 이론과 만날 수 없는 현장'이라고 한다면 지나친 표현일까? 대개의 경우 현장에 실행의 모티브를 제공하거나 변화에 있어 실질적인 역할을 수행하는 사례는 찾아보기 어렵다. 그런 반면 한국 사회에 디베이트의 확산을 주도하고 있는 '투게더 디베이트 클럽'은 디베이트 코치 양성 과정과 디베이트 센터를 개설하고, 초중고 학생들이 참가하는 디베이트 대회와 캠프를 개최하는 등 다양한 인프라를 구축해나가고 있다. 뿐만 아니라 실제 적용 과정에서 나타나는 문제들을 해결하면서 매뉴얼(?)을 업그레이드하고 있다. 그런 까닭에 디베이트에 대한 반향과 관심이 이처럼 큰 것이 아닐까?

디베이트의 교육적인 효과도 관심을 갖게 하는 요인이다. 디베이트는 '리서치Research, 비판적 읽기Critical Reading, 스피치Speech, 듣기Listening, 에세이Essay 쓰기' 능력 향상에 효과적이라고 한다.[11] 그런 까닭에 미국 한인 사회에서 오랫동안 디베이트를 전파해온 미셸 오 원장은 "디베이트 교육은 모든 학습의 오케스트라와 같다"고 말한다. 이와 같은 요소들은 전달과 발표를 위주로 하는 기존의 수업 방식에서는 기대하기 어려운 효과들이다. 뿐만 아니라 리서치와 토론 과정 자체가 자기 주도적 학습 능력 향성에도 도움이 된다. 디베이트 수업에서 교사와 학생은 전달과 수용의 배치를 벗어나 학생이 주체가 되고,

교사는 지원자로 위치한다. 그래서 '교사'가 아니라 '코치'라고 부르는 것이 아닐까?

그럼에도 문제가 전혀 없는 것은 아니다. 한국 사회에 빠르게 확산되고 있는 퍼블릭 포럼 디베이트는 소인수 학급에 적용하기에는 무리가 없으나 30명 내외의 다인수 학급에서 핸들링하기에는 한계가 있다. 토론 팀은 보통 6~8명 정도로 구성된다. 때문에 다인수 학급에서는 토론을 관망하는 학생들이 다수 생길 수 있다. 조경삼 선생님은 이와 같은 문제를 해결하기 위해 학생들을 토론 팀, 지원단, 판정단으로 구성한다. 그리고 역할을 순환해가며 토론에 참여할 수 있도록 한다고 한다. 지원단은 토론 팀을 지원하고, 판정단은 진행과 심사를 맡는다. 그리고 교사가 디베이트를 강평하면서 수업을 마무리하는 식이다. 이 수업에서 볼 수 있는 토론 공간의 배치는 다음의 도식과 같다.

조경삼 선생님의 핸들링 방식은 다인수 학급에 참고할 만한 사례를 제공한다. 이와 함께 디베이트 포맷에 변화를 주기도 한다고 한다. 가령 학생들이 반박이나 마지막 초점을 충실하게 준비할 수 있도록 준비 시간을 얼마간 늘려주는 방식이다. 그렇게 하면 학생들의 반박이나 마지막 초점이 좀 더 충실해지는 효과가 있다고 한다. 물론 그로 인해

학생 그룹 배치

토론의 흐름이 끊기거나 긴장이 이완되는 경우도 발생한다고 한다. 디베이트 포맷은 임의로 바꾸면 안 되며, 클래스 포맷은 디베이트 코치가 임의로 바꿀 수 있다고 한다. 디베이트 대회를 염두에 두는 까닭이다. 그럼에도 수업에서는 다인수 학급의 상황에 맞게, 혹은 학생들의 숙련도를 고려하여 디베이트 포맷을 조정할 필요가 있다고 생각한다.

디베이트 포맷을 부동의 규칙으로 받아들이기보다는 변형하여 쓸 수 있는 가변적인 것으로 생각할 필요가 있다. 그럴 경우 핸들링 방식에 따라 디베이트 수업을 다르게 운영할 수도 있지 않을까? 대회 참가를 염두에 둘 경우 디베이트 포맷에 대한 훈련이 필요한 것은 물론이다. 그러나 일상의 수업에서는 굳이 포맷을 고정할 필요가 없다. 조경삼 선생님처럼 준비 시간을 연장할 수도 있을 것이다. 또는 쟁점이 형성되어 토론의 열기가 증폭되는 상황이라면 교차 질의, 전체 교차 질의 시간을 상대적으로 확장할 수도 있을 것이다. 고정된 포맷보다 토론의 긴장을 확보하는 데에 더 효과적일 것으로 생각된다. 이와 같은 생각이 디베이트 포맷을 가볍게 보려는 것이 아님을 굳이 부연할 필요는 없을 것이다.

조경삼 선생님은 새로운 교육 담론에 민감하고, 이를 자양분으로 자신의 수업을 과감하게 바꿔가는 분이다. 같은 모임에서 함께 공부하는 까닭에 2년간에 걸친 디베이트 수업에 대한 탐색과 실행의 과정을 지켜볼 수 있었다. 무엇보다 즐거운 일은 확연한 차이와 변화를 발견할 수 있다는 것이다. 2011학년도에 6학년 학생들과 함께한 디베이트 수업이 프리 스타일에 가까웠다면, 이 수업에서는 퍼블릭 포럼 디베이트 포맷을 능숙하게 다루고 있다. '자기'를 내려놓으면서 변화를

적극적으로 시도하기 때문에 가능한 일일 것이다. 교사의 자리매김 또한 달라졌다. 이전의 수업에서 진행과 코멘트로 참여했다면, 이 수업에서는 '코치'의 위치에 머물러 있다. 디베이트에 대한 강평으로 역할을 한정하고 있는 것이다. 디베이트가 토론 수업 문화가 빈곤한 '한국형' 교육을 역습하고 있다. 놀라운 속도로 확산되고 있는 디베이트가 학교와 교실에도 변화를 불러올 것으로 기대한다. 물론 그간의 토론 수업 담론과 방법론이 부족했던 것은 아니다. 그럼에도 새로운 담론과 실행 매뉴얼에 갈증을 느꼈던 만큼 디베이트에 대한 관심은 당분간 체증遞增적으로 늘어날 것으로 보인다. 그리고 그것이 새로운 수업 문화를 만들어가는 데에 기여할 수 있을 것으로 기대한다. 그리하여 오늘의 '사망유희' 수준의 토론이 논리와 팩트의 다이내믹스로 변화하는 모습을 기대해볼 수 있지 않을까? 디베이트로 훈련된 학생들이 어른이 되어 생활 속에서, 직장에서, SNS에서, 국회에서, 국제사회에서 활약하는 모습은 지금과는 다르지 않을까?

8. 캐빈 리 외, 『디베이트 첫걸음』, 한겨레에듀, 46쪽.
9. 지난 5월 명지대학교 사회교육대학원(정성화 대학원장)은 "작년부터 부쩍 활발해진 한국 교육에서의 토론 붐을 학문적으로 뒷받침하고자 사회교육대학원 산하 평생교육학과에 토론지도 석사과정을 개설한다"고 발표했다.
10. 한국직업능력개발원에 정식 등록된 공인 민간 자격증이다. 한국직업능력개발원은 2012년 5월 14일 "자격기본법 제17조 제2항에 의거, 한국디베이트코치협회가 신청한 한국디베이트 코치 자격증 1급, 2급, 3급을 신규 민간자격으로 등록한다"고 밝혔다.
11. 캐빈 리, 『대한민국 교육을 바꾼다, Debate』, 한겨레에듀, 34~38쪽. 이와 함께 인터뷰, 리더십, 인성, 자원봉사, 시민의식 교육에도 효과가 있다고 말한다. 같은 책, 40~48쪽.

8.
활동과 놀이, 가르치고 배우는 즐거움

장군 선생님은 학생들과 격 없이 지낸다. 때문에 학생들은 장 선생님을 편하게 대한다. 그렇다고 학생들이 멋대로 행동하거나 학습을 방기하지는 않는다. 수업을 보면 알겠지만, 시종 웃음이 끊이지 않으면서도 학습 활동에 몰입하는 모습 그대로다. 이런 이야기로 시작하는 까닭을 굳이 설명할 필요는 없을 것이다. 수업을 보면 알게 되니까. 초4 수학 수업(아산 염티초, 2008)이다. '수직과 수선'의 개념을 다루는 시간이다. 장 선생님은 놀이와 활동 위주로 수업을 전개한다. 이와 같은 방식은 자칫 '사고' 없는 활동으로 표류하는 경우가 많다. 그러나 이 수업은 그와는 거리가 멀다. 활동 혹은 놀이라서 그처럼 자유롭고 편안한 분위기가 가능할 거라고 펌하할 필요는 없을 것이다. 학생들과 관계가 좋아야 놀이나 활동도 효과를 기대할 수 있지 않을까? 우선 활동과 놀이의 의미를 따져볼 것이다.

이 수업을 보면서 동료 교사들과 이야기를 나눈 바 있다. 많은 이야기들이 오갔다. 이 글은 동료들과 함께 나눈 이야기를 정리해보는 방식을 취할 것이다. 물론 그것이 전부는 아니다. 동료들의 발언에 기대어 개인적인 의견도 적극적으로 개진할 생각이다. 그에 따른 동료들의 반론과 이견도 기대가 된다. 이야기를 나누면서 느낀 것은 토론 공간에 참여하는 이들 모두에게 도움이 된다는 점이다. 우리는 수업에서 자기 '고유성property'을 고집하지 않는다. 그런 식의 태도는 의견이 오가는 대화를 어렵게 할 뿐만 아니라 '자기'에 몰입하는 '상처의 감수성'으로 귀착되고 마는 까닭이다. 물론 수업을 논하는 방식은 다양할 수 있다. 다만 배움은 '차이'에서 비롯된다는 평범한 사실을 말하고 싶은 것이다. 이견과 비판이 자기 성찰과 교사로서의 성장에 도움이 되는 경험을 굳이 회피할 필요는 없을 것이다.

수업 보기

'수직과 평행' 단원에서는 수직과 수선, 수선 긋기, 평행과 평행선, 평행선 긋기, 평행선 사이의 거리를 공부한다. 그리고 이는 다음 단원에서 학습하는 직사각형이나 평행사변형 등의 정의와 성질을 이해하는 데 바탕이 된다. 수직과 평행은 두 직선 간의 특정한 관계의 양상을 말한다. 수학과 교육과정에서 제시하는 학습의 계열을 보자면, 이단원에서는 동일 평면으로 제한해서 개념들을 다룬다. 가령 같은 개념일지라도 두 개의 평면이 만나는 수직 관계는 입체 도형을 공부하는 5학년 때 다루도록 되어 있다. 그러나 수직과 평행은 실생활에서 접하는 입체 구조물에서도 쉽게 발견된다. 동일 평면으로 한정한다고 해서 이를 엄격하게 고집할 필요는 없을 것이다. 오늘은 수직과 수선의 뜻을 공부하는 시간이다. 장 선생님은 실뜨기로 도입부터 학생들의 눈길을 사로잡는다.

실뜨기

교사 시작하기 전에 선생님이 뭘 하나 준비했어. 이게(실) 뭐야?
학생들 실, 실뜨기.

"처음 시작은 요거(날틀)지?"
요형凹形으로 앉은 학생들이 선생님의 준비 동작을 지켜보고 있다.
"도와줄 사람이 필요해."
학생들이 서로 하겠다고 나선다. 두 친구가 앞으로 나온다. 먼저 선영이가 첫 번째 모양을 준비한다.

"첫 번째 모양이지? 근데 실뜨기에는 다 이름이 있대."

학생들에게 첫 번째 모양을 '날틀'이라고 알려준다. 이어서 은서가 두 번째, '쟁반' 모양을 만든다. 그러고는 선생님의 지시에 따라 친구들이 잘 볼 수 있도록 앞으로 내민다.

"요게 실이지? 근데 수학 시간이기 때문에 선이라고 부를게."

장 선생님은 은서가 손에 걸고 있는 실을 가리키며 학생들에게 묻는다.

"두 선이 만나면, 요렇게 뭔가, 하나, 둘, 셋, 네 개가 생겨요."

"선과 선이 만나면 무엇이 생길까?"

"가악, 각, 각, 각."

"저요. 수직."

여기저기서 대답 소리가 들린다.

교사 1학기 때 배운 대로 말해봐.

경호 직각.

학생들 각이잖아~.

"선과 선이 만나면 바로 각이 생긴다는 걸 1학기 때 배웠어."

간단하게 정리하고, 실뜨기를 이어가도록 한다. 선영이가 뜰 차례다.

"젓가락."

"어. 우리 조상들도 젓가락이라고 했대."

이름을 확인하고, 학생들에게 연속해서 질문한다.

"젓가락은 선과 선이 만나고 있을까, 만나지 않을까?"

"만나지 않아요."

"만나지 않을 때는 각이 생겨, 안 생겨?"

"안 생겨요."

"요건(평행) 다음에 배울 텐데, 그때 더 자세하게 알려줄게요."

'평행'은 '수직과 수선' 다음에 학습하는 내용이다. 일단 여기까지, 장 선생님은 실뜨기로 선과 선이 만나면 각이 생긴다는 사실을 환기시킨다.

그러고는 학생들에게 모둠별로 실뜨기 놀이를 해볼 수 있도록 시간을 준다. 물론 '공짜' 놀이가 아니다. 장 선생님은 한 가지 과제를 제시한다. 실뜨기 놀이를 하면서 '직각'이 나오는지 찾아보라는 것이다. 이는 이 시간에 공부하는 '수직'과 관련이 있다. 선생님 말씀이 끝나기 무섭게 학생들이 놀이를 시작한다. 선생님은 학생들의 활동을 돌아보다가 재욱이네 모둠에서 잠깐 멈춘다. '날틀'에서 생기는 각을 짚어주려는 것이다. 학생들이 답하는 것처럼 예각과 둔각이 생긴다. 선생님은 잠시 후 실을 회수하고, 1학기에 배운 각의 종류를 확인한다.

"각의 종류가 몇 가지 있다고 했어요?"

학생들이 예각, 직각, 둔각을 기억하고 있다. 선생님은 간단한 문답으로 각의 뜻까지 짚고 넘어간다.

톱질 뜨기. 두 실이 가운데서 직각을 이루는 형상이다.

교사 여러분, 실뜨기했을 때 직각이 나왔나요?

학생들 아니요.

선생님이 프로젝션 TV 화면으로 실뜨기 모양을 보여준다. 학생들이 방금 해본 날틀, 쟁반, 젓가락, 베틀, 방석, 물고기 모양 순이다. 이와 같은 모양에는 직각이 없다.

"실뜨기 중에 또 한 개가 있는데, 여기서 직각이 나와요. 시범을 한 번 보여줄게요."

선생님이 프로젝션 TV 화면으로 '톱질 뜨기' 모양을 보여준다. 그러고는 은빈이를 불러 '톱질 뜨기'를 해 보인다.

"여기 보면 무슨 각이 나올 수 있어?"

十자형으로 걸린 두 실이 가운데서 직각을 이루는 형상이다.

"직각."

이로써 장 선생님은 실뜨기로 각을 찾아보는 활동을 마무리한다.

직각 찾기

선생님은 우선 화면을 넘기고, 공부할 문제를 제시한다.

"수직과 수선의 뜻을 알아보는 거야."

수직은 실뜨기로 알아본 직각과 관련이 있고, 때문에 직각을 배우고 있는 거라고 말해준다.

"수평이라는 말도 있지? 들어봤어?"

"골든벨 때 들어봤어요."

"과학 시간."

과학 시간에 공부한 모양이다. 선생님은 '수선'에 대해서도 알아볼 거라며, 학생들에게 공부할 순서를 안내한다. 생활 속에서 직가 알아보기, 수직과 수선의 뜻 알아보기, 생활에서 수직과 수선을 알아보는 순서의 세 가지 활동이다. 먼저 프로젝션 TV로 사진을 한 장 보여준다.

> **교사** 뭐냐? 이게.
> **학생** 피사의 사탑.
> **교사** 뭐라고? 건물이 어떻게 됐어?
> **학생** 휘어졌어요(기울었어요).

선생님이 사진 속의 건물에 수직으로 자를 갖다 댄다.

선생님이 사진 속의 건물에 수직으로 자를 갖다 댄다.
"이거 보니까 어때? 어떨 것 같아?"
"무너질 것 같아요."
"그렇지."
사진 속에는 피사의 사탑 옆에 건물이 하나 있다. 선생님이 지면과 건물에 자를 갖다 대며 묻는다.
"이 건물은 어때? 이 지면하고, 땅하고."
"어! 직각."
"직각이에요."
"똑바르지. 그걸 우리가 배운 수학 용어로 하면, 땅과 직각을 이루고 있지?"

선생님은 이어서 지면과 피사의 사탑이 이루는 각을 가리키며 묻는다.

"이건(90°보다 작은 쪽) 직각이 아니라 무슨 각일까?"

"예각."

반대쪽은 둔각이라고 말해준다. 그러고는 우리 생활 주변에서 피사의 사탑처럼 직각이 아닐 경우에 불편한 점들을 생각해보자고 말한다.

"예를 들어볼까? 이 프로젝션 TV가 직각이 아니면 어때?"

"위험해요."

"(고개를 옆으로 기울이며) 요러고 봐야지. 고개 삐뚤어져."

또 교실 창문 쪽으로 걸어가며 직각이 아니면 어떤 일이 생길지 묻는다. 창문틀은 직각이고, 창문만 기울어 있다면 잘 닫히지 않아 바람이 들어올 것이라고 말해준다.

"계단."

"액자요. 보기 어려워요."

"컴퓨터."

학생들이 대답한다. 이번엔 선생님이 탁상용 책꽂이를 들고, 책을 꽂는다. 책을 직각으로 꽂아야 여러 권을 꽂을 수 있다는 것이다. 끝으로 학생용 책상이 직각이 아닐 경우 불편한 점들을 얘기하며 마무리한다. 다음은 교실에서 직각인 것을 찾아보는 활동이다.

교사 예를 안 들어도 찾을 수 있겠지? 손만 들어보자. 민준이, 뭐가 있을까?

민준 컴퓨터.

교사 컴퓨터 어디? 나와서 짚어봐.

민준이가 앞으로 나와 교사용 모니터 뒷면의 구석 쪽을 짚어 보인다. 이어서 학생들이 태극기, 사물함, 칠판, 창문, 탑 쌓기 하는 장난감, 달력, 책상 등을 가리킨다. 선생님은 학생들의 답변에 간단한 설명을 덧붙이기도 한다.

"책상 모서리는 원래 직각이에요."

선생님이 상판의 각진 부분을 가리키며, 다치지 않게 라운딩(곡선) 처리를 한 것이라고 설명해준다.

직각 만들기

직각의 뜻은 알고 있지만, 직접 만들어보는 것은 쉽지 않은 모양이다.

이번에는 학생들이 직접 직각을 만들어볼 차례다. 두 개의 삼각자를 직각이 되도록 배치해보는 활동이다. 학생들이 삼각자로 모양을 만들기 시작한다.

"아, 그리지 말고 두 개의 삼각자를 이용해서 만들어봐."

그리려는 학생이 있는 모양이다. 선생님은 학생들의 활동을 살피다가 종민이에게 묻는다.

"어디가 직각일까?"

종민이가 직각을 만든 모양이다.

"어. 좋아."

이처럼 선생님은 학생들을 돌아보며, 만든 모양을 일일이 확인한다.

어려움을 겪는 학생들도 눈에 띈다. 직각의 개념은 알고 있지만, 직접 만들어보는 것이 쉽지 않은 모양이다. 게다가 삼각자의 모양이 직선과는 다르지 않은가? 눈에 쉽게 들어오지 않을 것이다. 배치 방법을 몰라 두리번거리고, 두 삼각자의 직각 부분을 붙여놓거나 긴 변을 맞대어놓는 등 각양각색이다. 현태는 선생님의 도움을 받아 모양을 고친다. 옆에서 이를 지켜보던 정인이도 알겠다는 듯 모양을 고친다. 은영이는 친구들이 만든 것을 보고, 알아차린 듯 삼각자를 다시 배치하여 직각을 만든다.

수직과 수선의 뜻 알아보기

"우리가 오늘 실제로 배울 건 수직과 수선이야."

이제 이 시간에 공부할 개념을 도입할 차례다. 선생님은 우선 교과서를 펴도록 한다. 그리고 학생들에게 개념과 관련한 '약속'을 읽어보도록 한다. 학생들이 다 같이 소리 내어 읽는다.

"두 직선이 만나서 이루는 각이 직각일 때, 두 직선은 서로 수직이라고 합니다."

"그만, 거기까지만."

"두 직선이 만나는데, 그 각이 무슨 각?"

"직각."

"직각일 때, 그것을 뭐라고 한다?"

"수직."

선생님이 간단한 문답으로 수직의 뜻을 반복 강조한다. 그러고는 이 젤을 학생들 앞쪽으로 옮겨놓고, 도화지 위에 선을 긋는다. 먼저 하단부에 가로 선을 긋고, 뒤이어 직각이 되도록 세로 선을 긋는다. 그러고는 두 직선이 만나 이루는 각을 가리키며, 수직임을 재차 강조한다.

"앞으로 직각이라고 안 하고 수직이라고 하겠습니다."

이어 학생들이 수선의 뜻을 마저 읽는다.

"두 직선이 수직일 때, 한 직선을 다른 직선에 대한 수선이라고 합니다."

선생님이 스케치북을 넘겨 다시 가로 선을 긋는다. 이어 갈색 펜으로 수직이 되도록 세로 선을 긋는다.

"이때, 검은 선에 대해서 갈색 선은 무슨 선?"

"수선."

스케치북을 왼쪽 방향으로 돌려놓으며 다시 묻는다.

"반대로 말할 수도 있어요. 이 갈색 선에 대해서 검은색 선은?"

"수선."

"서로 수선이라고 부를 수 있어요."

스케치북을 사용한 이유가 있었던 것이다.

"준영이는 경호의 친구지? 경호는 누구의 친구지?"

선생님은 친구 사이에 비유해서 수선의 뜻을 재차 설명한다.

"컴퓨터로 간단히 한 번만 더 해볼까?"

선생님은 선긋기 모션을 프로젝션 TV로 보여주며, 수직과 수선의 뜻을 반복해서 정리해준다.

수직과 수선 찾기

이번에는 교실 안에서 수직을 찾아보는 활동이다. 수직에 해당하는 곳에 스티커를 붙이는 방식이다. 우선 선생님이 시범을 보인다.

"여기 수직이네."

선생님이 이젤 위에 놓인 스케치북의 한쪽 구석에 스티커를 붙인다. 그러고는 학생들에게 찾아보라며, 모둠별로 색깔이 다른 스티커를 나눠준다.

"선생님이 특별히 지정해놓은 몇 군데가 있어. 거기에 붙이면 특별한 점수가 있어. 거기는 아주 찾기 어려운 곳이야."

아마도 호기심을 자극하려는 트릭일 것이다. 학생들이 자리에서 일어나 수직이 되는 곳을 찾아다닌다. 책상, 칠판, 창틀, 출입문, 히터, TV, 게시판, 사각 화분, 거울, 탁상용 달력 등에 스티커를 붙이고 있다. 잠시 후 선생님이 10초를 세고, 학생들이 서둘러 자리로 돌아간다. 빨간색과 연두색 스티커를 받은 모둠은 다 붙인 것으로 보인다.

> **교사** 확인해볼까? 여기 수직, 맞아요?
> **학생들** 예.
> **교사** 맞아요. 나중에 떼주세요.
> **학생들** 선생님, 저기에도 누가 붙였어요.

선생님은 학생들과 함께 스티커가 붙은 곳을 확인한다. 찾은 곳이 참 다양하다. 학생들은 확인받지 못해 아쉽다는 듯 자신이 찾은 곳을 어필한다.

"몇몇 특별한 구역은 수업이 끝나고 셈을 해주겠습니다."

이로써 스티커 붙이기 활동이 마무리된다.

교사 이번엔 우리 몸을 통해서 직각을 알아보려고 해. 도우미 한 명이 필요한데……

동민이가 나와서 정현이의 왼쪽 겨드랑이를 쿡 찌른다.

정현이가 도우미로 나선다. 사람의 몸에서 수직을 찾는 활동이다.

"로봇 알지?"

"하하하."

학생들이 박수로 환호한다. 선생님이 정현이의 오른팔을 정면으로, 왼팔은 옆으로 들어 올린다.

"다리는 해줄까, 말까?"

"해줘요."(함성)

힘들다고, 다리는 생략한다. 그러고는 교구용 삼각자를 가져온다.

"정현이의 몸 중에서 직각인 곳은 어딘가?"

민기가 나와서 오른쪽 겨드랑이를 가리킨다.

"여기?"

선생님이 겨드랑이를 건드리자 간지럼을 참지 못한 정현이가 몸을 움츠린다.(웃음)

"왜 이래?"

정현이가 다시 팔을 들어 올린다. 그러자 동민이가 나와서 왼쪽 겨드랑이를 쿡 찌른다. 정현이가 다시 겨드랑이를 감싼 채 몸을 구부린다. 다시 팔을 들어 올리자 선생님이 직각 삼각자를 갖다 대며 수직임을 확인한다.

"또 있는데……."

이렇듯 학생들은 즐거운 분위기 속에서 수직이 되는 부분을 여러 군데 찾아낸다.

이번에는 선생님과 정현이가 역할을 바꾼다. 정현이는 자신이 취했던 모양으로 자세를 만들려고 한다.

"똑같지 않게."

"똑같이 하면 애들이 알아맞히잖아."

선생님의 코치로 자기가 취했던 자세와 반대로 만든다. 그러고는 오른쪽 무릎까지 굽히게 한다. 그러자 선생님은 둥근 의자를 이용해 다리를 굽힌다.

"정현이가 한번 찾아봐."

정현이는 직각으로 굽힌 다리의 오금을 가리킨다.

"그렇지."

민주는 선생님의 발목을, 선규는 두 팔이 이루는 각을 가리킨다.

"중요한 건 어디냐면? 이거야, 이거."

선생님은 직각 삼각자를 갖다 대며, 교실 바닥과 직립의 자세가 이루는 각을 보여준다. 그리고 인간은 직립이 가능했기 때문에 두 발로 걸을 수 있었다고 덧붙인다.

"우리 몸을 통해 수직, 수직을 알아봤어. 선생님이 자꾸 직각 하고 수직을 헷갈렸지?"

선생님이 직각을 수직으로 수정한다.

문제 해결하기

"오늘 배운 걸 정리하는 의미에서 익힘책을 풀어보겠습니다."

선생님의 안내에 따라 학생들이 익힘책의 문제를 풀기 시작한다. 선생님은 돌아다니며 학생들을 살피고 있다. 학생들이 다 풀자 선생님은 문제를 읽어가며 풀이 결과를 확인해준다. 첫 번째 문제는 직각을 표시하는 것이다.

"첫 번째 삼각형은 무슨 삼각형?"

"직각삼각형."

"직각이 몇 개 있어?"

"1개."

"그 옆에?"

"4개."

직사각형이다. 다음은 수선을 찾는 문제다.

"직선 ㄱㄴ에 수직인 것은 뭐야?"

"다음 직선 ㄴㅂ에 대한 수선은 어떤 걸까?"

학생들이 어렵지 않게 정답을 말한다. 이처럼 선생님은 이 시간에 학습한 기본적인 내용을 확인하고, 나머지는 숙제로 내준다.

그러고는 프로젝션 TV로 그림을 한 점 보여준다.

"직각."

"다 직각이다."

"다 직각이에요."

신기하다는 듯 학생들이 '직각'을 되뇌며 그림에 주목한다.

"유명한 화가의 그림이야. 몬드리안이란 사람이 이런 그림을 많이 그렸어."

몬드리안의 「차가운 추상」이다.

"선과 선이 만나서 수직을 이루고 있지?"

선생님은 "수직도 잘 이용하면 예술이 될 수 있다"고 덧붙인다.

사다리타기 게임. 장 선생님은 가끔씩 다른 길로 빠지는 트릭을 쓰기도 한다.

마지막은 사다리타기 게임이다. 프로젝션 TV 화면 상단에 '사, 다, 리, 타, 기' 다섯 가지 색깔의 글자가 나타난다. 길을 따라 내려가면서 수직의 개수를 찾아보는 활동이다. 선생님이 찾는 요령을 간단히 안내하고, 게임을 시작한다. 우선 사다리 구조를 잠깐 보여주고는 화면을 감춘다. "아~." 아우성이 터진다. 일단 전체적인 구조를 보여주려는 선생님의 트릭이다. 이어 모둠별로 돌아가며 글자를 선택한다.

"먼저 '사'부터 몇 개인가 보자."

학생들이 사다리를 타고 내려가며 수직인 곳을 찾는다. 그러면 선생님이 그곳을 같은 색깔의 동그라미로 표시해준다. 다 찾으면 하단에 수직의 개수가 표시된다. 선생님은 가끔씩 다른 길로 빠지는 트릭을 쓰기도 한다. 그러면 학생들이 이를 지적하며 길을 바로잡고, 수직의 개수를 다시 센다.

정리

"오늘 뭐 배웠어?"

학생들이 수직, 수선, 직각이라고 답한다.

"직각을 배우면서 수직을 배우고, 수직을 배우면서 수선까지 배웠어."

이렇듯 간단히 정리하고, 프로젝션 TV 화면으로 과제를 내준다. 직선이 다양한 각으로 교차하는 그림이다.

"뭘 찾아오는 거야?"

"수직 찾기. 어, 있다, 있다, 있다, 있다."

"두 개 찾았어."

"나 세 개."

벌써 몇 개씩은 찾은 모양이다.

"숙제야."

"에, 저걸 어떻게 가져가요."

"선생님이 저 모니터를 주겠냐. 아이~."

이어서 다음 시간에 학습할 내용을 예고한다. 학생들이 교과서를 넘겨 공부할 내용을 확인한다. 다음 시간에는 수선을 그어볼 거라며 수업을 마친다.

활동과 놀이, 즐거운 수학

시종일관 웃음이 끊이지 않는 수업이다. 그러면서도 학생들의 집중력이 흐트러지지 않는다. 그만큼 선생님이 수업을 재미있게 진행하는 까닭이다. 장 선생님은 우선 실뜨기 놀이로 수업을 시작한다. 실뜨기는 익히 알고 있듯이 두 사람이 번갈아가며 손가락으로 걸어 떠서 여러 가지 모양을 만드는 놀이다. 익숙한 놀이이면서도 학생들의 관심과 흥미를 끌기에 충분하다. 수업이 끝난 뒤 설문한 결과에 의하면 대부분의 학생들이 흥미를 느꼈다고 한다. 친구들과 함께할 수 있었고, 직접 해볼 수 있었기 때문이라는 것이다. 이렇듯 실뜨기 놀이는 학생들을 자연스럽게 수업의 상황 속으로 끌어들이는 질점attracter 구실을 한다. 뿐만 아니라 학습의 흐름과 방향을 잡는 방향키로 기능하기도 한다.

실뜨기를 하다 보면, 여러 가지 모양이 나온다. 이름을 열거하자면 날틀, 쟁반, 젓가락, 베틀, 방석, 물고기 모양이다. 실과 실이 다양한 각으로 교차한다. 물론 공짜 놀이가 아니다. 놀이를 하면서 직각을 찾아보는 것이다. 그러나 이와 같은 모양에는 직각이 없다. 1학기에 공부한 예각과 둔각을 주로 볼 수 있다. 그래서 톱질 뜨기를 준비한 것이다. 앞에서 기술한 것처럼 十자형으로 걸린 두 실이 교점에서 직각을 이루는 형상이다. 직각과 수직을 동시에 관찰할 수 있는 모양이다. 뿐만 아니라 '젓가락' 모양에서는 두 실이 '평행'을 이루는 모습을 관찰할 수 있다. '수직과 수선' 다음에 학습하는 내용을 미리 보는 것이다.

"우리 조상들도 젓가락이라고 했대."

장 선생님은 이처럼 '양념'도 살짝 넣는다.

사진으로 보여주는 피사의 사탑도 호기심을 불러일으키는 자료다. 예각과 둔각을 찾을 수 있는 건물이다. 그러나 진짜 주인공은 엑스트라처럼 보이는 옆 건물이다.

"똑바르지."

지면과 이루는 교각이 직각right angle이다. 수직perpendicularity을 이루고 있는 것이다. 피사의 사탑 또한 수직의 반례로 충분히 의미가 있다. 이를 통해 선생님은 자연스럽게 생활 주변으로 학생들의 시선을 돌린다. 생활 속에서 접하는 TV, 창문, 계단, 액자, 컴퓨터, 책꽂이, 책상 등의 구조물이 직각이 아닐 경우 불편한 점들을 이야기한다. 생활 속에서 수학을 보려는 것이다. 여담이지만, 직각은 자명한 감각일까? 사물을 보고 느끼는 익숙한 감각을 낯설게 보게 만든다. 물론 장 선생님의 의도는 전자에 있다.

다음은 평면으로 돌아간다. 책상 위에서 두 개의 삼각자로 직각을 만들어 보는 활동이다. 비교적 간단한(?) 조작 활동이다. 학생들은 직각의 뜻을 이미 알고 있다. 그러나 배치하기가 어려운 모양이다. 물론 쉽게 배치해내는 친구들도 있다. 감각의 발달에 차이가 있는 모양이다. 게다가 삼각자의 모양이 직선과는 다르지 않은가? 이것이 혼란을 주는 요소일 것이다. 때문에 선생님은 학생들이 배치한 모양을 일일이 확인한다. 어려움을 겪는 학생들에게 간단한 힌트를 주기도 한다. 참고로 꽤나 어려웠던지 학생들이 이 활동에는 그리 호의적이지 않았다. 그럼에도 학생들의 거리낌 없는 곁눈질(?)이 인상적이다. 친구들이 만든 직각을 보고는 바로 알아차린다. 이렇듯 친구들의 활동에 기대어 배움이 일어나는 것이다.

교실 안에서 수직 찾기 활동은 학생들이 즐겁게 참여한 활동이다. 장 선생님은 활동에 앞서 수직과 수선의 개념을 알아본다. 교과서에 정리된 '약속' 읽기로, 간단한 문답으로, 스케치북에 선을 그어가며, 컴퓨터로 선긋기 모션을 보여주며 여러 번 강조한다. 이처럼 방법을 달리하여 반복하는 까닭은 생각하는 힘을 길러주려는 것일 게다. 학생들이 책상, 칠판, 창틀, 출입문, 히터, TV, 게시판, 사각 화분, 거울, 탁상용 달력 등에 스티커를 붙인다.

"선생님이 특별히 지정해놓은 몇 군데가 있어. 거기에 붙이면 특별한 점수가 있어."

선생님의 트릭일 것이다. 이와 같은 트릭은 학생들의 관심과 동기를 강화하는 효과를 낳는다. 아마도 학생들이 자신이 찾은 곳을 어필하는 모습은 이 때문일 것이다.

몸에서 수직을 찾는 활동에서는 웃음이 끊이지 않는다.

"로봇 알지?"

선생님의 한마디에 학생들이 박수로 환호한다. 선생님이 로봇이 된 정현이의 겨드랑이를 건드린다. 그러면 정현이는 간지럼을 참지 못하고 몸을 움츠린다. 이에 덩달아 동민이도 정현이의 왼쪽 겨드랑이를 쿡 찌른다. 게다가 선생님은 역할을 바꿔 자신의 몸을 교구로 내어준다. 장 선생님의 유머 감각을 엿볼 수 있는 장면이다. 이렇듯 즐거운 분위기 속에서 수직 찾기 활동이 진행된다. 그러면서도 수직이 되는 곳을 여러 군데 찾아낸다.

"중요한 건 어디냐면? 이거야, 이거."

교실 바닥과 직립의 자세가 이루는 각을 말하는 것이다. 인간은 직립이 가능했기 때문에 걸을 수 있었다며, 실뜨기 놀이에서 그랬던 것처럼 '양념'을 추가한다.

몬드리안(Piet Mondrian, 1872~1944)의 그림도 등장한다. 참고로 몬드리안은 화가를 지망했으나 가족의 반대로 교육학을 전공하여 교사 자격을 취득했던 사람이기도 하다. 재미있는 우연이다. 학생들이 보고 있는 그림은 「차가운 추상」으로, 기하학적인 형태의 추상화다.

"직각."

"다 직각이다."

"다 직각이에요."

학생들이 보자마자 '직각'을 되뇌며 그림에 주목한다. 선들이 모두 수직으로 교차한다. 미술시간이라면 색종이나 테이프로 작품을 재현해볼 수도 있을 것이다. 반구체물 조작 활동이 될 수도 있을 것이다.

"몬드리안이란 사람이 이런 그림을 많이 그렸어."

선생님은 "수직도 잘 이용하면 예술이 될 수 있다"고 덧붙인다. 장 선생님은 이처럼 학습 활동에 여러 가지 '양념'을 추가하고 있다.

마지막 사다리타기 게임도 학생들이 적극적으로 호응한 활동이다. 앞서 이루어진 활동으로 인해 학생들이 수직을 찾지 못하는 것이 불가능한 일일 것이다. 때문에 흥미가 떨어질 수도 있는 활동이다. 그런 까닭일까? 장 선생님은 사다리 구조를 잠깐 보여주고는 화면을 감춘다. 학생들에게서 불만의 아우성이 터지는데, 이는 장 선생님이 활동을 재미있게 진행하려는 트릭이다. 뿐만 아니라 사다리를 타고 내려가다 다른 길로 빠지는 트릭을 쓰기도 한다. 앞에서 말한 것처럼 이와 같은 트릭이, 수업을 진행하는 기술이 학생들을 몰입하게 하는 비결일 것이다. 장 선생님은 과제까지 준비했다. 직선이 다양한 각으로 교차하는 그림에서 수직을 찾아오는 것이다. 짝과 함께 번갈아가며 찾는다면, 재미있는 게임이 될 수도 있을 것이다.

"에, 저걸 어떻게 가져가요."

"선생님이 저 모니터를 주겠냐. 아이~."

웃음이 끊이지 않는다.

함께 공부하는 즐거움

우선 이 수업에 등장하는 활동과 놀이를 간단히 요약해보면 이렇다. 도입부의 실뜨기 놀이에서는 톱질 뜨기로 직각을 찾는다. 이는 수직의 형상이다. 이 시간의 학습 내용을 맛보기로 보여주려는 것이다. 이어 사진 속의 건물에서 직각을 찾아보고, 삼각자로 직각을 만든다. 후자는 직각 혹은 수직에 대한 감각을 익히기 위한 조작 활동일 것이다. 그러고는 교실과 몸에서 수직을 찾는다. 평면에서 입체 구조물 혹은 공간으로 감각을 확장하고 있다. 끝으로 몬드리안의 그림과 사다리타기 게임으로 학습을 마무리한다. 동일한 활동의 반복으로 보일 수도 있으나 미세한 차이들이 기입되어 있다. 수직과 수선의 뜻 알아보기, 익힘책 문제 풀기까지 생각해보면 활동과 놀이가 꽤 많은 셈이다.

이에 대해 "활동 간의 위계가 잘 드러나지 않으며, 같은 수준에서 반복되고 있다"는 지적이 있었다. 일견 타당한 지적으로 보인다. 그런 점에서는 학생들의 도전을 자극할 수 있도록 난이도에 좀 더 차이를 두면 좋겠다. 이와 같은 의견은 장 선생님도 공감하는 부분이다. 그럼에도 이 수업은 경험, 관찰, 직관을 강조하는 초등 수학의 특징을 잘 보여준다.

"쉽게 공부할 수 있었다."

"직각 만들기, 사다리타기가 좀 힘들었다."

학생들이 말하는 것처럼 차이가 없는 것도 아니다. 앞에서 말한 것처럼 각각의 활동에 기입된 작은 차이들이 직각과 수직의 개념을 충분히 익힐 수 있도록 해준다는 생각이 든다. 그와 같은 활동을 통해서 직각과 수직에 대한 감각이나 관찰력이 길러지는 것이 아닐까?

수업이 "직각 찾기 위주로 진행되고 있다"는 의견도 있었다. 때문에 "학생들의 사고가 직각에 매여 있다"는 것이다.

"선생님이 자꾸 직각하고 수직을 헷갈렸었지?"

장 선생님도 알고 있었다. 그런 까닭에 수입 중에 직각에서 수직으로 용어를 수정해준 것이다. 그와 같은 지적은 여러 가지 생각을 불러일으킨다. 면담한 결과 수직과 수선의 뜻은 대부분의 학생들이 이해하고 있는 것으로 나타났다. 그러나 직각과 수직의 차이는 모르고 있었다. "그런 질문을 받으니까 좀 복잡하다"고 대답하는 학생도 있었다. 약 70%가량의 학생들이 선생님께 질문하고 싶었다고 말한다. 그러나 수업 시간에는 그럴 기회가 없었다고 한다. 활동과 놀이 위주로 진행되는 까닭에 질문할 기회를 잡기가 어려웠던 모양이다.

영어로는 수직을 'perpendicular(ity)'로, 직각은 'right angle'로 표현한다. 동일 평면으로 제한해서 말하자면, 수직은 교차하는 두 직선이 직각으로 만나는 특정한 관계의 양상을 말한다. 반면 직각은 $90°$라는 각의 크기를 지칭하는 용어다. 수직을 이해하려면, 수선, 평행, 평행선 등과 같은 개념의 계열이 필요하다. 직각은 예각이나 둔각과 같은 계열이다. 그럼에도 수직과 직각은 $90°$라는 교각을 공유하고 있는 까닭에 구분하기가 쉽지 않다. 이는 두 개념의 용법도 마찬가지다. 때문에 장 선생님도 "평행 등의 개념과 대조하여 사고할 때 명확히 인식 가능한 개념"이라고 말한다. 이 시간에 명확히 구별하기에는 난해한 개념일 수 있다는 것이다. 충분히 공감이 가는 이야기다.

그럼에도 한 가지 의문이 머릿속을 맴돈다. 두 용어를 구분해서 가르치는 방법이 없을까? 선생님들을 볼 때마다 질문을 던져 보지만, 딱히 좋은 방법을 찾지는 못했다. 당분간 의문으로 남겨둔다. 한편으로는 초등학교 4학년 과정에서 그렇게까지 개념을 엄격하게 구분할 필요가 있을까 싶은 생각도 든다. 초등학생들은 형식적인 정의를 이해하기 어려워한다. 때문에 학생들이 이미 가지고 있는 생각이나 관념을 바탕으로 수학적인 개념이나 정의에 접근하는 것이 좋다고 한다. 실생활 속에서 형성된 관념이나 감각을 학습의 자원으로 활용하는 것이다. 생활과 경험이 공부의 출발점이 되는 것이다. 그로부터 수학의 기초적인 개념, 정의 등을 이해할 수 있는 능력을 길러줘야 할 것이다.

이는 도형을 공부할 때도 마찬가지다. 수학적인 개념과 정의를 배우고 익히는 것이 우선일까? 생활 속에서 수직과 수선의 형태를 찾아보고, 왜 그와 같은 형태로 만들었는지 생각해보는 것이 중요할 것이다. 장 선생님은 학생들이 사진 속의 건물에서 직각을 찾아보도록 한다. 수직의 반례로 보여주는 피사의 사탑으로 익숙한 감각에 질문을 던진다. 생활 속에서 접하는 구조물이 직각 혹은 수직이 아닐 경우 어떤 일이 생길까? 그러면서 교실 안의 사물들을 예로 들어 이야기를 나눈다. 직각 만들기 활동이나 교실과 몸에서 수직과 수선을 찾아보는 활동도 같은 맥락일 것이다. 이처럼 만들어보고, 느껴보는 경험이 중요하다. 그러면서 자연스럽게 수학적인 개념과 정의를 (재)발견하게 되는 것이다.

수직과 수선 개념을 도입하는 단계에서 선생님이 "개념을 일방적으로 제시한다"는 의견도 있었다. 수업을 보면, 장 선생님은 교과서에 제시된 '약속' 읽기로, 간단한 문답으로, 스케치북에 선을 그어가며, 컴퓨터로 선긋기 모션을 보여주며 수직과 수선의 개념을 도입한다. 개념을 제시할 것인가, (재)발견하도록 할 것인가? 초등 수학에서는 연역보다는 귀납을, 직접적인 제시보다는 경험과 관찰, 직관과 추측에 의한 (재)발견을 강조한다. 개념 도입 단계만 놓고 본다면 아쉽다고 생각할 수도 있을 것이다. 그러나 이 수업 전체가 개념을 배우고 익히는 활동으로 구성되어 있지 않은가? 그와 같은 맥락에서 보면, 전체적인 활동과 놀이가 그와 같은 아쉬움을 충분히 상쇄하고도 남는다.

지금까지 이야기한 내용 외에도 많은 의견들이 오갔다. 추가하자면, 활동의 순서나 배치와 관련한 의견들이 있었다. 가령 직각 만들기 활동을 개념 적용 단계에서 수직 만들기 활동으로 배치하면 어떨까 하는 의견이 있었다. 몬드리안의 그림은 개념 도입 단계에서 제시하는 것이 효과적일 것이라는 의견 등이다. 학생들 간의 활발한 상호작용을 주문하는 의견도 있었다. 여기에 다 적을 수는 없을 것이다. 이야기를 나누는 과정에서 쟁점이 된 사항들을 중심으로 글을 쓰다 보니 우리 모임이 부정적인 인상을 주게 될지도 모르겠다. 함께한 동료들의 소감을 옮기고 싶었으나 상투적인 주례사가 될 것 같아 생략한다. 또한 장 선생님의 자기 성찰과 수업 후기를 옮기지 못한 것이 아쉽다.

──────────

다양한 활동과 재미있는 놀이가 인상적인 수업이다. 반복하는 말이지만, 그런 까닭에 시종 웃음이 끊이지 않는다. 학생들의 관심과 동기를 강화하거나 활동이나 놀이에 재미를 더하는 선생님의 트릭도 인상적이다. 장 선생님의 유머 감각도 수업에 재미를 더하는 요소일 것이다. 때문에 학생들이 시종일관 학습 활동에 몰입할 수 있었던 것이 아닐까? 실뜨기 놀이, 교실 안에서 직각을 찾는 활동, 몸에서 수직을 찾는 활동, 몬드리안의 그림에서 수직을 찾는 활동의 말미에 추가한 '양념' 같은 이야기도 기억에 남는다. 앞에서 이야기한 것처럼 '사고' 없는 활동과는 거리가 먼 수업이다. 모처럼 재미있는 수업을 볼 수 있었다. 게다가 수업을 보면서 동료들과 이야기를 나눈 것은 또 하나의 즐거움이었다.

모임이 끝나고, 같은 주제로 수업을 실행해본 동료들이 하는 말이 있다. "실제 수업 상황에서는 말처럼 쉽지 않다는 것"이다. 그럼에도 함께 이야기를 나누는 것이 도움이 된다고 말한다. 동료들과 함께 공부하는 것이 쉽지는 않지만, "교실에서 하나씩 꺼내 쓸 때의 기쁨"은 포기할 수 없다고. 수업을 보여주고, 모임에서 함께 이야기를 나눈 당사자의 소감도 빼놓을 수 없을 것이다. "'비디오 비평'의 한계 때문에 생긴 몇몇 사소한 오해들을 제외하고는 대체적으로 공감할 수 있었다"고 한다. "다른 관점과 폭넓은 시각을 접할 수 있었고, 함께 성장 할 수 있었던 시간이었다"고 한다. 다음 차례를 기다리고 있는 수업이 기대가 된다. 그때는 장 선생님이 함께 이야기를 나누는 동료로 자리를 옮기게 될 것이다.

9.
조작 활동과 스토리텔링의 교육적 함의

초등학교 3학년 수학 수업이다. 이 수업은 2012년 청주교육대학교 교육연구원에서 주최한 '제3회 창의적 수업 사례 공모전' 수상작이다. 해를 거듭하면서 '수업공모전'에 당선한 수업들이, 참여하는 교사들의 도전과 탐구가 궁금하지 않을 수 없다. 이 수업을 통해 변화와 대안을 모색하는 수상작들의 일면을 볼 수 있을 것으로 기대한다. 청주교육대학교 교육연구원 초등교육지원센터 수업 동영상 자료실Video Library에 게시된 수업 관련 정보를 보면, 고은이 선생님은 '수학 이야기 만들기 과정을 통한 문장제 문제 해결 능력 향상'을 주제로 수업 연구를 진행해온 것으로 보인다. 고 선생님의 수업 리포트가 궁금하지만, '주제' 외에는 공개된 정보와 자료가 없어 그와 같은 아쉬움은 접어야 할 것 같다.

스토리텔링 수학은 2009년 개정교육과정에 따라 2013년 초등 1~2학년과 중학교 1학년에 도입되었으며, 2014년에는 초등 3~4학년, 2015년에는 초등 5~6학년까지 순차적으로 확대된다. 스토리텔링이 새로운 트렌드로 등장한 것일까? 그간 사례가 없었던 것은 아니나 근래의 확산 속도는 개정교육과정의 영향일 것이다. 고 선생님은 교육과정의 개정에 한발 앞서 스토리텔링을 수업의 도구로 활용하고 있다. 그것도 수업 연구의 주제로 설정할 만큼 비중 있게 다루고 있다. 뿐만 아니라 구체물 조작 활동도 의미 있게 배치하고 있다. 따라서 이와 관련하여 고 선생님이 수업을 핸들링하는 방식을 눈여겨볼 것이다. 수업의 흐름을 따라가며 조작 활동과 스토리텔링의 효과 혹은 교육적 함의를 추적해볼 생각이다.

수업 보기

'들이' 학습에 이어 '무게'를 도입하는 수업이다. 이와 관련하여 교육과정을 간략하게 살펴보자면 1학년에서는 무게와 들이를 각각 비교하고, 2학년에서는 단위 길이를 이용하여 길이를 측정하고 합과 차를 구하는 방법을 학습한다. 3학년에서는 길이의 단위를 확장하여 합과 차를 구하고, 들이와 무게를 각각 비슷한 방법으로 학습한다. 이 수업은 일상생활의 예를 통해 무게를 비교하면서 임의 단위 사용의 불편함을 알아보는 것이다. 구체적으로는 양손, 양팔저울, 임의 단위로 무게를 비교해보고, 통일된 '단위의 필요성'에 대해 생각해보는 시간이다. 수업 동영상이 주로 전체적인 모습을 담고 있어 개별적인 학습의 경로와 변곡점을 포착하는 데에는 한계가 있다. 선생님의 이야기 구연으로 수업이 시작된다.

도입

"욕심쟁이 친구들, 서로 먼저 인사하겠다고 난리군."

고 선생님이 학생들 앞에 앉아서 이야기를 시작한다. 10여 명의 학생들이 러그 미팅을 하듯 교실 중앙에 앉고, 나머지 학생들은 ㄷ자 모양으로 배치된 자리에 앉아 선생님의 이야기에 눈과 귀를 모으고 있다. 선생님이 양손에 인형을 끼우고, 오리와 강아지를 구연한다.

"두 친구들은요. 욕심이 많아가지고, 만나기만 하면 자기 자랑에 정신이 없답니다. 난(오리) 얼굴이 이뻐. 난(강아지) 키가 커. 나(오리)는 멋있는 깃털을 가지고 있어. (강아지)으흠~. 이 귀 보이니? 이렇게 자기 자랑만 하는 오리와 강아지는요. 어느 날, 내(오리)가 무거운 연필 하

강아지와 오리가 서로 지우개와 연필의 무
게를 다투고 있다.

나를 샀어. 네가 가지고 있는 연필이랑은 차원이 달라. 어, 정말 기다란 게 무거울 것 같아요. 무슨 소리? 나(강아지)는 무거운 지우개를 샀어. 이렇게 넓적한 거 봐 봐. 네가 산 연필이랑은 비교도 안 돼. (강아지와 오리가 서로 다투며) 아니야. 내 것이 더 무거워. 내 것이 무거워. 내 것이 더 무거워. 이렇게 싸우고 난리가 났습니다."

"여러분, 자리로 돌아가세요."

구연이 끝나고, 교실 중앙에 앉아 있던 10여 명의 학생들이 제자리로 돌아간다. 선생님도 칠판 앞으로 자리를 옮긴다. 그러고는 들려준 이야기를 바탕으로 이 시간에 공부하게 될 내용을 떠올려보라고 말한다.

"무게를 알아볼 것 같습니다."

수빈이의 대답이다. 공부할 문제(무게를 알아보자)를 판서하고, 이어 공부할 순서를 묻는다.

"생각을 열어볼 것 같습니다(1. 생각 열기)."

"활동을 해볼 것 같습니다(2. 활동하기)."

"이야기 만들기(3. 이야기 만들기)"

학생들이 차례대로 답하고, 선생님이 칠판에 받아 적는다.

"이 두 물체(연필과 지우개) 중에 어떤 게 더 무거울까요?"

선생님의 질문에 학생들의 응답이 갈리나 '지우개' 쪽으로 기운다. 선생님의 질문이 이어진다.

"이것을 알아볼 수 있는 방법은 어떤 것들이 있을까요?"

질문에 덧붙여 교실에서 사용할 수 있는 방법이면 더 좋겠다고 말한다. 선생님의 거수 신호에 학생들이 손을 들어 답한다. 양팔저울(지언), 손으로(운재), 전자저울(경현), 저울(아라)로 재볼 수 있다고 차례로 답한다. '단위'라는 응답도 들린다. 방법이 여러 가지다.

선생님은 우선 "지금은 아무 도구도 없기 때문에" 양손을 이용해서 무게를 재보겠다고 말한다. 그러고는 양손에 연필과 지우개를 들어 보인다.

"어떤 게 더 무겁지?"

선생님은 잘 가늠이 안 된다고, 일부러 교실 앞쪽의 보민이에게 기회를 넘긴다.

"어떤 게 더 무거운지 느껴보세요."

보민이가 일어나서 양손으로 연필과 지우개의 무게를 가늠해본다. 보민이는 지우개가 무거운 것 같다고 한다.

> **교사** 이렇게 물체를 직접 손으로 비교해보았을 때 알 수 있는 물체면 바로 비교할 수 있는데, 혹시 블록 하나랑, 주사위 하나, 둘, 셋, 세 개. 어, 개수로 하면 주사위가 당연히 무거운 것 같고, 생긴 걸로 보면 블록도 만만치 않을 것 같고요. 여러분, 주사위 세 개와 블록 하나의 무게를 젤 수 있는 방법에는 어떤 것들이

있을까요?

학생들은 양팔저울(주현), 전자저울(지원), 저울(수현)로 잴 수 있다고 답한다. 선생님은 학생들의 응답을 '저울 이용', '양팔저울 이용', '전자저울 이용' 순으로 칠판에 적는다. 그러고는 판서한 내용을 가리켜 환기하고, 학생들에게 추가로 묻는다.

"또 다른 방법 있을까요?"

"단위로 재봅니다."

진영이의 답변이다.

"음, 예를 들면 단위라는 것은 어떤 것을 말하는 건가요?"

"공깃돌이나 바둑돌입니다."

민제가 진영이의 답변을 보충한다. 선생님은 '단위를 이용하는 방법'을 '양팔저울 이용'의 다음 순서로 적어 넣고, '손을 이용하는 방법'을 '저울 이용'의 앞 순서로 추가한다.

활동하기: 양손, 양팔저울, 단위로 무게 비교하기

이제 학생들이 그와 같은 방법으로 블록 한 개와 주사위 세 개의 무게를 비교·측정할 차례다. 칠판에 열거한 방법 가운데 무게를 정확하게 측정할 수 있는 방법을 알아보려는 것이다. 선생님은 우선 첫 번째 방법(손을 이용하는 방법)으로 무게를 비교해보라고 안내한다. 학생들이 모둠별로 준비된 통에서 블록과 주사위를 꺼낸다. 비교적 간단한 활동이다. 이어 '양팔저울'과 '단위'를 이용하여 측정하는 활동도 순차적으로 진행할 예정이다. 학생들의 활동이 끝난 듯 선생님은 집중의 박수(짝짝짝, 집중!)로 자리를 정돈한다.

교사 양손을 이용해서 무게를 비교해보았는데요. 어떤 게 더 무거운 거 같나요?

지원 똑같은 거 같습니다.

준모 주사위가 더 무거운 거 같습니다.

채원 똑같은 거 같습니다. 왜냐하면 손으로 재어보니 확실하지 않기 때문입니다.

고 선생님은 학생들과 간단한 문답으로 활동 내용을 정리한다.

"양손을 이용해서 무게를 재어보니까 여러분 어때요?"

"정확하지 않아요."

학생들은 어렵지 않게, 예정된 결론에 이른다. 양손으로는 '무게를 정확하게 비교할 수 없다'는 것이다. 이에 고 선생님은 앞서 판서해놓은 방법을 순서대로 지시해가며, 다음 단계의 활동을 안내한다. 무게를 좀 더 정확하게 비교하기 위해 양팔저울을 이용하거나 단위(공깃돌, 바둑돌)를 활용할 차례다.

학생들이 양팔저울을 유심히 지켜본다. 저울이 블록 쪽으로 살짝 기운다.

선생님의 안내에 따라 학생들이 바로 모둠 활동을 시작한다. 양팔저울을 이용하여 '블록 한 개'와 '주사위 세 개'의 무게를 비교하는 활동이다. 양팔저울의 모양이 조금 특이하다. 투명 아크릴 혹은 플라스틱으로 만들어진 사각의 컵 모양이다. 컵은 탈착이 가능하다. ㄱ 선생님은 뒤쪽으로 자리를 옮겨 모둠 활동을 돕는다. 학생들이 양팔저울의 한쪽에 주사위를 담고, 다른 한쪽에는 선생님이 블록을 넣는다. 그러고는 양팔저울을 유심히 지켜본다. 저울이 블록 쪽으로 살짝 기운다.

"어떤 게 더 무거워?"

"이거(블록)요."

다음은 학생들이 바둑돌과 공깃돌을 활용하여 무게를 비교하는 순서다. 모둠 친구들과 서로 의논해가며 '주사위 세 개'와 '블록 한 개'의 무게를 재느라 떠들썩하다. 카메라의 앵글이 전체적인 모습을 담고 있어 모둠 활동을 관찰하기는 어렵다. 그 사이에 선생님은 칠판에 '무게 비교표'를 그리고 있다. 판서를 마치고는 다시 모둠을 돌아보며 학생들의 활동을 확인한다. 잠시 후 선생님이 차임벨을 울린다. 활동이 채 마무리되지 않은 듯 열기가 쉽게 가라앉지 않는다. 선생님의 지시에 따라 집중의 박수를 치고 나서야 학생들이 활동을 멈추고 자리를 정돈한다.

> **교사** 여러분, 양팔저울을 이용하니까 (판서해놓은 '무게 비교표'를 짚어가며) 주사위 세 개와 블록 한 개, 어떤 게 더 무겁던가요?
>
> **성은** 블록이 더 무겁습니다.

선생님이 검지와 중지를 펴든 학생들의 수신호를 살피고, 질문을 해가며 모둠 활동 결과를 확인한다. 같은 결과가 나온 모양이다.

"그렇죠. 블록이 더 무거웠어요."

'무게 비교표'에 부등호(주사위 세 개 < 블록)를 그려 넣고, 학생들에

게 질문을 던진다.

"블록이 얼만큼 무거웠나요?"

"상당히 많이."

누군가의 응답 소리가 작게 들린다. 그러자 선생님이 재차 묻는다.

"아뇨."

무게의 차이를 수치로 나타낼 수는 없다는 것이다.

"그래서 우리가 사용한 게 그다음 단계인 공깃돌, 바둑돌로 비교해 보았어."

"첫 번째 바둑돌로 해보니까, 바둑돌 몇 개와 같았을까?"

선생님이 학생들의 응답을 받아 '무게 비교표'에 기입한다. 이를 표로 정리하면 다음과 같다.

무게 비교표

구분	주사위 세 개	블록 한 개
바둑돌	주현 : 15개	진혁 : 16개
공깃돌	세인 : 13개	교사 : 13 < 14, 15, 16⋯

"그러면 블록은요. 공깃돌 몇 개의 무게와 같았어요?"

"블록은 주사위보다 바둑돌 한 개만큼 더 무겁네요."

선생님이 바둑돌로 측정한 무게의 차이를 간단하게 정리한다.

"그러면 블록은요. 공깃돌 몇 개의 무게와 같았어요?"

"이거 해본 친구?"

"시간이 너무 부족했어요."

블록의 무게를 측정할 시간이 없었던 모양이다.

"그러면 블록은 몇 개와 같다고 할 수 있을까? 열세 개보다는 더……."

"많아요. 높아요."

선생님이 문답을 통해 유추한 개수를 표에 적어 넣는다. 그러고는 판서한 내용을 가리키며, "양손과 양팔저울을 이용해서 무게를 비교할 때 어떤 점이 다른지"를 묻는다.

"양팔저울을 사용하면 더 정확하게 알 수 있습니다."

운재의 답변이다. 서경이도 답변을 추가한다.

"양손을 이용하면 정확하지 않을 수도 있습니다."

선생님이 두 방법의 차이를 명료하게 정리한다.

"그렇죠. 양팔저울로 더 정확한 무게를 잴 수 있겠죠."

이어서 선생님은 양팔저울과 단위(공깃돌, 바둑돌)를 이용할 때의 차이점을 묻는다.

"어떤 점이 달랐지?"

학생들이 잠시 머뭇거리자 "틀려도 되니까 자신 있게 말해"보라며 격려해준다.

"단위는, 공깃돌이나 바둑돌로 재볼 수 있으니까 얼마나 더 무겁다고 할 수 있어서 더 정확합니다."

정은이가 명쾌하게 답한다. 단위를 이용하면 양팔저울로 비교할 때와는 다르게 무엇이 얼마만큼 더 무거운지 알 수 있다는 것이다. 이로써 여러 가지 방법으로 무게를 비교해보는 학습 활동이 마무리된다.

학생들의 조작 활동과 문답을 통한 학습내용 정리에 이르기까지 학습의 흐름이 매우 순조롭다.

이야기 만들기

"이 사실을 알게 된 강아지와 오리는요. 단위 하나씩, 이것(공깃돌)은 강아지가, 하나(바둑돌)는 오리가, 그리고 양팔저울을 하나씩 들고 신나게 달려갑니다"라고 선생님이 학습 활동을 매끄럽게 전환한다.

"'나는 앞으로 무게를 정확하게 잴 수 있어'라면서 막 달려가요."

'이야기 만들기'에 앞서 간단한 시범을 보이려는 것이다. 선생님이 강아지와 오리 인형을 손에 끼우고, 이야기를 풀어놓는다.

> **교사**　둘이 서로 잘난 체 많이 한댔잖아요. 이제 뭘로 잘난 체할까 고민하던 강아지가요. 공깃돌 일곱 개와 같은 무게의 공을 들고 자랑하려고 오리에게 가요. "난 공깃돌 일곱 개, 이렇게 무거운 공을 샀으니까 오리한테 자랑해야지!" 이 소식을 전해 들은 오리는 '난 무조건 강아지보다는 더 무거운 공을 살 거야'라는 생각으로 바둑돌 아홉 개, 더 무거운 걸 사야 하니까 바둑돌 아홉 개와 같은 무게의 공을 사죠. 공을 사가지고 오리가 강아지에게 자랑을 하러 갑니다. "룰루랄라~ 당연히 내 공이 더 무거울 거야!" 그런데 이게 웬일? 갔더니 강아지가 산 공과 오리가 산 공의 무게가 똑같은 거예요. 오리가 "어, 자존심!"

고 선생님의 스토리텔링이다. 이어 학생들에게 '이야기 만들기'의 주제를 제시한다. 선생님이 들려준 이야기처럼 무게를 잴 때 단위가 다

르면 어떤 상황이 벌어질지 상상해보라는 것이다. 이야기를 식접 민
들어보자는 것이다. 학생들이 바로 이야기를 만들기 시작한다. 익숙한
활동인 듯하다. 선생님은 칠판 오른쪽에 '무게를 잴 때 단위가 다르면
어떤 일이 생길까?'라고 '이야기 만들기'의 주제를 적어놓는다. 그러고
는 시작을 못 하고 있는 한 학생에게 다가간다. 이렇듯 선생님은 학생
들을 살펴가며 과제 수행을 돕는다.

'무게를 잴 때 단위가 다르면 어떤 일이 생
길까?' 주현이가 이야기를 발표한다.

선생님은 막간을 이용해 발표용 의자 위에 마이크를 갖다 놓고, 손
을 들어 도움을 요청하는 학생에게 다시 다가간다. 학생들은 저마다
자신의 이야기를 만드느라 여념이 없다. 5분 정도 흘렀을까? 선생님이
차임벨을 울린다. 종료 신호다.

"오늘 무게 이야기를 들려줄 친구는 누구인가요?"

선생님은 첫 번째 텔러로 주현이를 지명한다. 몇몇 학생들이 선생님
의 안내에 따라 교실 중앙('이야기 자리')으로 자리를 옮긴다. 그게 불
만인 듯 제자리에 앉아 있는 친구들의 불평소리가 들린다. 주현이가
발표자용 의자에 앉아 마이크를 잡고 발표를 시작한다. 이야기를 정
리해서 옮기자면 다음과 같다.

|주현| 어느 마을에 물건을 잘 파는 상인이 있었습니다. 그 상인은 어떤 사람에게 주문을 받았습니다. 그 사람은 빵을 아주 잘 만드는 사람이었습니다. 그런데 빵을 잘 만드는 사람이 "통밀과 쌀, 그리고 밀을 각각 장기짝 9개 무게만큼 주시오" 라고 말했지요. 그래서 그 상인은 통밀과 쌀 그리고 밀을 포장해서 주었지요. 그렇지만 그 상인은 한 가지 실수를 했어요. 장기짝 9개의 무게만큼을 주지 못하고, 바둑돌 9개의 무게만큼을 줘버린 거예요. 그런데 갑자기 누가 문을 쾅 열었어요. 그 사람은 바로 빵을 잘 만드는 사람이었어요. "이보게. 자네가 우리 빵집을 망쳤어." 하고 문을 꽝 닫고 가비렸습니다. "왜 그런 거지? 아, 맞다. 우리 성 주변은 장기짝은 없고, 바둑돌만 있어서 바둑돌 9개의 무게만큼을 줬어." 그래서 그 상인은 미안해서 주인에게 바둑돌 20개 무게의 통밀과 쌀, 그리고 밀을 빵을 잘 만드는 사람에게 선물로 주었지요. 그래서 상인과 빵을 잘 만드는 사람은 서로 사이좋게 잘 지냈습니다.

주현이의 이야기는 상인과 빵집 주인이 사용하는 단위가 달라 빵집 주인이 피해를 보게 된다는 내용이다. 뒤늦게 이 사실을 알게 된 상인이 미안한 마음에 빵집 주인에게 바둑돌 20개 무게의 통밀과 쌀, 그리고 밀을 선물한다는 이야기다. 두 번째 발표자는 소윤이다. 소윤이는 호떡과 인형을 소재로 끌어온다. 이야기의 내용은 다음과 같다.

|소윤| 옛날에 토토라는 토끼와 티티라는 토끼가 살았어요. 엄마가 호떡을 다섯 개주자, 티티는 "야, 네 게 더 많잖아." 하지만 황당한 토토는 "아니야, 너도 다섯 개, 내 것도 다섯 개잖니." 그러자 엄마는 "그럼 양팔 저울로 재어 보자. 어때, 똑같지?" "우아, 정말 똑같네요." 티티가 말했어요. 그리고 호떡을 사이좋게 나누어 먹었답니다. 이번에는 엄마가 인형을 몇 개씩 사주셨습니다. 그런데 사촌 동생 토타가 티티의 곰돌이 인형 두 개를 가져가버렸습니다. 티티는 너무 화가 나서 토타를 세게 때렸습니다. 그러자 토타가 울었습니다. 그래서 토토가 더 귀여운 강아지 인형을 주었습니다. 그런데 티티의 인형은 열 개, 토토의 인형은 아홉 개였습니다. 그래서 엄마가 다시 토토에게 인형을 한 개 주셨습니다. 그러자 티티가 "이건 너무 불공평해"라고 말하자 엄마가 "아냐, 토토도 열 개, 티티도 열 개인 걸." "그럼, 전자저울로 재어봐요." 그래서 전자저울로 재어보니 토토의 인형들이 더 무거웠습니다. 그래서 티티는 "저 인형 한 개 더 사주세요. 토토의 인형이 더 무겁다고요." 그래서 엄마는 어쩔 수 없이 인형을 사주었습니다. 그리고 토토와 티티는 엄마와 같이 행복하게 살았답니다.

소윤이는 '남의 떡이 더 커 보인다'는 속담을 모티브로 이야기를 만들었다. 때문에 호떡의 무게를 양팔저울로 확인하게 된다. 호떡은 크기와 무게의 관계를, 인형은 개수와 무게의 관계를 따져보자는 것으로 보인다. 물건의 크기나 개수로는 무게를 판단할 수 없다는 것이다. 양에 대한 세심한 감각을 엿볼 수 있다. 이어지는 순서는 다현이 차례다. 약을 소재로 만든 이야기다.

> **|다현|** 우리(?)의 후손 두 명이 약사가 되었습니다. 첫 번째 약사가 바둑돌 두 개만큼의 약을 지으라고 하고, 두 번째 동생 약사는 공깃돌 두 개만큼 약을 지으라고 했습니다. 환자는 두 번째 약사의 약을 먹었지만 그래도 병이 낫지 못했습니다. 왜냐하면 두 번째 약사가 지은 약은 정확한 양의 약이 아니었기 때문입니다.

약을 조제할 때 두 약사들이 양을 재는 단위가 서로 다르다. 때문에 약을 복용했어도 환자의 병이 낫지 않았다는 이야기다. 이어지는 주홍이의 이야기에는 스승과 무거운 물건을 좋아하는 두 제자가 등장한다. 두 제자들은 상이한 단위로 무게를 재는 바람에 서로 다투게 된다. 그 정황을 알게 된 스승의 도움으로 갈등이 해결되고, 두 제자들이 같은 단위를 사용해야 무게를 비교할 수 있다는 사실을 알게 된다는 내용이다.

> **|주홍|** 옛날 어느 마을에 훌륭한 스승이 제자 두 명을 데리고 있었습니다. 두 명의 제자는 무거운 물건을 좋아했습니다. 두 제자는 우정이 두터웠지만 욕심과 샘 때문에 자주 다퉜어요. 어느 날 스승님이 잔치에 가셨는데 제자들은 서로 무거운 물건이 있다고 자랑을 했어요. 첫 번째 제자가 자기는 무거운 책이 있다고 자랑했어요. 질투가 난 두 번째 제자는 자기는 세상에서 가장 무거운 붓이 두 자루나 있다고 자랑했어요. 서로 자기의 물건이 더 무겁다고 우겼어요. 그런데 스승님이 이 모습을 보게 되고 말았어요. 그래서 스승님께 왜 싸웠는지 알려드렸지요. 그러자 스승님께서 저울을 가져와서 "이걸로 재보거라"라고 했죠. 첫 번째 제자는 공깃돌로, 두 번째 제자는 바둑돌로 재었어요.

> 바둑돌로 잰 제자가 이겼어요. 하지만 스승님께서는 똑같다고 하셨어요. 무게를 (서로) 다른 것(단위)으로 재면 무게를 알 수 없다고 하셨어요. 그제야 제자들은 똑같다는 것을 깨달았습니다.

정리

"이번 시간을 통해 새롭게 알게 된 점이나 느낀 점은 무엇입니까?"

네 친구들의 이야기 발표가 끝나고, 선생님은 학생들과 함께 공부한 내용을 정리한다. 주현이는 "단위를 이용하면 정확하게 잴 수 있다"는 사실을 알았다고 말한다. 소윤이는 '이야기 만들기'가 재미있었다고 답한다. 민제는 단위가 다르면 무게가 다르게 측정될 수 있다는 점을, 가현이는 양팔저울보다 단위를 이용하면 더 정확하게 비교할 수 있다는 점을 알게 되었다고 한다. 고 선생님은 이처럼 학습 내용을 간단히 정리하고, 발표하지 못한 이야기는 학급 홈페이지의 수학 이야기방에 올려 공유하자는 말을 덧붙인다. 그러고는 "단위가 다를 때의 불편한 점 때문에 전 세계 공통으로 하나로 통일하기로" 했으며, 다음 수학 시간에 그 '단위'에 대해 알아보자며 수업을 마무리한다.

조작과 관찰을 통한 (재)발견

사족부터 달자면 '무게'는 매우 추상적인 개념으로 '무겁고 가벼운 정도를 나타내는 양'을 뜻한다. 물리학에서는 중력가속도를 감안하여 무게weight와 질량mass을 구분하여 다룬다. 지구와 달을 예로 들자면, 물체의 질량이 같아도 무게는 다르다. 달의 중력가속도가 지구 표면의

6분의 1배이기 때문이다. 이렇듯 행성에 따라 작용하는 중력가속도가 달라서 질량과 무게를 구별하는 것이다. 그런 반면 수학에서 말하는 무게는 통상 질량을 뜻한다. 물론 이 수업은 이와 같은 개념적인 접근과는 무관하다. 단위의 필요성과 편리함을 아는 것으로 충분할 것이다. 학생들은 이미 체중계나 저울을 이용해본 경험이 있을 것이다. 실제 측정 활동을 바탕으로 무게 개념의 용법을 익히면 되는 것이다.

양팔저울로 사용하는 무게 측정기의 모양이 특이하다. 접시저울이 아니라 깊이가 있는 사각의 컵 모양이다. 게다가 투명 플라스틱 컵에는 들이를 잴 수 있는 눈금이 있고, 뚜껑까지 있어 고체의 무게뿐만 아니라 액체의 부피도 측정이 가능하다. 양팔저울과 저울추로 구성된 무게 측정기 세트는 시중에서 쉽게 구입할 수 있다. 시작부터 생뚱맞게 저울 이야기를 꺼낸 것은 그만큼 구체물 조작 활동이 중요한 까닭이다. 초등수학이 아니라면 구체물을 다룰 기회가 있을까? 구체물은 양감量感 기르기에 효과적이며, 조작 활동을 바탕으로 수학적인 원리나 규칙도 발견할 수 있다. 이와 같은 맥락에서 고 선생님은 적절한 교구를 준비하고, 학생들의 경험과 관찰을 세심하게 배려한 것일 게다.

'무게' 학습은 앞서 공부한 '들이'와 마찬가지로 양감과 관련이 있다. 양감은 기준 단위(양)를 바탕으로 전체의 양을 가늠하는 감각이다. 이는 수학뿐만 아니라 일상생활에도 꼭 필요한 감각이다. 그럼에도 우리는 구체물 조작 활동을 소홀히 하는 경우가 많다. 학생들이 양에 대한 감각을 기르자면 충분한 활동이 꼭 필요하지 않을까? 학생들은 양팔저울을 사용하기에 앞서 양손으로 블록 한 개와 주사위 세 개의 무게를 비교한다. 맞는 절차다. 측정 도구가 없는 상황에서 우리는 보통 자신의 몸이나 주변의 물건을 기준으로 양(量)을 헤아리지 않는가? 그렇게 양감을 기르는 과정에서 양의 차이를 비교하는 눈과 관찰력이 향상되는 것이다. 수학적인 사고나 판단력과도 밀접한 관련이 있음은 물론이다.

양손으로 비교해본 결과 지위이와 채원이는 '똑같은 것 같다'는 판단을 내놓는다. 준모는 '주사위가 더 무거운 것 같다'고 답한다. 학생들이 나중에 임의 단위(바둑돌)로 측정한 데이터를 미리 끌어오자면 충분히 가능한 의견들이다. '주사위 세 개'의 무게는 바둑돌 15개와, '블록 한 개'의 무게는 바둑돌 16개와 같다. 바둑돌 1개 차이다. 손으로는 어림하기가 쉽지 않은 무게 차이다. 때문에 학생들은 '무게를 정확하게 비교할 수 없다'는 예정된 결론에 이른다. 선생님이 자료와 교구를 준비하며 의도한 결론일 것이다. 때문에 다음 단계로 양팔저울을 이용하여 무게를 비교하게 된다. 양팔저울이 블록 쪽으로 살짝 기운다.

"블록이 더 무겁습니다."

이렇듯 무게를 정확하게 비교하려면 저울이 필요한 것이다.

다음 단계로 진행한 임의 단위(바둑돌, 공깃돌)로 무게를 비교하면, 그 차이를 수량으로 나타낼 수 있다. '주사위 세 개'보다 '블록 한 개'가 바둑돌 1개만큼 더 무겁다고. 공깃돌로는 '블록'의 무게를 재지 못한 모양이다. 시간이 부족한 탓이다. 선생님은 이를 바둑돌로 측정한 데이터를 근거로 유추하여 해결한다. 이로써 학생들은 양팔저울과 단위를 이용할 때의 차이점을 분명하게 정리할 수 있게 된다.

"공깃돌이나 바둑돌로 재보니까 얼마나 더 무겁다고 할(무거운지 알) 수 있어서 더 정확합니다."

구체물 조작 활동으로 발견한 촉감적인 지식이다. 이렇듯 학생들은 조작 활동을 바탕으로 '무게'와 관련된 양감을 기르고, 통일된 단위의 필요성에 접근한다. 이를 바탕으로 '무게'의 표준 단위를 도입하게 되는 것이다.

이만하면 조작 활동을 토대로 수학적인 사고의 기초를 충실히 다질 수 있는 수업이 아닐까? 이 수업은 활동하기(양손, 양팔저울, 단위로 무게 비교하기)와 이야기 만들기를 두 축으로 전개된다. 전자가 조작 활동을 바탕으로 한다면, 후자는 스토리텔링에 해당한다. 전자는 관찰과 유추를 바탕으로 한 (재)발견에 초점을 두고 있다. 부분적으로 조작 활동에 기초한 발견학습 모형을 취하고 있는 것이다. 학생들의 '활동' 과정을 보면, 조작 활동, 경험과 관찰을 중시하는 초등 수학의 특징을 잘 보여주고 있다. 이처럼 (재)발견과 귀납적인 사고를 통해 수학의 기초적인 개념, 원리, 법칙을 이해할 수 있는 능력을 길러줘야 할 것이다. 이를 교사가 직접적으로 제시한다면 학생들의 배움은 그만큼 축소될 것이다.

그럼에도 아쉬움이 없는 것은 아니다. 활동의 단계와 절차가, 안전 거리가 학생들의 오버래핑을 어렵게 한다는 점이다. 단계와 절차를 따른다고 좋은 수업이 되는 것일까? 단계와 절차에 충실할 경우 학습 활동을 효율적으로 전개할 수 있다는 장점을 모르지 않는다. 그러나 그로 인해 학생들의 사고가 정답의 궤도로 수렴되는 결과는 피하기 어렵다. 서로의 사고를 촉발하는 소통과 상호작용에 가담할 수 있는 기회가 사라지는 것이다. 그런 점에서는 학생들이 절차를 벗어나 각자의 생각과 판단에 따라 무게를 비교할 수 있는 방법을 찾고, 서로 공유하는 방식이면 어떨까 싶은 것이다. 물론 '무게' 학습의 포인트는 개념이나 원리 차원의 사고보다는 실생활에 필요한 기본 소양을 기르는 것이다. 그런 관점에서 보면, 이 수업에서 활발한 상호작용을 주문하는 것은 맥락을 모르는 기대일지도 모르겠다.

덧붙여 추가하자면 이런 상상도 가능할 것이다. 임의 단위로 공깃돌, 바둑돌과 함께 그보다 무거운 물건이나 현저히 가벼운 물건을 제공해 준다면 어떨까? 아마도 '적절한' 단위를 가려내기 위해 분주해질 것이다. 간접적으로나마 '단위 발견의 역사'를 (재)발견해보는 것이다. 또한 단위 표준화의 필요성에 좀 더 접근할 수도 있을 것이다. 이렇듯 정답의 발견이 아니라 발견하는 과정 그 자체의 재미에 빠져보는 것도 괜찮을 것이다. '정답' 찾기로 환원되지 않는 '발견'에 도전해보는 것이다. 결국에는 정답으로 수렴될지라도 그와 같은 활동은 그 자체로 수학의 가치를 경험해볼 수 있는 학습이 아닐까? 이렇게 '이상형'을 추가로 주문하게 되는 것은 궤도를 벗어난 오버래핑을 볼 수 없다는 아쉬움 때문일 것이다.

스토리텔링 수학

이 수업은 스토리텔링까지 활용하고 있어 다채로운 느낌이다. 고 선생님은 스토리텔링을 두 가지 방식으로 활용한다. 하나는 도입과 예시로 이야기를 들려주는 방식이다. 도입부의 '연필과 지우개 자랑', 후반부의 '이야기 만들기'에 앞서 예시로 들려주는 '공 자랑' 이야기가 여기에 해당할 것이다. 전자가 학생들을 문제 상황 속으로 초대한다면, 후자는 시범 보이기에 해당할 것이다. 이야기는 강아지와 오리가 자기 물건이 더 무겁다고 서로 다투는 내용이다. 다른 하나는 '이야기 만들기' 활동이다. '이야기 만들기' 단계에서는 통상 말하기telling를 의미하는 스토리텔링의 외연을 쓰기writing로까지 확장하고 있다. 이와 같은 교수 전략은 학생들의 포지션을 스토리텔러로 전환하는 효과를 산출한다.

이처럼 스토리텔링을 유인과 예시의 도구로 활용하면서 학습 활동을 자연스럽게 전환하는 교수기술teaching skill도 인상적이거니와 학생들이 직접 스토리텔러로 활동한다는 점에서 매우 긍정적인 수업이다. 고 선생님의 '수업 연구 리포트'를 볼 수가 없어 단정할 수는 없으나 '수학 이야기 만들기'는 수업 연구를 수행하면서 고안한 교수 전략teaching strategy일 것이다. 혹은 학생들에게 강조해온 학습 전략learning strategy이라고 해도 될 것이다. 앞서 공부한 비슷한 패턴의 '들이' 학습을 감안하더라도 학생들이 '수학 이야기'를 만들어 발표하는 모습은 그간의 연구 성과를 잘 보여주고 있다. 학생들은 짧은 시간임에도 학습한 내용을 바탕으로 그리 어렵지 않게 이야기를 만들고, 친구들에게 들려준다.

학생들은 자신과 친숙한 일상의 소재를 끌어온다. 통밀과 쌀을 재료로 만드는 빵, 간식으로 즐기는 호떡, 곰돌이와 강아지 인형, 약, 책과 붓을 소재로 이야기를 만든다. 이야기에 등장하는 캐릭터도 다양하다. 빵집 주인과 원료 거래처의 상인('주현이의 이야기'), 인형의 수량을 다투는 토끼 자매('소윤이의 이야기'), 약사와 환자('다현이의 이야기'), 욕심과 샘이 많은 두 제자와 스승('주홍이의 이야기')이 등장한다. 전체적으로 무게를 측정할 때 사용하는 기준 단위가 다르기 때문에 발생하는 에피소드들이다. 학생들의 '이야기 노트'가 궁금하다. 또 어떤 캐릭터들이 다투고 있을까? 이렇듯 학생들은 '활동하기' 단계에서 정리한 수학적 경험과 지식을 이야기로 만든다. 이와 같은 활동은 수학을 생활과 결합하는 효과가 있을 것이다.

네 편 가운데 소윤이의 이야기는 다소 흥미롭다. 토끼 자매(?)가 호떡과 인형의 수량을 두고 다투는 내용으로, '남의 떡이 더 커 보인다'는 속담을 모티브로 하고 있다. 사고의 흔적을 추적해보면 이렇다. 개수가 동일하지만 호떡은 크기가 다르고, 인형은 무게가 다른 모양이다. 호떡은 크기와 무게, 인형은 개수와 무게의 관계를 따져보자는 것이다. 측정 결과 호떡은 무게가 같은 것으로, 인형은 무게가 다른 것으로 나온다. 크기나 개수로는 무게를 판단할 수 없다는 생각을 표현한 것으로 보인다. 소윤이의 이야기는 이 시간의 학습 포인트를 함축하고 있을 뿐만 아니라 양에 대한 풍부한 감각을 보여준다. 이처럼 학생들의 '이야기 노트'에는 또 다른 상상력과 창의적인 아이디어가 담겨 있을 것이다.

이 수업에서 볼 수 있듯이 스토리텔링은 일반적으로 내러티브가 지니는 폭넓은 교육적 가치에 바탕을 둔다. 내러티브는 수용에서 생산에 이르기까지 다양한 방식으로 학습 활동에 연결될 수 있다. 이를 바탕으로 스토리텔링은 설명과 전달, 동기 및 집중 강화, 질문과 예시, 도입과 정리 등의 다양한 맥락에서 수업의 도구로 활용된다. 이를 수학 수업에 활용할 경우 학습의 동기화, 학생 참여도, 장기 기억 등에 효과가 있으며, 실생활 연계, 분석적 기술과 문제 해결력의 향상에도 도움이 된다고 한다. 뿐만 아니라 수학 교과 내부로 수렴되지 않는 효과들도 있을 것이다. 가령 말하기와 쓰기를 비롯한 언어 능력의 향상, 범교과적 연결과 통합, 상상력과 창의성의 발달 등이 이에 해당할 것이다.

그럼에도 스토리텔링의 효과에 대한 검토는 필요할 것이다. 수학은 논리와 규칙을 강조하며, 추상적인 개념과 정의를 탐구하는 교과다. 그런 까닭에 스토리텔링이 재미나 흥미로, 부실한 이야기로 개념과 논리를 포맷한다는 지적도 없지 않다. 그러나 이 수업은 그와 같은 빈틈을 허용하지 않는다. 초등 수학은 정의, 공리, 정리로 시작하는 중등 수학과는 달리 경험, 관찰, 직관으로부터 출발한다. 초등 수학은 개념, 원리, 규칙을 (재)발견하는 직관을 기르는 과정이 아니던가? 그로부터 추상적인 개념과 논리의 차원으로 옮겨 가는 것이다. 이 수업은 스토리텔링과 함께 조작 활동을 균형 있게 배치하고 있다. 두 가지 활동이 서로 상보적으로 기능한다는 생각이 든다. 그와 같은 지적을 충분히 상쇄할 수 있는 교수 전략이 아닐까?

물론 도입부와 '이야기 만들기'에 앞서 예시로 들려주는 이야기는 다소 조악하다. 수업의 연결과 전환은 자연스럽지만 학습 내용을 충분히 함축하고 있다고 보기는 어렵다. 그렇다고 이야기의 내용적인 완성도나 문학적인 구성까지 주문하는 것은 지나친 기대가 아닐까? 수학적 사고와 의사소통을 강조하는 관점에서 보자면 학생들 간의 상호작용이 아쉽다는 지적도 피할 수 없을 것이다. 학생들의 응답이나 발표에 대한 선생님의 피드백도 다르지 않다. 피할 수 없는 선택이었을까? 아마도 조작 활동과 스토리텔링에 할애할 시간이 부족했을 것이다. 때문에 서로의 의견에 기대어 사고가 촉발되는 모습을 찾아보기는 어렵다. 그런 점에서는 사고와 의견들이 서로 교차하는 '추가 시간'이 아쉽다는 생각이 든다.

스토리텔링 수학은 '2009년 개정교육과정'에 따라 2013년 초등 1~2학년을 시작으로 연차적으로 도입된다. 관심과 기대와는 달리 시작부터 '무겁고 두꺼운' 교과서, '이야기'를 덧입힌 교과서라는 회의적인 반응이 대부분이다. 교육과정의 '잦은 개정'에 따른 피로감 탓일까? 아니면 '조급한 추진'으로 인해 준비가 부족했던 것일까? 교사들은 스토리텔링 수학에 대해 또 하나의 '패션'이 추가된 것 이상으로 받아들이지 않는 분위기다. 교과서 집필자들조차 "나는 스토리텔링에 동의한 바가 없으며, 다만 수학적인 내용만 채울 뿐"이라고 말한다. 그러나 '스토리텔링 수학'과 '스토리텔링의 가치'를 혼동할 필요는 없을 것이다. 그와 같은 '현장 리포트'로 스토리텔링의 교육적 함의를 무시할 수는 없지 않을까?

한마디 추가하고 마무리할까 한다. 각종 수업 트렌드가 각축을 벌이듯 새롭게 등장하고 언제 그랬냐는 듯 자취를 감춘다. 그리고 그때마다 최신 트렌드와 메이크업 기술로 시선을 사로잡는 스펙터클한 수업 공학이 탄생한다. 물론 새로운 경향과 추세에 대한 관심은 낡은 습속을 벗어나기 위한 방편일 것이다. 그러나 분별없는 추수追隨는 무망한 노릇이다. 좌표를 잃고 유행을 따라 표류하게 되는 까닭이다. 충분히 숙고할 여유도 없이 새로운 경향과 추세에 자리를 내주는 사례가 허다하지 않던가? 근래에는 스토리텔링이 새로운 수업 트렌드로 부상하면서 항간의 관심을 끌고 있다. 스토리텔링을 유행처럼 소비하고 말 것이 아니라면 그것의 적절성과 효과에 대한 분별이 필요할 것이다.

지금의 스토리텔링 수학은 장사치들의 학습 만화처럼 재미와 흥미 위주의 관심을 넘어서지 못하고 있다. 수학에 이야기의 재미나 흥미를 서비스하는 수준이랄까? 기능적인 계산과 반복의 피로를 단지 재미나 흥미로 해결할 수는 없을 것이다. 그럼에도 우리는 고 선생님의 수업에서 희망을 발견한다. 고 선생님 같은 분들의 수업 개발과 연구로 스토리텔링의 쓸모와 가치를 (재)발견할 수 있을 것이다. 지금은 '더 나은 실패'의 경험을 축적할 필요가 있다고 생각한다. 이를 바탕으로 한때의 유행으로 사라지는 '패션'을 넘어 새로운 수업 도구로 정립되어갈 것이다. 그렇지 않다면 '더 나은 실패'라는 모티브는 공허한 반복에 불과할 뿐 대안적인 수업 혹은 수업 문화와는 인연이 없을 것이다.

10.
수업의 길을 묻다

방지현 선생님의 수업은 공교육 일반과 초
등 수업의 '타자'로 말을 걸어온다.

이우학교 방지현 선생님의 수업(고1 국어 수업, 2009)[13]은 공교육 일반과 초
등 수업의 '타자'로 말을 걸어온다. '대안학교'라는 점과 '배움의 공동체' 운
동을 4년 넘게 지속해오고 있다는 점에서 공교육 일반과는 수업 문화적 환
경이 다르기 때문일까? 오비디우스의 『변신 이야기』에 나오는 '피그말리온의
사랑'을 텍스트로 활용한 수업(이하 '피그말리온' 수업)이다. 교육심리학에서
흔히 따오는 '피그말리온 효과Pygmalion Effect'를 모르지 않을 것이다. 심리학의
'자성예언(自成豫言, self-fulfilling prophecy)'과 크게 다르지 않은 뜻으로 쓰
인다. 우리에게 익숙한 통념이다. 그러나 방지현 선생님은 학생들이 텍스트와
다르게 만날 수 있도록 세 가지 질문을 던진다. 학생들은 모둠 토의와 발표를
수행하면서 자신의 사고와 판단에 따라 배움을 나눠 갖는다. 토론은 자신의
'조각상'을 찾기 위한 글쓰기로 연결된다.

우리가 본 수업 장면은 글쓰기 전의 단계다. 수업을 비디오로 보는 것은
리얼 타임으로 보는 것과 다르게 앵글의 제약을 벗어나기 어렵다. 물론 리얼
타임으로 수업을 보더라도 비디오 분석은 필요한 작업이다. '피그말리온' 수
업 역시 수업의 패턴은 볼 수 있지만, 내러티브적 주체로서의 학생들을 깊이
있게 살피는 데에는 한계가 있다. 그럼에도 우리는 '피그말리온' 수업에 기대
어 몇 가지 질문을 던질 수 있을 것 같다. 우선 공교육 일반과 다른 수업의
가능성을 제시할 수 있을까 하는 것이다. 과연 '시간 부족', '다인수 학급', '입
시 대비' 등과 같은 '한국형' 수업 환경의 제약을 넘어설 수 있을까? 또한 '피
그말리온' 수업은 '초등' 수업의 바깥에서 말을 걸어오는 타자이기도 하다. 기
존의 관념과 익숙한 문법을 흔든다. 단순히 학교 급이 다른 데서 기인하는
차이로 환원할 수 없는 '균열의 쾌감'이 있다.

이벤트와 접대의 정치학

수업 비평 모임에서 수업연구대회에 입상한 수업들을 다룬 적이 있다.[14] 이들은 개성적인 차이에도 불구하고 공통적인 수업의 문법을 공유하고 있다. 가령 명시적인 수업 목표, 스펙터클한 동기 유발, 다양한 활동, 화려한 자료들, 수업 단계들의 정확한 조립, 매끄러운 통제 혹은 통솔, 형성 평가 등의 공통적인 특징들을 발견할 수 있다. 이 수업들 간에 구성되는 동일성은 심사 준거에 충실한 까닭일 것이다. 이렇듯 평가는 동일성을 구축하는 메커니즘으로 작동한다. 우리가 수업연구대회 수업들에서 익숙한 문법을 위협하는 균열의 타자를 만나기 어려운 이유가 거기에 있다. 그리고 그런 까닭에 수업연구대회 수업들은 대개가 "공허하고 위태롭다."[15] 물론 개성적인 스타일과 기본 요건을 제대로 갖추고 있는 수업도 많다. 참가자들의 그런 노력까지 매도하려는 것은 아님을 길게 설명할 필요는 없을 것이다.

표준화된 수업의 문법을 따르면서도 성공적인 수업은 얼마든지 가능하다. 에듀넷이나 시도 교육 당국의 홈피에 접속해보면 그런 수업들을 어렵지 않게 만날 수 있다. 어떤 편견이나 거부감을 가지고 본다면 그런 수업들을 만나기는 요원한 일이다. 수업을 '있는 그대로' 볼 수 있을 때 안목이 깊고 넓어질 수 있다는 사실을 새삼 강조할 필요가 있을까? 그런 수업들을 보면서 수업의 '정석' 혹은 '문법'을 제대로 익힐 필요가 있다. 그러고는 그 정석 혹은 익숙한 문법의 세계를 자유롭게 넘어설 수 있어야 한다. 교과서적인 수업의 정석을 벗어나 자기 나름의 수업 스타일을 만들어가야 하는 것이다. 교사가 수업을 창조하는 내러티브적 주체라면 선행 선례 혹은 기존의 규범에 정면으로 도전해가며 그 외부를 사유할 수 있어야 한다. 창조의 역사는 언제나 기존의 '관념'이나 '문법'을 벗어나지 않는가?

이혁규는 현장 우수 수업에서 드러나는 공통적 특징을 "형식주의, 요소주의, 방법주의, 활동주의, 부가주의"[16]로 개념화하기도 한다. 이와 관련하여 우수 수업의 규범을 강제하는 제도적 기반들에 대한 분석도 매우 흥미롭다. 승진이나 장학과 관련되는 시도 교육 당국의 수업연구대회, 전국의 교사들과 장학진들이 접하는 서적과 매체들, 교사 양성과 수업 장학에 중요한 영향을 미치는 전국 교육대학교 부설초등학교 협의회, 오천석의 새교육 운동, 1970년대의 탐구 수업 보급, 1990년대 열린교육, 2000년 이후 등장한 수준별 수업, 협동 학습 등 전국적 규모의 수업 개선 운동, 수업과 장학으로 연결되는 각종 연수 프로그램 등의 제도적 기반들이 입법적인 규범의 생산과 유통의 경로가 된다는 것이다. 이로써 "서울에서 제주도까지" 동일한 양상을 보이는 우수 수업의 구조 혹은 역사적 지층의 형성사를 추적하고 있다.

이렇듯 특정 수업 문화의 습속에 대한 역사적 분석은 수업과 관련한 관념과 규범의 발생과 기원을 드러내준다. 이로써 그것의 자명성 혹은 정당성을 따져 물을 수 있게 되는 것이다. 푸코 식으로 말하자면 그 발생이나 기원의 가치를 뒤집어보려는 계보학적 접근이라고 해도 크게 틀리지는 않을 것이다. 그것은 우리가 무의식적으로 공유하고 있는 이 시대 수업의 '에피스테메'가 아닌가? 그렇다면 그 낡은 습속을 여전히 반복·재현하는 우리는 모두 부정적인 의미의 전통주의자가 아닌가? 이것이 바로 '피그말리온' 수업이 우리에게 던지는 근원적인 물음들이다. 우리가 만들어가야 할 '수업의 정치학'이 있다면, 수업 문화를 특정한 양상으로 고형화해내면서 그것을 넘어서려는 노력과 새로운 실험들을 가로막는 '제도'와 '권력'을 문제 삼아야 하지 않을까?

'피그말리온' 수업은 시도 교육 당국늘이 보증수표를 발행한 우수 수업이나 공개 수업들이 누구를 접대하고 있는지 따져 묻고 있다. 그런 수업들에서 경쟁하듯 나타나는 온갖 정성과 노력이 누구를 위한 것인지 밝힐 필요가 있을까? 물량 위주의 토건식 개발주의를 연상케 하는 그런 모습을 일상의 수업에서는 찾아보기 어렵다. 문제는 학생들이 손님(?) 접대를 위해 동원되는 까닭에 배움으로부터 소외된 공부-기계로 전락한다는 것이다. 수업에서 마땅히 대접받아야 할 손님은 학생들이 아닌가? 이런 사정은 수업을 진행하는 교사들도 마찬가지다. 심사위원이나 참관자를 접대하는 종업원으로 전락한다는 인상을 지울 수가 없다. 이런 사태가 '평가'의 배치에서 기인하는 웃지 못할 해프닝임을 모르지 않는다. 그렇다고 '그렇게 하기를 요구하니까 어쩔 수 없다'는 변명을 그냥 지나칠 수는 없는 노릇이다.

수업에서 마땅히 대접받아야 할 손님은 학생들이 아닐까?

전국 각지에서 찾아온 수많은 사람들이 지켜보는 '피그말리온' 수업에서는 '접대'의 양상이 전혀 다르다. 손님들은 축제를 구경하면서 수업을 탐구하는 학인學人의 자리를 지킨다. 학생들은 친구들과 함께 의견을 나누며, 자신의 '조각상'을 찾기 위해 고민하는 내러티브적 주체가 된다. 손님들로 인해 어긋나버리지 않는, '함께 또 따로' 자신의 시간을 보내고 있는 것이다. 교사 또한 수업을 기획하고, 학생들을 돕는 길잡이 역할을 충실히 수행하고 있다. 그 외의 다른 목적은 없다. 앞에서 언급한 수업 환경의 제약에 묶여 시험 혹은 입시에 대비하기 위해 학생들을 '무겁게' 끌고 가는 소외된 존재가 아니다. 이를 한국형 (?) 현실을 망각한 한가한 '수업의 몽상'이라고 말할 수 있을까? 이렇듯 학생들을 제대로 대접해야 하는 것이 아닐까? 우리가 추구해야 할 접대의 정치학은 그런 것이 되어야 하지 않을까?

'피그말리온' 수업은 통제 혹은 통솔을 위한 수업 시그널과 통제의 규율을 필요로 하지 않는다는 점도 매우 흥미롭다. 이를 단순히 초등학생과 고등학생의 성장과 발달의 차이로 환원할 수 있을까? 물론 그것도 하나의 이유로 제시할 수는 있을 것이다. 발달 단계상 초등학생은 상대적으로 내향형, 직관형, 사고형, 판단형보다는 외향형, 감각형, 감정형, 인식형이 많다는 어느 심리학의 통계를 모르는 것은 아니다. 그럼에도 유독 초등 수업에서 통제의 규율과 수업 시그널을 빈번하게 사용하는 까닭은 수긍하기 어려운 일이다. 일본의 하마노고 소학교나 외국의 초등 수업 사례를 보면 그런 모습을 그다지 발견하기 어렵다. 물론 수업 문화적 환경의 차이까지 부정하려는 것은 아니다. 또한 그 효과를 무시하려는 것도 아니다. 그럼에도 수업 시그널을 비롯한 통제의 형식들이 새삼 낯설게 보이는 까닭은 무엇일까?

이와 관련하여 통제 혹은 통솔 규율의 철학적 기반을 따져 묻지 않을 수 없다. 물론 시간이 제한된 상황에서 목표를 효율적으로 달성하기 위해서는 통제 혹은 통솔의 기반이 불가피하다. 구색을 갖추자면 제한된 시간 속에 볼거리를 우겨 넣어야 하고, 통제를 벗어나는 우연과 돌발의 여백을 허용할 수 없을 것이다. 그럼에도 그것이 학생들을 어떤 주체로 빚어내는가 하는 것은 간과할 수 없는 문제다. 손님을 접대하기 위한 이벤트로는 자발적이고 창조적인 주체를 기대하기 어렵다. 그것이 필요로 하는 주체를 만들어내기 위해서는 학생들의 창조적 우연과 상상의 여백이 말끔하게 추방된다. 이렇듯 통제의 메커니즘은 학생들을 수동적인 주체로 길들인다. 여기서 우리는 학생들을 평등한 존재로 만나고 있는지 자문해볼 필요가 있다. 형식은 필요하되 형식주의에 매몰되는 일은 경계해야 하지 않을까?

공리주의, 수업 문화의 '에피스테메'

'피그말리온' 수업은 수업안과 같은 미시적인 차원에서도 기존의 통념과 습속을 해체한다. 초등 수업연구대회의 경우 수업 보고서는 흡사 과거의 테트리스 게임을 연상시킨다. 체계적인 조합과 빈틈없는 구조화를 콘셉트로 한 보고서를 보면 엽사의 욕망과 공력을 읽을 수 있다. 물론 수업연구대회 보고서는 일정한 양식과 체제를 요구한다. 따라서 심사위원들에게 어필하려면 제한된 지면에 '더 많은' 내용을 치밀하게 구조화해서 짜임새 있게 우겨 넣어야 한다. 수업 설계와 학습 과정의 체계적인 통제와 최적화 경향 자체도 선뜻 긍정할 수 없는 측면이지만, 필요 이상의 공력을 요구한다는 점에서 소모적이다. 여기에는 여러 선행 수업이론들이 착종되어 있겠으나 PCK(Shulman, 1986)에 대한 탐구보다는 수업의 효율성을 극대화하려는 관점(Gagne, 1980)에 기반을 두고 있는 것으로 보인다.

'피그말리온' 수업안은 우리에게 익숙한 고정된 형식이나 '다 똑같이'라는 전체화의 강박을 벗어나 있다. 공개 수업에서조차 똑같은 양식이 강제되고, 교사의 자율성이 배제되는 '초딩'스러운 경험을 여기에 옮길 필요는 없을 것이다. 방지현 선생님의 수업안에서는 수업 모형, 수업 전략, 구조화된 수업안, 판서 계획 등 그 어느 것도 필요 이상을 찾아볼 수가 없다. 교사 나름의 특이성이 느껴지는 수업 기획, 수업 관찰에 관한 제안 사항, 텍스트와 토의 주제를 제시해놓은 수업 자료가 전부다. 그것만으로도 수업안의 흐름과 맥락을 충분히 파악할 수 있다. 물론 수업연구대회와 이우학교의 제안 수업은 사정이 다르다. '평가의 배치'가 전자를 구속한다면, 후자는 '탐구의 배치'에 있다고 할 수 있다. 이런 차이를 무시하고 수업안의 우열을 가리자는 것이 아니다. 다만 그것이 누구에게, 왜 필요한가를 따져 묻고 싶은 것이다.

이런 방식을 참여·분유의 모델이라 불러도 괜찮을 것이다.

'피그말리온' 수업은 패턴도 간결하다. 학생들은 각자 텍스트를 읽고, 모둠별로 첫 번째 주제를 토의한다. 현대인의 삶과 연관 지어 '피그말리온' 이야기가 암시하는 상징적인 의미를 캐고, 그 문제점을 찾아보는 것이다. 모둠 토의를 마치고, 발표를 통해 그 결과를 공유한다. 이어 두 번째 주제를 토의하고 발표로 공유한다. '꿈의 실현 가능성'과 '신화에 함축된 인간의 일반성'을 찾아보는 것이다. 발표가 끝나고, 방 선생님은 간단한 코멘트로 수업을 마무리한다. 글쓰기는 과제로 제시한다. '자신의 조각상'을 고민해보라는 주문이다. 이런 방식을 학생들이 나름의 지식과 담론 생산에 집단적으로 참여하고, 각자의 판단에 따라 자기 생각을 구성해가는 참여·분유participation의 모델이라 불러도 괜찮을 것이다. 또는 협력 학습에 기반을 둔 글쓰기 혹은 글쓰기

협력 학습Collaborative Writing[17]이라 불러도 좋을 것이다.

'피그말리온' 수업은 계획한 90분으로 완결되지 않는다. 시간에 쫓기듯 학생들의 활동을 계산하거나 제한하지 않는다. '자신의 조각상'을 성찰하기 위한 글쓰기는 과제로 제시된다. 반면 수업연구대회나 공개 수업은 대개 시간의 효율성을 강조한다. 그런 관점에서 보면 '피그말리온' 수업에서 시간 운영의 실패를 지적할 수도 있을 것이다. 그러나 교사의 시간에 대한 강박 때문에 학생들을 멈추게 할 수는 없지 않을까? 물론 '시간 부족'이라는 수업 환경의 딜레마를 무시하려는 것은 아니다. 그렇다고 학생들의 열기와 에너지가 소멸되는 것을 긍정할 수는 없지 않은가? 이 또한 접대의 정치학과 연관되어 있음을 길게 설명할 필요는 없을 것이다. 효율성의 관념 말고 우연을 통제해야 할 이유가 있을까. 예측할 수 없는 우연과 돌발을 긍정할 수 있다면 시간을 지키기보다는 학생들을 기다려야 할 것이다.

학생들의 '언어'가 매우 자유롭다. 대화, 토론, 발표에 특별한 격식이 필요한 것일까?

학생들이 사용하는 언어에도 차이가 있다. 초등학교 수업의 경우, 아니 학교라는 공간 자체가 그에 적합한 언어의 격식을 요구한다. 수업연구대회나 공개 수업에서도 그런 언어를 사용하는 모습을 흔히 볼 수 있다. 이는 인지적 지식 이상을 요구하는 학교의 문화적 관습 때문일 것이다. 또한 앞에서 말한 통제의 습속과도 관련이 있다. 생산성과 효율성을 추구하는 관념은 시간, 자세, 활동의 방식뿐만 아니라 학생들의 언어까지도 매끄럽게 관리하려는 욕망을 낳는다. 과연 언어의 격식이 학습 효과와 상관성이 있을까? '피그말리온' 수업에서는 학생들의 언어가 매우 자유롭다. 대화, 토의, 토론, 발표에 별다른 언어의 격식을 필요로 하지 않는다. 반말로 진행하는 아현이의 발표는 파격이지만, 그런 언어의 파격(?)이 학습 활동에 하등의 문제가 되지 않는 것으로 보인다.

우리의 사고와 행동도 이와 크게 다르지 않다. 우리는 무슨 일을 하든지 좀 더 생산적이고 효율적인 수단과 방법을 찾지 않는가? 경제학은 이를 투입량에 대한 산출량의 비로 나타내고, '생산성'으로 개념화한다. 이런 관념 혹은 개념을 사용하는 것이 단지 경제학뿐일까? 우리는 투입에 대한 산출의 비로 교육의 효과를 계산하려 했던 「콜만 보고서」(Coleman Report, 1966)를 잘 알고 있지 않은가? 이처럼 투자한 비용에 대해 최대의 산출량을 얻으려는 전략과 태도를 통상 '공리주의 utilitarianism'라 부른다. 생산성과 효율성이란 관념을 기반으로 수업을 설계, 실행, 평가하려는 태도야말로 벤담(Jeremy Bentham, 1748~1832)의 그 악명 높은 공리주의와 무엇이 다를까? 그런 점에서 우리는 모두 공리주의자임을 부인하기 어려울 것이다. '공리주의' 또한 이 시대 수업 문화의 '에피스테메'인 것이다.[18]

이렇듯 이 시대 수업 문화의 근저에도 생산성과 효율성이라는 근대적인 이념이 작동하고 있다. 사토 마나부는 이를 "생산성과 효율성을 추구해온 '목표·달성·평가' 모델"[19]로 설명한다. 1910년대 교육과정 연구자 보빗Franklin Bobbit이 포드 시스템의 기초가 된 테일러의 근대적 노무관리 원리를 바탕으로 이 모델을 고안했다고 한다. 그로써 대공장의 일관 작업 조직이 교실의 수업과 학습 과정에 도입되었다는 것이다. 그런데 좀 더 생산적인 것, 좀 더 효율적인 것을 추구하는 것이 어째서 문제가 되는 것일까? 그것은 오히려 합리적인 태도가 아닐까? 그런 태도를 어떻게 비판할 수 있을까? 이는 쉽게 잘라 말할 수 있는 일이 아니다. 생산성과 효율성을 벗어난 선택은 당장의 손해와 낭비를 감수해야 하는 까닭이다. 이것이 바로 교사들의 새로운 도전과 창안의 시도를 어렵게 하는 요인일 것이다.

그렇다면 공리주의에 침윤된 수업 문화에 대한 비판에도 불구하고 이를 넘어설 수 있는 가능성은 없는 것일까? 보빗의 주장처럼 '목표·달성·평가' 모델에서 학생들은 '원료', 교사는 '기술자'의 존재론적 한계를 벗어나지 못한다. 모두 내러티브적 주체와는 거리가 멀다. 이처럼 공리주의는 생산성과 효율성을 이념으로 주체를 불구화하는 체계다. 이 모델은 교육 혹은 수업을 공장 시스템을 넘어서 사유할 수 없게 만든다. 생산성과 효율성의 문제로 교육과 수업의 가치를 제한하는 까닭이다. '피그말리온' 수업은 우리에게 그런 견고한 관념들이 어긋나는 '균열의 쾌감'을 선사한다. 이런 맥락에서 '피그말리온' 수업을 곱씹을 필요가 있는 것이다. 새로운 수업 문화의 창안을 가로막는 '제도'와 '습속'의 낙후를 보여주는 까닭이다. 우리 안에 번식하는 니힐리즘은 그와 같은 제2, 제3의 창안으로 깨져나가지 않을까?

논의 영역의 제한과 경계를 벗어나 무리하게 던진 물음들이 많다. 수업을 이해하고 표현하는 언어와 수업의 실재 사이의 간극은 필연적이다. 새롭게 만난 수업을 제대로 읽어낼 수 있는 언어는 지나치게 희박하고, 궁색스럽게 찾아낸 언어는 오해와 오독의 운명으로부터 자유롭지 못하다. 다만 '모든 해석은 오독'일 수 있다는 말을 변명 혹은 위안으로 삼을 수밖에 없을 것 같다. 결국 아무것도 얻지 못하고 마무

리하게 됐다는 얘기다. 바닥이 드러나지 않는 근원적인 것에 대한 물음이기 때문이다. 대개 그런 물음은 하나로 수렴되는 정답이 없고, 답 찾기는 항상 실패하거나 유보될 수밖에 없는 게임이다. 그러나 바로 그런 까닭에 다양한 생각들을 촉발하기도 한다. 그렇게 된다면 '나'처럼 아무데나 들쑤시고 다니는 또 다른 충동들을 만나 우연한 기회에 '달마게이트'를 통과하게 될 수도 있지 않을까?

'진짜' 수업에 눈감은 채 접대용 이벤트를 묵인하는 우리 자신과, 기존의 관념과 체계 속에서만 안전하게 작동하는 수업 혹은 교육과 대결하는 것이 지금 우리가 할 수 있는 수업의 정치학이 아닐까? 수업 담론이나 개념의 층위에서부터 수업안, 체크리스트 등의 세부에 이르기까지 새롭게 사유하고, 문제화해야 한다고 생각한다. 모두가 거기로 달려가게 만드는 '제도의 마술적 효과'나 그것을 반복적으로 재생산하는 배치와 그것의 변환을 사유할 수 있어야 한다. 그럴 수 있을 때에라야 이 낡은 '습속'을 박물관으로 보낼 수 있지 않을까? 더 나은 수업, 그것은 불가능한 꿈일 것이다. 다만 끝없이 일고 허물어지고, 또다시 차고 기우는 욕망이 존재할 뿐이다. 익숙한 수업의 외부를 창안하는 그 불가능한 꿈에 다가가고, 경계를 횡단하는 이질적인 언어를 발견한 그 출구에서 질문은 또다시 시작될 것이다.

---

13. 이우학교 홈피(www.2woo.net) 동영상 갤러리에서 수업 동영상을 볼 수 있다.
14. '중심생각 찾기'(충남, 2006), '시 감상'(충남, 2007), '자연 재해'(충북, 2008), '정리 정돈', '힘센 농부'(경기도, 2009) 수업 등이다. 그 밖에도 여러 편을 관찰했으며, 수업의 명칭은 임의로 붙인 것이다.
15. 이혁규, 「수업연구대회에 말 걸기」, 『우리교육』(2009년 9월호), 123~124쪽.
16. 이혁규, 「현장 우수 수업의 특징에 대한 문화 비평」, 『학교 수업에 대한 반성과 전망』(제22회 청람 교과교육 정책 포럼 자료집), 2010, 181쪽.
17. 정희모, 『글쓰기 교육과 협력 학습』, 삼인, 104쪽.
18. 이와 관련한 논의는 이진경, 『코뮨주의: 공동성과 평등성의 존재론』, 그린비, 108~109쪽을 참조했다.
19. 사토 마나부, 『교육개혁을 디자인한다』, 2001, 공감, 92~93쪽.

11.
수업으로
이우異友를 만나다

'배움의 공동체' 이우는 국내 유일의 수업 관광지로 주목받고 있다.

이우以友의 수업과는 두 번째 인연이다. 지난 9월, 방지현 선생님의 도움으로 '피그말리온' 수업(고1 국어 제안 수업, 방지현, 2009)을 볼 수 있었다. 이어 10월에는 한광수 선생님의 '듣기' 수업(중3 국어 제안 수업, 2010)을 리얼 타임으로 볼 수 있었다. '피그말리온' 수업이 선이 굵다면, '듣기' 수업은 세밀한 터치 혹은 기술적인 프로듀싱이 눈에 띈다. 이우학교는 벌써 5년째 '배움의 공동체' 운동을 전개하고 있다. 그런 까닭에 국내 유일의 '수업' 관광지로 주목받고 있다. '대안학교'라는 점과 '배움의 공동체'를 추구한다는 점에서 공교육 일반과는 수업 문화적 환경에 차이가 있다. 그렇다고 이우가 공교육 일반과는 전혀 다른 이상적인 공간은 아닐 것이다. 이우도 입시 대비, 다인수 학급, 분절된 수업 시간, 교과 진도 등의 '한국형' 수업 환경의 제약을 크게 벗어날 수 없을 것이다. 그럼에도 공교육 일반과는 수업의 문법이 다르다.

수업을 현장에서 보기는 했으나 처음 본 학생들을 깊이 있게 살피는 데에는 한계가 있다. 그런 까닭에 정작 중요한 학생들에 대해서는 말을 줄일 수밖에 없을 것 같다. '듣기' 수업은 독립적인 혹은 대비되는 두 개의 포인트로 요약할 수 있다. '청각주의력'과 '경청' 혹은 '귀'와 '마음'으로 듣기, 라고 해도 크게 틀리지는 않을 것이다. 10대들의 삶과 언어의 변성기를 배려한 기획이리라. 앞서 다룬 '친구'나 '소비' 같은 주제들을 보면, '듣기' 수업이 '학습을 넘어선 성찰'에 초점을 두고 있음을 어렵지 않게 파악할 수 있다. 이는 입시와 같은 수업 환경의 제약을 넘어서기 위한 사유와 실험의 일면을 보여준다. 이우의 학생들이 입시는 물론 그 이상을 추구할 수 있다는 점에서는 긍정적이다. 그럼에도 한광수 선생님의 '듣기' 수업에 기대어 생각해보고 싶은 대목이 있다. 수업의 측면에서 이우의 성장과 도약의 망치질이 무엇을 겨냥하고 있는가 하는 것이다.

수업 콘텐츠 개발 혹은 프로듀싱

수업 스타일[20]은 교육의 이상과 목표, 그것을 추구하는 주체와 운동의 방식, 학교와 교육과정의 운영 방식, 교사 개인의 특이성 등 다양한 층위들이 어울려 하나의 집합적인 리듬을 형성하면서 만들어진다. 이처럼 다양한 층위들이 공시화synchronization되면서 만들어지는 까닭에 다른 어떤 것으로 대체하거나 환원하기 어렵다. 또한 스타일은 수업 담론과 실천을 통해 만들어지고 변화돼가는 것이다. 한광수 선생님의 수업은 콘텐츠의 치밀한 프로듀싱이 특이성을 형성하는 성분으로 보인다. 물론 '배움의 공동체'를 지향하는 이우학교의 수업 철학과도 무관하지 않을 것이다. 소집단 학습, 도전 과제, 대화형 자리 배치, 경청 등은 배움의 공동체'가 추구하는 수업 원리를 구성하는 요소들이다. 그런 점에서 방지현 선생님과 한광수 선생님의 수업은 이우학교의 '현재'를 보여준다고 해도 틀린 말은 아닐 것이다.

'청각주의력이 안 좋으면?' 이 수업은 '청각주의력'을 넘어 '마음'으로 듣기를 강조한다.

'듣기' 수업은 활동의 배치와 흐름이 간단하지가 않다. 학습의 흐름을 요약하자면 '청각주의력'에 관한 텍스트 읽기, TV 방송 프로그램 '스펀지2.0 공부 잘하는 법' 시청, 전자계산기를 활용한 청각주의력 테스트, 수능 기출 듣기평가 문제 풀기, '듣기' 관련 자료 읽기, 소집단시詩 창작으로 프로듀싱 되어 있다. 단순한 '듣기' 학습을 넘어 '마음'으로 듣기에 대한 '성찰'로 주제가 확장된다. 학습의 전환이 자칫 비논리적인 비약처럼 보일 수 있으나 그 사이에 '관련 자료 읽기'를 징검다리로 배치해놓았다. '중2 학생회 모토(2010)', '중1 우리의 약속(2007)', 홍승우의 '비빔툰', 만화 '광수생각'에 이르기까지 '청각주의력'을 넘어 '마음'으로 듣기를 강조한다. 세심한 세팅 감각이다. 학습 주제도 그렇거니와 학습 자료들 또한 '교과서' 바깥으로 나아간 까닭을 이해하는 것은 그리 어렵지 않은 일이다.

이와 같은 수업의 흐름과 학습 활동의 배치는 '친구', '소비', '학습', '매체'로 이어지는 수업 시리즈의 기획 스타일을 보여준다. 대개의 수업이 콘텐츠가 '그저 그런' 것과는 달리 하나의 완결된 프로그램으로 수업 콘텐츠를 완벽하게 프로듀싱하고 있다. 한광수 선생님은 교사의 역할을 학생들의 배움과 성장을 돕는 프로듀서 같은 존재라고 말한다. '친구', '소비', '학습', '매체'로 이어지는 수업 시리즈의 기획, 콘셉트, 스타일도 그런 맥락에서 이해할 수 있지 않을까? 수업 콘텐츠 개발의 출발점은 '고민'과 '정보에 대한 민감성'이다. 한광수 선생님은 학생들의 성장기에 필요한 성찰의 주제들을 고민하고, 그에 필요한 자료와 정보들을 믹싱해내는 감각이 뛰어나다. 수업이 마치 '스펀지2.0'과 같은 잘 짜인 프로그램을 보는 듯하다. 그러면서도 한광수 선생님은

학생들이 진지하고 차분하게 모둠 토의를 진행하고 있나.

"그저 그런 교사이고 싶다"고 겸손하게 말한다.

학생들은 '청각주의력'에 관한 텍스트 읽기로부터 학습을 시작한다. 이어 제시된 5개의 문제를 해결하면서 텍스트에 등장하는 개념과 문맥을 파악한다. 이때 한광수 선생님은 학생들이 서로의 생각과 의견을 나눌 수 있도록 '모둠 토의'를 배치해 학습 활동을 제어한다. 작은 깃도 소홀히 하지 않는 세심한 터치다. 학생들은 대체로 진지하고 차분하게 모둠 토의를 수행한다. 이어 스펀지2.0 동영상 '공부 잘하는 법'을 시청한다. '듣기' 수업의 전반부에서 핵심 주제로 다루는 청각주의력에 관한 내용이다. 영상 매체의 특성 때문이기도 하겠으나 '청각주의력'에 관한 호기심 내지는 동기를 강하게 자극한다. 학생들을 수업의 상황 속으로 끌어당기는 어트랙터attracter 구실을 톡톡히 하고 있는 셈이다. 뿐만 아니라 이는 학습 활동의 흐름과 방향을 암시하는 구성과 확장의 벡터로 기능하기도 한다.

전자계산기로 자신의 주의력을 확인한다.
자신의 실수가 믿기지 않는 모양이다.

게다가 학생들이 전자계산기로 자신의 주의력을 직접 테스트한다. 덧셈과 뺄셈 문제에서부터 곱셈을 추가한 연산, 비트박스와 같은 방해 요인을 추가해 단계적으로 난이도를 높여가며 문제를 제시하고, 학생들은 바쁘게 계산기를 두드린다. '듣기' 수업은 이렇듯 학습 활동이 매우 다채롭게 펼쳐진다. 역시 세심한 배려다. 자신의 실패가 믿기지 않는 듯 활동이 끝나고서도 계산기를 놓지 못하는 학생들도 있다. 학생들은 이와 같은 간단한 실험을 통해 어느 정도 자기 진단이 가능했으리라. 그럼에도 공부를 한다기보다는 마치 학습 활동을 즐기고 있는 것 같은 분위기다. 관련 장면을 시청만 하는 수준으로 가볍게 지나갈 수도 있지만, 촉감적인 지식 혹은 앎이 되게 하고 싶었을 것이다. 이렇듯 '듣기' 수업에 참여하는 학생들은 '손끝'에서 '머리'까지, 다시 '머리'에서 '가슴'으로 분주하게 오간다.

이어 학생들은 2007, 2008 수능 기출 듣기평가 문제를 푼다. '대일조' 현상에 대해 묻고 있는 첫 번째 문제는 수능 듣기평가 문제들 중 난이도가 가장 높은 문제 가운데 하나다. 문제는 각자 듣고, 모둠 토의를 거쳐 1개의 답을 정하는 방식이다. 아니나 다를까 두 모둠만 정답을 제시한다. 이어 '전래동요의 특징'과 '방송에서 이어질 노래'를 묻는 두 문제는 무난하게 해결한다. 모둠 친구들 간의 생각과 견해의 차이를 따져볼 시간이 다소 부족한 듯하나 협력을 바탕으로 한 학습이라는 점에서는 긍정적이다. 여기서 굳이 협력 학습의 효과를 설명할 필요는 없을 것이다. 또한 모둠 토의는 학생들이 '평가'받는다는 느낌을 완충하는 장치로 기능한다. '듣기'라는 주제에 어울리게 학습 활동을 적절하게 코딩하는 방식과 그에 필요한 학습 자료를 수집하여 활용하는 재지才智와 감각이 예민함을 엿볼 수 있다.

듣기평가 문제 풀이 학습을 마치고, '듣기' 관련 자료 읽기를 통해 학습 주제를 전환한다. 단순히 '청각주의력'을 넘어 '진심으로 듣는다는 것'의 의미를 탐구해보기 위한 것이다. 이를 주제로, 모둠별로 한 편의 시詩를 창작해보는 활동이다. 자칫 공부의 '비법'에 머물 수 있는 학습이 자신들의 삶에 대한 '성찰'로 확장되는 것이다. 짧은 시간 안에 시적 언어를 빚어낸다는 것은 쉽지 않은 과제다. 게다가 시를 쓴다

는 것은 그 양식적 특성상 그리 달갑지만은 않은 물음들과 마주하게
된다. 존재론적 차원의 물음들과 미학적 차원의 물음들이다. 물론 이
수업에서 미학적 차원의 시적 완성도는 부차적인 문제다. 중요한 것은
학생들의 표현에서 드러나는 것처럼 삶에서 겪는 '소통'과 '관계'의 문
제에 대한 질문과 탐색이다. 시 쓰기는 그런 맥락에서 배치한 활동이
고, 학생들은 다섯 편의 시로 화답한다.

한 선생님이 머뭇거리는 몇몇 학생들을 세
심하게 배려하고 있다.

학생들이 잔잔한 목소리로 시를 낭송한다. '주머니', '톱니바퀴', '현
미경', '끈', '나눔', '필터', '나를 돌아보게 되는', '볼펜', '딱풀', '으응',
'휴대폰', '목도리', '버팀목', '돋보기', '사랑', '받아쓰기', '우주선', '증표'
등의 비유로 각자의 마음과 느낌을 전하고 있다. 낭송이 끝날 때마다
학생들은 공감과 격려의 웃음, 박수, 감탄, 환호로 답한다. 누군가의
가벼운 놀림(?)도 거슬리게 들리지 않는다. 서로를 잘 알고 있는 까닭
이다. 이렇듯 시 속에는 모든 학생들의 표현이 담겨 있다. 학생들은 자
신의 메시지를 전할 뿐만 아니라 다른 친구들의 '언어'에 반응하면서
생각과 느낌을 나눠 가졌으리라. 이렇듯 삶에 대해 질문하고 탐색하
는 과정에서 알게 모르게 서로 배우고, 성장하는 것이 아닐까? 한광
수 선생님이 머뭇거리는 몇몇 학생들을 세심하게 배려한 까닭에 가능
한 일일 것이다. 포기하지 않도록 격려하고 도와주는 모습 속에서 '온

기'를 느낄 수 있다.

성장과 도약의 망치질

'듣기' 수업은 '배움의 공동체'를 추구하는 '이우'의 성장과 도약의 프로듀싱으로서 손색이 없다. 그럼에도 숙고해볼 문제가 있다. 망설임도 없지는 않다. 사실 수업을 한두 번 보고 이우학교의 수업에 대해 언급한다는 것은 십중팔구 실언할 공산이 크다. 그럼에도 실언을 줄이기 위해 최소한으로 말하는 외교적 언술은 내려놓을 생각이다. 결국은 실언하게 될지라도 배움의 과정 자체를 긍정하기에 실언을 피하고 싶지는 않다. 그런 태도는 시작도 하기 전에 '그만둬라, 다 소용없다'며 새로운 시도와 도전 자체를 소용없는 것으로 규정하는 보수의 '무용 명제'보다 나을 게 없다. 수업이 외부의 목적을 이루기 위한 수단이 아니라 그 자체가 목적이라면 노력과 과정 자체가 즐거움이다. 그런 시도와 노력이 존속하는 만큼 성공적인 것이다. 거기에 말 한마디라도 거들 수 있다면 즐거운 일이 아닐까?

'배움의 공동체' 수업에서는 도전 과제를 강조한다. 따라서 '듣기' 수업에서 제시하는 도전 과제는 무엇이며, 학생들이 어떻게 해결해가는지 눈여겨볼 필요가 있다. 한광수 선생님은 수업의 전반부에서 듣기평가 첫 번째 문항을 도전 과제로 제시했다고 한다. '수준 높은 과제'를 던져주라는 사토 마나부의 말을 참고했다고 한다. 중학생들에게 수능 문제를 제시한 것을 보면, 난이도를 고려한 선택일 것이다. 후반부의 과제는 모둠별 시詩 창작 활동이다. 국어과에서 문학은 비교적 난이도가 높은 영역에 해당한다. 시詩 창작 활동은 '머리'에 머물 수 있는 앎을 '가슴'에 닿게 하기 위한 설정과도 관련이 있을 것이다. '듣기'를 주제로 한 '학습'과 '성찰'이라는 수업의 콘셉트에 맞게 두 개의 도전 과제가 제시된 셈이다. 그러나 도전 과제로서 명징하게 다가오지는 않는다.

도전 과제를 개발할 때 점프의 문턱은 어떻게 만들어야 할까?

난이도는 도전 과제에서 고려해야 할 중요한 요인이긴 하다. 그렇다고 그것이 난이도의 문제로 환원될 수 있는 것은 아니다. 물론 '듣기' 수업의 도전 과제는 '학습'이나 '성찰'의 콘셉트와 관련하여 충분한 의미를 함축하고 있다. 비교적 난이도와 수준이 높은 과제임에도 틀림없다. 또한 목표도 분명하고, 학생들의 능력도 과제와 적절한 균형을 이루고 있다. 그럼에도 과연 '도전'을 자극하는 과제인가 하는 의구심을 덮을 수 없다. 가령 '듣기평가' 첫 번째 문제는 긴장과 몰입, 강도와 속도, 시간과 에너지의 집중을 필요로 하지 않는다. 1모둠은 의견의 차이가 있음에도 이를 무시하고 가볍게 지나간다. 교사의 설정과 학생들의 활동이 어긋나는 순간이다. 과제 개발을 좀 더 밀고 나가 몰입과 만족을 튜닝할 수 있어야 하지 않을까.

'듣기' 수업은 학습 활동이 매우 다채롭게 펼쳐진다. 현장 수업 문화의 공통적인 규범 혹은 코드가 된 활동주의와 무관하지 않을 것이다. '청각주의력'에 관한 텍스트 읽기와 토의를 통한 문제 해결, TV 방송 프로그램 '스펀지2.0' 시청, 전자계산기 테스트, 듣기평가 문세 풀기, '듣기' 관련 자료 읽기, 시詩 창작과 낭송에 이르기까지 놀라울 만큼 다양한 활동들로 짜여 있다. 그 자체로 문제가 될 것은 없다. 오히려 그런 활동들은 수업을 생기 있게 보이게 한다. 그리고 그것이 눈과 귀를 붙잡는 스펙터클을 형성한다. 그럼에도 여백은 보이지 않는다. 학습 활동이 굴절도 없이 매끄럽게 흘러간다. '듣기' 수업은 여백을 확장하는 방식으로 활동을 좀 더 필터링할 필요가 있지 않을까? 자칫 "활동의 과잉을 초래함으로써 활동에 비해 깊이 있는 학습은 일어나지 않을"[21] 수 있음을 경계해야 할 것이다.

한광수 선생님의 수업은 학생들이 즐겁게 참여할 수 있는 스타일이다. 학습 주제, 활동, 자료들을 보면 학생들의 코드에 민감하다는 느낌이 든다. 또한 앞에서 밝힌 것처럼 콘텐츠 개발 혹은 프로듀싱 감각도 스마트하다. 그런 까닭에 수업 전체가 '스펀지2.0'처럼 잘 짜인 프로그램을 보는 것 같은 인상을 주는 것이 아닐까? 이는 학습 활동의 밀도와도 무관하지 않을 것이다. 다소 긴 시간임에도 빈틈이 거의 없다. 달리 말하자면 의외와 우연이 끼어들 수 있는 낭비된(?) 여백을 허용하지 않는다는 얘기도 될 수 있다. 그런 점에서는 '듣기' 수업이 기능 혹은 기술주의적 접근에 경도되어 있다는 인상도 준다. 이런 방식은 자칫 생산성과 효율성이라는 근대적인 관념에 말려들어갈 수 있음을 경계해야 할 것이다. 학습 활동을 필터링할 필요가 있다는 말도 이와 같은 맥락에서 생각해볼 필요가 있지 않을까?

우리는 무슨 일을 하든지 좀 더 생산적이고 효율적인 수단과 방법을 찾는다. 그러나 그런 감수성이 과연 자명한 것일까? 우리는 투입에 대한 산출의 비로 교육의 효과를 계산하려 했던 「콜만 보고서」(Coleman Report, 1966)를 잘 알고 있다. 생산싱과 효율성이란 관념을 기반으로 교육 활동이나 수업을 기획, 실행, 평가하려는 태도야말로 투자한 비용에 대해 최대의 산출량을 얻으려는 그와 같은 태도와 무엇이 다를까? 우리에게 익숙한, 1910년대 보빗Bobbit이 고안한 '목표·달성·평가' 모델도 이와 같은 관념에 근거하고 있다. 이 모델은 교육 혹은 수업을 공장 시스템의 한계를 넘어 사유할 수 없게 만든다. 학생들은 '원료', 교사는 '기술자'라는 존재론적 한계를 벗어나기 어렵다. 이처럼 주체를 불구화하고, 교육과 수업의 가치를 생산성과 효율성의 문제로 환원하는 이런 모델이 희망이 될 수는 없을 것이다.

그렇다면 이를 넘어설 수 있는 가능성은 없는 것일까? 알다시피 사토 마나부는 '주제·탐구·표현' 모델[22]을 대안으로 제시한다. 학습을 좀 더 의미 있는 경험으로 조직하고, 활동적이고 협동적인 탐구와 표현적인 배움을 강조하기 위한 것이다. '듣기' 수업도 '주제·탐구·표현' 모델을 따르고 있다. '듣기'를 주제로 '청각주의력'과 '마음'으로 듣기를 탐구한다. 그리고 시詩 창작과 낭송으로 마무리되는 수업의 흐름은 분명 '공장의 모델'을 넘어서 있다. 그럼에도 수업 콘텐츠의 프로듀싱은 생산성과 효율성의 관념을 크게 벗어나지 못하고 있다. 그런 감각 혹은 감수성에 변화가 없다면 수업 모델을 외양만 카피하는 것에 불과하지 않을까? 거기에 우리가 추구하는 수업의 미래가 있다고 할 수 있을까? 이우의 도약과 탈구성의 망치질은 이런 관념과 감수성의 변환을 겨냥해야 하는 것이 아닐까?

생산성과 효율성은 이 시대의 지배적인 감각 혹은 감수성이다. 그것은 우리 모두가 무의식적으로 공유하고 있는 수업 문화의 '에피스테메'라고 해도 크게 틀린 말은 아닐 것이다. 우리에겐 이와 같은 익숙한 감수성으로부터 거리를 둘 수 있는 다른 감수성이 필요하다. 감수성의 변화 없이는 수업이 크게 바뀔 것 같지 않은 까닭이다. 이 말은 새로운 사유와 실험을 가로막는 제도와 습속의 문제를 간과하는 것과는 무관하다. 우리에겐 기존의 규범과 문법을 뒤흔들고 변환할 수 있는 '감수성의 정치학'이 필요한 것이다. 그것은 생산성과 효율성의 관념에 다시 말려들어가는 합리적인 선택보다는 당장의 손해와 낭비를 감수하더라도 그로부터 벗어나려는 실천 혹은 비합리성을 긍정할 수 있는 것이어야 하지 않을까? '이우'의 해체 혹은 탈구성은 거기서부터 다시 한 번 시작해야 하는 것이 아닐까?

궁금하던 차에 이우학교의 수업을 마킹할 수 있는 좋은 기회가 되었다. 쓰다 보니 대안도 없이 무리하게 질문을 던진 것 같다. 좋은 수업을 깎아내린 건방 탓인지 낯도 뜨겁다. 수준 낮은 실언을 필터링하기엔 이미 늦은 것 같다. 그런 오독과는 무관하게 방지현 선생님과 한광수 선생님의 수업은 이우의 도약과 탈구성의 가능성을 함축하고 있다. '배움의 공동체' 수업 원리를 공유하고 있으면서도 각기 개성적인 문법과 수업 스타일을 구축하고 있다. 뿐만 아니라 교과서 밖으로 나아간 수업 콘텐츠 개발도 상당한 수준이다. 시행착오가 없지 않았을 것이다. 그와 같은 노력과 도전이 있었기에 이우가 수업으로 새로운 '흐름'을 생성·촉발하고 있는 것이 아닐까? 국지적인 범위에서도 새로운 수업을 창안하고, 수업 문화를 바꿔가는 일이 가능함을 현실로 확인할 수 있었다.

IMF 이후 학교 사회에도 '경영'과 '평가' 담론이 본격적으로 유입되었다. 바야흐로 '자기경영' 혹은 '자기계발'의 시대에 진입한 것이다. '자기경영' 혹은 '자기계발'은 더 이상 개인적인 선택의 문제가 아니라 이 시대가 강제하는 라이프스타일이 된 것이다. 이는 교사들의 주체성이 특정한 양상으로 '구조조정'되고 있다는 것을 의미한다. 그와 같은 '경영'과 '평가'의 논리에 말려들어가게 되면 효율성 혹은 합리성이라는 근대적인 관념을 벗어나기 어려울 것이다. 이탈은커녕 단일한 척도와 주류 질서의 내면화를 반복하게 될 것이다. 그로부터 벗어나려는 탈주의 망치질은 어쩌면 무모한 도전일 수도 있다. 그럼에도 그런 탈주의 모험을 긍정하는 까닭에 이우가 '수업'과 관련한 기존 문법의 해체 혹은 탈구성으로 다시 한 번 도약하기를 기대한다. 그리하여 새로운 접속과 촉발이 범람하는 현장이 되기를 바란다.

---

20. 스타일은 우리 생활에서 매우 광범하게 쓰고 있는 용어다. 여기서 쓰는 의미도 통상적인 용법과 크게 다르지 않다. 이 개념을 끌어다 쓰는 까닭은 차이, 다양성, 시대감각, 변화와 갱신 등에 대한 사유를 함축할 수 있기 때문이다.
21. 이혁규, 「현장 우수 수업의 특징에 대한 문화 비평」, 『학교 수업에 대한 반성과 전망』(제22회 청람 교과교육 정책 포럼 자료집), 2010, 183쪽.
22. 사토 마나부, 『교육개혁을 디자인한다』, 2001, 공감, 92~93쪽.

수업 비평
워크숍 사례

1. 시작하며

　수업 비평 워크숍에 대한 이해를 돕기에 앞서 간략하게나마 '다온'을 소개하는 것이 우선일 것 같다. 2003년 12월, 학교 개혁에 대한 고민과 인문학 세미나가 '다온'을 '작당한' 계기였다. 학교 개혁을 테마로 공교육 안에서 새로운 대안을 고민했었고, 자기 '언어'를 찾기 위한 인문학 세미나도 함께 해왔다. 요즘은 인문학 세미나와 수업 비평 워크숍이 '다온'이 구성하는 일상적인 활동이다. 그리고 가끔씩 다오라, 불초 모임, 강좌 등을 통해 우리 지역에서 활동하는 사람들과 만난다. 초기에는 우리 지역의 교사들이 서로의 생각과 의견, 지식과 정보를 나눌 수 있는 배움의 커뮤니티를 구성하는 것이 관심사였다. 지금은 아무런 제한 없이 누구나 와서 함께 공부할 수 있게 되었다. '누구나'의 방문이 '다온'의 즐거움이다. 그들의 방문과 함께 세미나와 워크숍을 비롯한 활동들이 구성되는 까닭이다. 우리는 '다온'이 접속과 촉발이 일어나는 '공간'이 되기를 기대하고 있다. 낯설고 이질적인 타자들과의 모든 접속과 변용을 긍정하는 까닭이다.

　'다온'이 수업에 관심을 갖게 된 것은 2005년 12월부터였다. 교육과정, 수업, 학습 등 몇 개의 개념들을 중심으로 수업과 관련한 담론들을 두루 살펴보는 세미나를 진행했다. 사토 마나부를 초대했던 서울시 대안교육센터의 제5회 심포지엄, 한국교육연구소의 학교 혁신 정책 토론회(3차), 배움의 공동체 운동과 수업개혁, 『우리교육』에 연재된 수업 비평, 서근원의 수업 기술, 기존의 수업 분석과 평가 등을 직접 듣거나 자료로 훑어봤다. 그때까지만 해도 수업 비평에 특별한 관심이 있었던 것은 아니다. 그러던 차에 2005~2006년 『우리교육』의 수업 비평 관련 기획을 눈여겨보게 되었고, 그것이 촉발의 계기가 되었다. 좀 더 풀어놓자면 수업 전문성을 핵심으로 하는 교사 전문성에 대한 안팎의 관심과 요구, 그리고 기존의 관행들과 습속을 넘어서기 위한 연구자들의 작업이 관심을 갖게 된 계기였다. 구체적으로는 『우리교육』을 통해 새로운 담론의 장을 열어가던 수업 비평(이혁규 외, 2007), 수업을 한 편의 완결된 서사로 구성하는 수업 기술(서근원, 2003/장성모 외, 2006), 교육인류학을 바탕으로 수업 대화 모형을 새롭게 제시한 수업 이해(서근원, 2007) 등의 연구 성과들을 꼽을 수 있다. 일본의 '배움의 공동체' 운동(사토 마나부, 2006)과 수업을 주제로 공부하는 현장 교사들의 자발적인 흐름-작은학교교육연대, 수업이랑 노는 사람들(이해마을 비움) 등-도 각성의 계기가 되었다. 뿐만 아니라 교직사회의 경쟁을 부추기는 교원능력개발 평가나 교사 전문성에 대한 요구와 논의(오욱환, 2005)도 빼놓을 수 없는 요인들이다.

전국의 시도 교육청에서 학교 혁신을 슬로건으로 내걸고 제각기 추진한 시책과 노력도 여기에 추가할 수 있을 것이다. 일례로 충청남도교육청은 10대 혁신 과제의 하나로 '재미있고, 칭찬하며, 목표 향한, 눈높이로, 생각하게 하는 수업'이라는 수업 혁신 5대 수칙을 만들어 이를 수업에 적용하도록 지시했다. '사이버 릴레이 수업 A/S'라는 이름으로 '수업 릴레이' 프로젝트(2006~2007)를 추진했으며, 에듀스 충남 교육미디어센터를 통해 관련 수업 동영상을 제공했다. 그 내용은 수업 전 협의회, 수업 동영상, 수업 후 협의회로 구성되어 있다. 우리는 그 가운데서 두 편의 수업 비디오를 골라 보고, 수업 비평 워크숍을 진행했다. 그것은 모델이 될 만한 수업을 '샘플링'한 작업으로 컨설팅consulting을 결합한 것이 특징이었다. 당시 교육 당국은 본보기를 제시하려는 것이 아니라고 말했다. 그러나 '수업 릴레이'와 컨설팅에 참여한 면면들은 당국의 의도를 가려주지 못했다. 대부분 수업연구대회 입상자들이거나 장학 요원들이며, 아카데미의 전문가들까지 결합하고 있었다. 또한 당국은 수업 동영상을 현장 연수에 적극 활용하도록 지시했다. 당국의 의도를 따지려는 것이 아니므로 이쯤 해두기로 하자. 다시 거론하겠지만 이런 사정도 비평 혹은 비판의 욕망을 자극하는 계기가 되기도 했다.

2. 수업 비평 워크숍의 절차와 방법

2006년 겨울부터 수업 비평 워크숍을 시작했다. 당시 일군의 전문가 그룹이 『우리교육』과 손잡고 수업 비평이라는 새로운 '영토'를 개척하고 있었는데, 고민과 방식을 따오긴 했으나 우리의 동기는 그와는 좀 달랐다. 우리는 '수업 보기'와 함께 '수업하기'에 대한 소박한 고민으로부터 출발했다. 바꿔 말하자면 '잘 가르치고 싶은 욕망'이라고 해도 좋을 것이다. 우리가 시작한 방식은 『우리교육』이 연재한 '수업 읽기'와 크게 다르지 않았다. 두세 차례 정도의 변화가 있었으나 '다온'에서 진행하는 수업 비평 워크숍의 기본 골격은 '보기-전사-토론-글쓰기'의 방식으로 구성된다. 여기에 수업 설계와 세미나가 추가되기도 한다.

우선 공부할 수업을 함께 선정하고, 대상 수업을 직접 관찰하거나 촬영한 수업 동영상을 본다. 교수 행동, 학생의 경험, 상호작용, 상황과 분위기 등을 눈여겨보면서 인상적인 내용이나 궁금한 사항 등을 기록한다. 수업 관련 인터뷰나 자료와 정보의 수집에 관한 사항도 메모해두면 좋다. 지금은 사정이 다르나 시작할 당시에는 마땅한 수업 비디오를 입수하기 어려운 형편이었기 때문에 '우리교육'에 올라온 수업 동영상 가운데서 선정했다. 알다시피 당시 '우리교육'은 월간지에 전문가들의 수업 비평문을 연재하고, 관련 수업 동영상을 자사 홈피에 게시하고 있어 접근이 용이했다. 홈피에는 전문가들이 쓴 비평문과 수업자의 후기도 함께 제공하는데, 이는 '초보 운전'에 유용한 매뉴얼 혹은 가이드가 되어주었다. 탑재된 수업 동영상이 많지 않아 골라볼 수 있는 재미는 부족했으나 '우리교육'의 수업 동영상 자료실을 얼마간 활용할 수 있었다. 물론 지금은 종료된 상황이다.

이와 함께 교육 당국의 홈피에 게시된 수업 동영상을 보자는 의견이 있었고, 당시 충청남도교육청에서 추진한 '수업 릴레이' 프로젝트(2006~2007)의 결과물로 올라온 수업을 볼 기회가 있었다. '우리교육' 홈피에 올라온 수업들과는 상당히 다른 양상을 보였는데, 이에 대해서는 뒤에서 다시 거론하기로 하겠다. 이어 워크숍에 참여하는 당사자들의 수업을 가지고 비평 공간을 구성해보자는 의견이 제출되었고, 현재까지 돌아가면서 동료들의 수업을 함께 공부하고 있다. 우리는 이를 '내부자 비평' 혹은 '동료 비평'이라 부른다. 2009년에는 수업 비평에 수업 설계를 추가하여 진행하기도 했다. '내부자 비평'은 워크숍에 생기와 활력을 더해주기도 했지만, 미처 예상 못한 일들로 운영이 매끄럽지 못한 경우도 있었다. 그럼에도 내부자 비평은 비디오 비평과는 또 다른 재미가 있었는데, 이에 대해서도 뒤에서 자세히 다루겠다.

수업 보기와 함께 수업을 언어 텍스트로 옮기기 위한 전사transcription 작업을 병행한다. 한 편의 수업을 통째로 전사하는 경우도 있는데, 이 작업은 이 만저만한 고역이 아니다. '에테르' 같은 발화들, 다양한 요인들이 혼재하는 수업 장면들, 교실 공간과 수업 분위기, 반半언어적·비언어적 요소 등을 있는 그대로 옮기다 보면 10분 정도의 분량을 전사하는 데도 족히 1~2시간 이상이 걸린다. 물론 전사 작업은 분량을 나누면 부담을 줄일 수 있다. 그럼에도 언어로 옮기는 일은 만만치 않은 작업이다. 다만 최대한 정확성을 기할 뿐이다. 전사 작업의 정확성은 관찰의 강도와 관련이 깊다. 그리고 이는 수업을 보는 안목의 형성에 적지 않은 도움을 준다. 그런 까닭에 전사 작업의 고역을 기꺼이 견뎌낼 필요가 있다. 전사 과정은 수업을 여러 차례 반복적으로 보는 과정이기도 하다. 물론 차이 없는 반복이 아니다. 그 과정 속에서 수업에 대한 사유와 메모의 '부피'가 증가한다. 그리고 이는 이어지는 토론과 글쓰기 단계에서 요긴하게 쓰인다. 수업의 세부를 세밀하게 관찰하다 보면 문제의식이 출현하기도 하고, 분석과 해석에 필요한 개념이나 비평의 주제를 발견하게 되는 경우도 있다.

수업을 볼 때는 떠오르는 단상들을 기록해두는 작업이 중요하다. 공부하고 함께 토론을 하다 보면 처음에는 희미했던 단상과 질문들이 불현듯 의식의 표면 위로 떠오르는 순간들이 있다. 막연했던 단상과 질문들이 명징해지면서 언어로 포착되기 시작하는 순간이다. 이때 해당 수업과 관련이 있는 자료와 문헌을 찾아보기도 한다. 교과교육학 이론이나 교사용 지도서는 물론이고, 읽기에 학문의 경계를 두지는 않는다. 문학, 심리학, 철학, 사회과학, 역사, 교양서 등 문제의식이나 주제와 관련이 있는 분야를 두루 찾아 읽는 친구들도 있다. 이는 '다온'에서 공부하는 친구들의 다양한 공부 이력과 인문학 세미나, 강좌 등의 덕이다. 이와 같은 공부는 수업을 보는 안목의 확장에도 큰 도움이 된다. 특히나 공부한 것을 글로 정리하는 경우에는 꼭 필요한 작업이기도 하다. 이런 과정들이 꼭 순차적으로 이루어지는 것만은 아니다. 의견이 제출될 경우 수업 비평 워크숍을 시작하기 전에 세미나를 통해 관련 주제나 교과교육학 등을 미리 공부하기도 한다.

수업 토론회는 워크숍의 하이라이트이다. 수업에 대한 생각과 메모, 질문과 문제의식, 비평의 주제와 개인 공부 등을 풀어놓고 두세 차례 정도 토론회를 진행한다. 약간의 긴장된 분위기가 즐겁고, 시종 활기차게 진행된다. 두서없이 늘어놓자면 각자의 관심사, 다른 시선, 관점의 차이, 논쟁과 공감, 공부의 강도, 자기 발견 등을 한꺼번에 경험할 수 있다는 점에서 즐거운 시간이 아닐 수 없다. 1차 토론회에서는 서로의 질문과 문제의식에 집중한다. 수업을 논하는 비평 공간은 다양한 시선들이 교차·교섭하는 사유와 담론의 공간이다. 서로 다른 시선들이 소통하는 공간이며, 이질성의 정도는 공부의 깊이와 관련이 깊다. 수업은 다양한 의미로 해석할 수 있으며, 수업을 보는 어떤 시선도 특권적인 시선이 될 수는 없다. 수업 비평은 그런 다양한 시선들이 교차하는 토론 공간 속에서 수업을 어떻게 볼 것이며, 어떻게 하면 잘 가르칠 수 있을까를 질문하고 탐구하는 것이다. 말들의 요동을 즐기고, 서로의 강도를 느낄 뿐 누구도 해석과 비평의 권위를 주장하지는 않는다.

토론을 하다 보면 자기 문제의식과 질문을 명료화하게 된다. 공부한 결과를 글로 완결하기 위한 실마리를 발견하기도 한다. 낡은 인식이 깨지기도 하고, 본능처럼 신체에 새겨져 있는 익숙한 수업 문화를 새롭게(?) 발견하기도 한다. '내부자 비평' 혹은 '동료 비평'의 경우 수업자 면담이 추가된다. 이는 수업자를 초대한 경우에도 마찬가지다. 수업자의 이야기를 듣기도 하고, 궁금한 것을 묻고 답한다. 수업자와 수업에 대한 이해의 폭을 넓힐 수 있는 장점이 있다. 학생들을 관찰, 면담, 설문한 결과나 학습 활동 산출물 등을 놓고 이야기를 나누기도 한다. 이는 동료들의 수업을 보는 경우에 가능한 일이다. 수업자를 초대하는 경우에도 많은 도움을 받을 수 있다. 이는 학교 단위에서 비평 공간을 구성할 경우 좀 더 용이하게 접근할 수 있는 부분이다. '다온'의 경우에는 지역 단위에서 비평 공간을 구성하기 때문에 일정한 한계가 있어 채증(?)의 방법과 장치들을 찾기 위해 고민하고 있다. 구체적인 학습의 경로와 메커니즘을 밝히는 데 중요한 까닭이다. 2차 토론회에서는 미진한 부분을 마저 이야기하고, 각자 쓰게 될 글의 얼개를 내놓고 고민을 주로 나눈다.

토론이 마무리되면 수업 기술description과 글쓰기 작업을 수행하게 된다. 수업 기술은 독자를 전제로 하는 작업이다. 전사 자료, 토론과 기록, 수업 관련 자료 수집 등 앞선 과정에서 이루어진 작업을 바탕으로 한 편의 완결된 수업 내러티브를 구성하는 것이다. 기술은 수업을 설명하기telling 위한 것이 아니라 보여주기showing 위한 것이다. 기술은 객관성을 유지하되 읽는 재미를 위한 상상력을 배제하지는 않는다. 수업 전체를 한 편의 완결된 서사로 기술하는 경우도 있고, 비평의 주제와 글쓰기 방식에 따라 선택적으로 기술하기도 한다. 수업 보기, 전사, 토론의 과정을 다 같이 공유한 경우에는 기술에 그리 큰 비중을 두지 않고, 약식으로 기술하기도 한다. 물론 독자를 전제로 하거나 글쓰기의 목적에 따라서는 기술의 강도가 달라지기도 한다. 글의 완성도를 고려하여, 혹은 개별 관심사에 따라서는 기술의 완결성에 치중하여 글을 쓰는 사례도 있다.

글쓰기는 워크숍의 모든 과정에서 이루어진다. 각기 방식이 다를 뿐 전사, 메모, 기술, 비평문 쓰기 모두가 글쓰기의 과정이라고 할 수 있다. 글쓰기는 수업 실천과 함께 수업을 보는 안목과 수업 역량을 기를 수 있는 수련의 방편이 된다. 그리고 그것이 수업 비평의 목적 혹은 지향점인 수업 문화 개선에 크게 기여한다고 생각한다. 글은 다양한 형식이 가능하다. 간단한 후기, 소감과 단상, 수업 내러티브, 토론문, 리뷰, 비평문 등 다양한 방식을 시도하고 있다. 글의 형식에 제한은 없으나 수업 비평문은 보통 기술과 비평으로 구성된다. 물론 그 외에도 필요한 요소가 있다면 추가해도 무방하다. 글쓰기 방식에 따라서는 수업 기술과 비평적 해석을 나누어 제시할 수도 있고, 양자를 혼융하거나 다양한 방식으로 결합하여 쓰기도 한다. 글을 쓸 때에는 수업자에 대한 '온기'가 필요하며, 비평자의 관점이나 문제의식을 분명하게 드러낼 필요가 있다.

수업 비평은 서로의 생각과 의견, 지식과 정보를 나누는 토론회에 초점을 둘 수도 있으나 가능하다면 글쓰기로 마무리하는 것이 좋다. 글쓰기는 쉽지 않은 일이나 공부의 깊이와 관련이 있는 까닭이다. 물론 글쓰기는 어디까지나 안목과 역량을 기르기 위한 수련의 방편일 뿐 글을 잘 쓰는 것이 워크숍의 목적은 아니다. 그렇지만 글쓰기를 소홀히 하게 될 경우 배움의 긴장과 강도가 떨어지게 되고, 공조의 리듬이 깨지기도 한다. 그럼에도 글쓰기는 쉬운 작업이 아니다. 그런 점에서 글쓰기는 수업 비평을 수행하는 공간과 구성원들에 맞게 수위를 조절할 필요가 있다. 이에 대해서는 글의 말미에서 다시 부연하겠다. 글쓰기를 마치면 쓴 글을 발표하고 생각과 의견을 주고받으며 워크숍을 마무리한다. 이런 날은 '미니 학술제'를 방불케 하는 경우도 있다. 간식도 준비하고, 서로의 생각과 의견이 강도 높게 오가는 까닭이다. 다들 '아마추어'라서, 게다가 글쓰기라는 만만치 않은 작업까지 감당해야 하는 까닭에 어려움을 호소하기도 하지만, 바로 그런 까닭에 생기와 활력을 느낄 수 있다.

3. 출발, 비디오 비평

처음으로 비평을 시도했던 수업은 재판부가 기각 처분한 천성산 문제를 재판의 형식으로 다룬 〈도롱농 소송 재판〉 수업(서울, 초5, 정용주)이었다. 전술한 절차를 따라 워크숍을 진행했다. 비평 텍스트로서의 수업이 '동영상'이었던 까닭에 우리는 이를 '비디오 비평'이라 부른다. 비디오 비평으로 다룬 수업들을 간단하게 소개하자면 다음과 같다.

우선 '우리교육'의 수업 동영상 자료실에 게시된 수업으로는 '토끼와 거북이의 경주' 이야기를 새롭게 꾸미고, 중계 활동을 하이라이트로 배치한 〈내 생각 어때요〉 수업(경기도, 초2 국어, 이원님), 타자의 삶을 들여다보고, 그에 대해 생각해보게 하는 〈마지막 줄타기〉 수업(서울, 초6 국어, 조성실), '지역화' 문제가 초점이 되었던 〈우리 고장의 옛 노래〉 수업(충북, 초3 사회, 김주봉), '별별 가족'이란 네이밍으로 '가족의 다양성' 문제를 다룬 〈가족〉 수업(인천, 초5 재량, 임은주) 등을 다룬 것으로 기억한다.

청주교육대학교 교육연구원 초등교육지원센터 수업 동영상 자료실Video Library에 게시된 수업으로는 '선녀 구출의 서사'로 기획한 〈정리 정돈〉 수업(충북, 초2 바른생활, 박민숙), 교육연극의 다양한 기법을 활용하여 '입체적인' 읽기를 시도한 〈설화 읽기〉 수업(강원도, 초4 국어, 김하나), 서둘러 '정답'으로 가는 초등 과학 수업에 대한 성찰을 요청하는 〈무게와 부력〉 수업(충북, 초6 과학, 오윤정), 기존의 수업 모형을 학생들의 수준에 맞게 변형한 〈적응〉 수업(강원도, 초3 과학, 이상연) 등을 열거할 수 있을 것이다.

이우학교 및 배움의 공동체 수업으로는 수업과 관련한 기존의 관념을 흔드는 〈피그말리온〉 수업(이우학교, 고1 국어, 방지현), 수업 콘텐츠 개발 혹은 프로듀싱 감각이 인상적인 〈청각주의력〉 수업(이우학교, 중3 국어, 한광수), 생물과 화학 교과를 통합하여 공동으로 기획한 〈신종플루와 타미플루〉 수업(경기도, 고2 생물·화학 통합, 임선영, 박소연), 독서와 탐구로 배움의 '문법'을 보여주는 〈독서〉 수업(경기도, 고3 독서, 방지현), 학생들의 협동적인 배움이 인상적인 〈소수의 나눗셈〉 수업(전북, 초5 수학, 천은정), 배움의 공동체의 수업 원리를 볼 수 있는 〈지문 쓰기〉 수업(충남, 초6 국어, 임대봉)이 기억에 남는다.

여기에 다 열거할 수는 없을 것이다. 이중에는 수업자를 워크숍에 초대하거나 직접 참관한 경우도 있었다. 참관한 수업으로는 이우학교 한광수 선생님의 수업이 기억에 남는다. 100분이 넘는 장시간의 수업으로, 수업 콘텐츠를 프로듀싱하는 재지才智와 감각이 탁월한 수업이었다. 아산 송남초등학교 임대봉 선생님은 '다온'의 초대에 흔쾌히 응해주셨을 뿐만 아니라 수업안과 활동지를 비롯한 수업 관련 자료와 학습 활동 산출물까지 제공해주셨다. 우리가 특정 교과를 염두에 두었던 것은 아니나 처음에는 국어과와 사회과 수업을 주로 보게 되었다. 물론 그 후로는 다른 교과와 중등 수업으로까지 관심이 확장되었다.

이와 함께 앞에서 말한 것처럼 충청남도교육청에서 추진한 '사이버 릴레이' 수업을 대상으로 수업 비평 워크숍을 진행한 적이 있다. '우리교육'과 교육 당국의 이와 같은 작업은 현장 교사들이 수업 동영상을 손쉽게 열람하고, 연수에 활용할 수 있도록 정보와 자료를 제공한다는 점에서 긍정할 만한 일이다. 그러나 정보와 자료를 제공한다는 사실 그 자체는 문제가 되거나 중요한 것이 아니다. 그것의 의미나 효과는 전혀 다른 차원의 문제인 까닭이다. 이와 같은 맥락에서 따져본 것은 그 수업들이 과연 모델이 될 만한 것인가 하는 점이었다. 컨설팅 또한 기존의 관행과 무엇이 다른지 검토해볼 필요가 있었다. 자료 조회수를 파악할 수 없어 관심도를 확인할 수는 없었으나 이 프로젝트가 현장 교사들의 관심을 샀다는 것만은 사실이었다. 그런 까닭에 그 의미를 따져보지 않을 수 없었던 것이다. '다온'에는 '다오라'라는 온·오프라인 공간이 있다. 누구나 참여할 수 있으며, 지역 사람들과의 폭넓은 소통을 콘셉트로 배움을 나누는 장이다. 우리는 '다오라'를 통해 아산·천안 지역의 교사들과 함께 충청남도교육청의 '수업 릴레이' 프로젝트를 따져보는 토론회를 진행한 적이 있다. 교육 당국의 수업 프로젝트를 비판적으로 검토하는 작업보다도 지역의 교사들과 소통의 폭을 넓히는 데 비중을 두고 진행했다. 상세하게 부연할 필요는 없겠고, 수업을 주제로 한 소통의 가능성을 확인했던 즐거운 기획이었다.

교육 당국이 역설하던 그 '수업 브랜드'의 가치는 선뜻 인정하기 어려웠다. 하나같이 '안전한 수업'을 벗어나지 못하고, 컨설팅은 얼마간의 팁과 '주례사'로 일관했던 까닭이다. 이는 기존의 수업 장학과 수업 연구에서 흔히 볼 수 있는 모습이다. 외부의 시선을 의식한 탓인지 수업은 매우 방어적이었으며, 컨설팅은 규범과 입법의 시선이 확연히 드러나지 않았을 뿐 새로운 모습을 찾아보기 어려웠다. 결국 '방어적인 설계-안전한 공개-주례사 비평'의 도식을 벗어나지 못했던 것이다. 게다가 컨설팅 그룹의 수업 분석은 기존의 고식적인 양적 분석을 답습했다. 플랜더스의 언어 상호작용 분석, 터크만의 수업 분위기 분석, 수업 대화 및 반응 분석, 동선 분석, 매체 활용 분석, 수업 혁신 5대 수칙에 근거한 분석 등 다면적인 분석을 시도는 했으나 '주례사'의 나열로 일관했다. 양적 분석이 더 이상 유효하지 않다는 것을 말하려는 것이 아니다. 수업을 보는 데에는 수numbers와 이야기words의 차원이 모두 필요함을 모르는 바도 아니다. 다만 지적하고 싶었던 것은 그와 같은 부분적인 평가의 산술적 합이 전체적인 모습과 일치한다고 말할 수는 없다는 것이다. 컨설턴트들의 호평에도 불구하고 우리가 본 수업들은 '안전한 공개' 이상의 감응을 주지 못했다는 생각이 든다.

수업을 공개하는 교사들은 '안전'을 고려한 디지털화된 연출로 일관했다. 학생들은 매끄럽게 '클릭'되어야 할 대상에 가까웠다. 여기서 수업에 대해 자세하게 논할 수는 없으나 대개 '백조의 욕망'이나 '안전한 공개의 습속' 탓으로 보인다. 어느 수업에서는 '백조'가 된 교사밖에 볼 수 없었다. 또 어떤 수업을 보고는 공사 현장에 내걸린 '안전제일'이란 구호가 떠올랐다. 수업의 양상과 방식을 규제하는 일반적인 규칙을 수업의 공리公理라 불러도 괜찮다면, 각기 '백조'의 공리, '안전제일'의 공리라 이름 붙여도 크게 틀리지는 않을 것이다. 말쑥한 '백조'와 '안전'을 위해서는 계산된 설계를 벗어나는 우연과 돌발의 여백이 말끔하게 제거되어야 한다. 백조의 유영이 우아할수록 호수는 배경화되는 것이다. '안전'에 대한 강박은 그나마 '백조'마저도 만날 수 없게 만든다. 우리가 발견한 것은 안타깝게도 그런 모습들이었다. 물론 수업에서 아무런 규칙도 없는 흐름과 양상 자체를 방임할 수는 없는 일이다. 그러나 우리는 학생들을 잠재우는 '백조'와 '안전'을 긍정할 수는 없다. 외부의 시선을 의식한 '계산'을 이해 못하는 것은 아니다. 그런 부담을 떨쳐내기는 쉽지 않은 일이다. 그러나 그런 이유가 거기서 기인하는 부정적인 모습까지 가려주지는 못한다.

그와는 달리 '우리교육'의 수업 동영상 자료실에 게시된 수업, 청주교육대학교 교육연구원 초등교육지원센터 수업 동영상 자료실Video Library에 게시된 수업, 배움의 공동체 수업 등에서는 교사들의 모습이 전혀 다른 느낌으로 다가왔다. 기존의 관행을 넘어 문화재 수업의 새로운 방식을 보여준 〈문화재와 박물관〉 수업, 시간적 거리가 비교적 가까운 역사적 사건을 다룬 〈5·18 광주 민주화운동〉 수업, 재판부가 기각 처분한 천성산 문제를 재판의 형식으로 다룬 〈도롱뇽 소송 재판〉 수업, '별별 가족'이란 네이밍으로 '가족의 다양성' 문제를 다룬 〈가족〉 수업, '선녀 구출의 서사'로 기획한 〈정리 정돈〉 수업, 수업과 관련한 기존의 관념들을 흔드는 〈피그말리온〉 수업, 수업 콘텐츠 개발 혹은 프로듀싱 감각이 인상적인 〈청각주의력〉 수업, 교육연극의 다양한 기법을 활용하여 '입체적인' 읽기를 시도한 〈설화 읽기〉 수업, 서둘러 '정답'으로 가는 초등 과학 수업에 대한 성찰을 요청하는 〈무게와 부력〉 수업, 생물과 화학 교과를 통합하여 공동으로 기획한 〈신종플루와 타미플루〉 수업, 학생들의 협동적인 배움이 인상적인 〈소수의 나눗셈〉 수업, 배움의 공동체의 수업 원리를 볼 수 있는 〈지문 쓰기〉 수업 등에서는 '안전'을 추구하거나 '표준'에 다가서려는 모습을 찾아볼 수 없었다. 외부자의 시선이, 실패와 성공의 관념이 새로운 도전과 실험을 위축시키지는 못했던 것일까. 학생들의 모습이 있는 그대로 드러나고, 교사 개인의 특이성과 수업 감각이 적나라하게 드러났다. 일반적이고 균질적인 수업으로부터 벗어나 수업을 새롭게 창안하려는 시도도 눈에 뜨였다. 열거한 수업들이 모두 좋은 수업이라고 말하려는 것이 아니다. 그런 식으로 일반화의 오류를 범할 생각은 없다. 다만 '백조'나 '안전'의 추구보다는 새로운 도전과 실험에 자기를 기투하는 모습이 강렬하게 다가왔다는 것이다.

물론 공개에 참여하는 상황과 동기가 달랐던 것은 사실이다. 지나치게 부정적인 측면만을 부각해서 본 것인지도 모르겠다. 수업 릴레이에 참여한 교사들의 능력을 의심하거나 비난할 생각은 없다. 누군가가 그럼 '네가 해보라'거나 '겪은 사람이 아니면 모른다'는 식으로 일갈한다고 해도 응수하고 싶은 생각은 없다. 그런 식으로 자기 경험을 특권화하려는 태도는 대화 내지 생산적 논의를 불가능하게 만들며, 관심사도 아닌 까닭이다. 다시 돌아가 얘기하자면 그것은 매끄럽고 안전한 수업을 연출하게 만드는 시선의 배치에 기인하는 현상이기도 하다. '명품'과 '브랜드'를 요구하는 시선의 배치 속에서 그와 같은 분위기와 태도가 양산되는 것은 당연한 일인지도 모른다. 게다가 초월적인 척도처럼 제시된 '수업 혁신 5대 수칙'과 같은 규범들은 도전과 창안을 긍정하기보다는 '안전한 명품'을 주조해내도록 강제할 공산이 크지 않은가. 혹 이와 같은 샘플링 작업으로 인해 '수업 릴레이'가 '실적'을 제조해내는 '생산 라인'으로 귀착된 것은 아닐까 하는 생각도 든다.

수업을 새롭게 창안하는 일은 '안전'과 '지금'에 머물지 않는 것이다. 기성의 익숙한 수업 문화와 그 속에서 형성된 자기 고유의 방식을 고집하는 것이 아니다. 없거나 부족한 요소들을 추가해 '지금'과는 다른 수업을 만들어가는 것이 아닐까? 교사들 스스로 '방어적인 설계-안전한 공개-주례사 비평'의 도식을 깰 수 없다면, 또한 '백조'의 공리와 '안전제일'의 습속을 벗어나지 못한다면 더 왜소한 존재로 소외되는 빈곤한 경험을 피할 수 없을 것이다. 우리는 '백조'와 '안전'을 추구하지 않는다. 그보다 우리는 새로운 도전과 창안을 위한 시도로 분주해야 한다. 〈문화재와 박물관〉 수업(경기 남한산초, 초4, 황영동, 2003)이나 〈도롱뇽 소송 재판〉 수업(서울 양원초, 초5, 정용주, 2006), 〈피그말리온〉 수업(경기 이우학교, 고1, 방지현, 2009)처럼 낡고 익숙한 것들에 질문을 던져가며 그 제한과 경계, 한계들을 어떻게 넘어설 수 있는가를 끊임없이 탐구해보는 것이다. 그런 것이 우리 교사들로 하여금 '직업' 이상을 욕망하게 만드는 즐거움이 아닐까?

4. 내부자 비평으로

앞에서 말한 것처럼 워크숍에 참여하는 당사자들의 수업을 가지고 비평을 해보자는 의견이 제출됨에 따라 비디오 비평에서 내부자 비평으로 비평 공간을 새롭게 구성하게 된다. 이는 실행을 미루었을 뿐 수업 비평 워크숍을 시작할 때부터 계획했던 사항이다. 수업을 오픈하는 것 자체보다도 스스로 비평의 도마에 오른다는 것이 부담이 되었던 것 같다. 어쩌면 구성원들이 기이하게 공유하고 있는 '카메라 울렁증' 때문인지도 모르겠다. 이렇게 말하는 까닭은 계획이 있었든 없었든 카메라를 통과한 후에는 수업을 자연스럽게, 가볍게 오픈하기 때문이다. 하여튼 비평의 도마라는 표현을 썼듯이 다른 수업은 대수롭지 않게 비평하면서도 자기 수업은 도마에 올리기를 주저했던 것 같다. 그러나 이런 관념은 역설적이게도 수업을 오픈하는 순간 말끔하게 사라진다. 내부자 비평이 미루어지고 있을 때 그런 분위기를 걷어내고 한 동료가 자신의 수업을 '도마'에 올렸다. 처음이 힘든 법! 그 후로 돌아가면서 혹은 경쟁적으로 수업을 오픈하게 되었다. 그렇게 해서 '내부자 비평'이 시작됐던 것이다.

오디오 타입과 비디오 타입의 읽기가 쟁점이 되었던 〈실감 나게 읽기〉 수업(국어, 2007)을 처음으로 다뤘다. 수업을 오픈한 당사자는 매우 적극적이었으나 워크숍에 참여한 인원이 적어서 어렵게 시작했던 수업이다. 그 후로, 갈래 전환의 기능과 창조적 표현이 쟁점이 되었던 〈갈래 바꿔 쓰기〉 수업(국어, 2008), 단조로워지기 쉬운 개념 학습을 놀이와 활동으로 재미있게 진행한 〈수직과 수선〉 수업(수학, 2008), 상상력을 자극하는 열린 구조로 수업을 마무리했던 〈공기 옮겨보기〉 수업(과학, 2009), 발명과 인간을 콘셉트로 '교사-되기'의 새로운 감응을 불러일으켰던 〈전기용품 만들기〉 수업(과학, 2009), 공동 설계로 근사한 수업 서비스를 제공한 〈화석〉 수업(과학, 2009), 모둠 토의에 기초한 전체 토의로 긴장감 있는 분위기를 연출했던 〈빵 나누기〉 수업(국어, 2010), '배움의 공동체' 수업 스타일을 부분적으로 적용한 〈이등변삼각형〉 수업(수학, 2010), 법정 공방 형식과 디베이트 포맷으로 역사적 사건을 다룬 〈수양대군과 사육신〉 수업(사회, 2011), 퍼블릭 포럼 디베이트로 핸들링한 〈디베이트〉 수업(국어, 2012) 등이 내부자 비평을 통해 다룬 수업들이다. 여기에다 열거할 수는 없으나 모두들 '포장술'이나 '겉치레'와는 거리가 먼 수업들이다. 특별히 내세울 것은 없으나 낡고 익숙한 '문법'을 넘어서기 위한 시도들,

다양한 스타일과 수업 감각, 공동의 성찰과 개인의 성장을 볼 수 있는 동료들의 수업 탐구에 애정이 간다. 우리는 함께 공부하면서 동료들 사이에 조금씩 나타나는 성장과 변이의 리듬을 긍정한다. 워크숍을 통해 형성되는 집합적인 공조의 리듬이 동료들의 수업 능력 증대와 수업 문화 갱신으로 이어지리라 믿는다. 그리고 이 믿음을 함께 입증해갈 것이다.

'내부자 비평'을 수행하면서 구성원들 사이에 논란이 됐던 쟁점 한 가지를 정리하고 넘어가야겠다. '비디오 비평'을 하면서 접근에 한계가 있었던 '학습자의 관점'을 고민하던 교사들이 '수업 이해'(서근원, 2008)에 관심을 갖게 된다. 구성원들의 일부는 '수업 이해' 워크숍에 직접 참여하기도 했다. 단위 학교나 외부에서 진행하는 연수에 참여한 교사도 있었고, 개인적으로 관심을 갖고 공부하는 동료들도 있었다. 이들의 관심사와 공부가 워크숍에 새로운 쟁점으로 떠올랐다. 수업 비평과는 다른 방식의 연구 논리를 접하는 과정에서 '다온'의 워크숍은 일정한 변이를 겪는다. '다온'의 워크숍에 흥미를 더하는 계기가 되면서 쟁점이 됐던 사항들을 짚고 넘어갈 필요가 있었다. 이에 우리는 수업 비평과 수업 이해를 함께 살펴보는 토론회를 마련했고, 당시 아산·천안 지역에 거주하는 몇몇 교사들이 함께 참여했다. 나름 공부의 계기로 삼고, 앞에서 밝힌 것처럼 지역의 교사들과 소통의 폭을 넓히기 위한 기획이었다.

'수업 이해'가 강조하듯 '학습자의 관점'으로 수업을 보는 일은 매우 중요하다. 학생의 학습 경험과 경로에 대한 관찰이 중요하다는 사실에 이견을 달 필요는 없을 것이다. 이는 수업 비평을 수행하는 단위가 학교 바깥에 있을 경우 취약한 부분이기는 하다. 그런 까닭에 '학생의 경험을 소홀히' 한다는 지적과 비판은 성찰의 계기가 되기도 했다. 그러나 비평 또한 그와 마찬가지로 '학습자'를 주시한다. 다만 수업에 대한 접근 방식과 연구의 논리가 다른 것이다. 중요한 것은 각각의 연구 방법들이 갖는 실천적 함의를 정확하게 아는 것이 아닐까? '다온'에서 수업을 오픈한 당사자들은 토론과 비평을 능성직으로 받아들인다. 한정된 경험일 수 있으나 구성원들은 대부분 만족스럽다고 말한다. 비평자로 참여한 교사들은 공부의 즐거움을 이야기한다. 대상과 주체를 구분하는 관념보다는 공부의 매력에 끌리는 것이다. 우리는 그렇게 비평자와 수업자의 위치를 순환하면서 함께 공부한다. 의견의 충돌을 우려하기보다는 시선의 차이를 긍정한다. 그 이질적인 차이 속에서 앎에 대한 새로운 사유가 싹트고, 안목이 업그레이드되는 것이 아니던가.

2009년 여름에는 집중 워크숍을 기획했었다. 이런저런 사정으로 중단되긴 했으나 관심을 갖고 가끔씩 문을 두드리는 교사들과 함께 공부할 수 있는 장을 마련하고자 한 시도였다. 다른 한편으로는 수업 비평 워크숍의 침체와 고립을 벗어나기 위한 시도이기도 했다. 작업을 마무리하지는 못했으나 수업 비평 워크북도 만들 계획이었다. 현장 교사들이 '초보 운전'에 가이드로 쓸 수 있는 나름의 매뉴얼을 만들고, 지역 단위 비평 공간에서 실행해볼 수 있는 워크숍을 모델링해보려는 의도였다. 그러나 예상과는 다르게 워크숍의 활기와 강도가 떨어지면서 작업이 중단됐었다. 2010년 1월에 다시 워크북을 만들어 워크숍을 진행했다. 테스트 버전인 만큼 문제점들이 많았다. 당시 참가자들로부터 지적받은 문제점들을 수정해서 정식 버전을 준비할 계획이다. 또한 수업 비평 워크숍의 성과와 결과물들도 조금씩 모아가고 있다. '출판'과 '수업 도서관' 등을 계획하고 있지만, 아직은 힘에 부친다고 생각한다.

2009년 봄부터 우리는 워크숍에 수업 설계를 추가했다. 당시 동료들이 꽤 의욕적으로 참여했고, 여러 편의 수업 가운데 몇 편의 수업은 만족스럽게 비평을 마쳤다. 그리고 나머지 수업이 순번을 기다릴 만큼 즐거운 시간이었다. 비평을 마친 수업에서는 수업의 강도가 달라졌음을 볼 수 있었다. 당시에 개인적으로는 동료들이 오픈한 수업을 네 편 정도 관찰했다. 두 번은 교실에서 리얼 타임으로 관찰했고, 두 편은 비디오로 볼 수 있었나. 수업자와 함께 수업을 디자인하면 수업의 맥락에 대한 이해가 자연스럽게 이루어진다. 이는 기존의 방식이 안고 있던 취약점을 좀 더 개선했다는 점에서 나름의 의미가 있다. 수업 설계에 함께 참여·분유하는 과정 자체가 공부가 된다는 점도 간과할 수 없는 측면이다. 안목 있는 전문가의 도움이 아쉽기는 했으나 수업 설계에서부터 글이 나오기까지의 과정을 '동료 컨설팅'이라 불러도 크게 무리는 없을 것이다. 그렇지만 우리가 수업에 접근하는 방식은 수업 컨설팅이라기보다는 비평의 방식이고, 여기에 설계가 추가된 것이란 점에서 컨설팅과는 차이가 있다.

다들 바쁜 와중에 시도한 첫 번째 작업임에도 나름의 성과가 있었다. 수업자의 '강도' 있는 고민과 동료들의 집합적인 의견이 직조되면서 수업이 꽤 괜찮게 디자인됐다는 점이다. 물론 이는 수업자 본인의 강도와 속도가 추동해 낸 리듬이다. 자신의 수업 계획과 고민을 제출하면서 숨아내기 아까울 만큼 수업 아이디어가 쏟아져 나왔다. 이어지는 과정에서도 수업자 본인의 강도와 속도가 새로운 과제와 고민거리를 던져주었고, 의견을 나누면서 수업자도 꽤 만족하고 동료들에게도 새로운 감응을 불러일으키는 그런 수업이 설계되었다. 학생들의 반응을 직접 확인할 수가 없어 섣불리 말할 수는 없으나 수업을 참관한 교사들에게는 호평을 받은 것으로 전해 들었다. '다온'에서 진행한 수업 토론회에서도 대체로 좋은 평가가 나왔다. 수업자의 '교사-되기'는 본인 스스로에게도 학생들에게도 수업을 보는 이들에게도 각기 다른 방식으로 배움의 감응을 불러일으킨 것으로 평가되기도 했다.

수업 설계를 추가하여 워크숍을 진행하는 과정에서 문제점도 없지 않았다. 일반적인 얘기겠으나 수업 설계에서 중요한 것은 당사자의 강도와 속도다. 전술한 수업이 그런 경우에 해당한다. 그와는 다르게 집합적인 공조의 리듬을 다운시키는 사례도 있었다. 운영상의 문제도 있겠으나 무책임과 의존적인 태도, 매너리즘이 워크숍을 부실하게 만들기도 했다. '다온'의 워크숍은 일반적인 연수와는 사정이 크게 다르다. 스스로 구성한 자발적인 공간인 까닭에 그에 맞는 윤리와 노력이 요구된다. 게다가 소규모로 진행하는 까닭에 한두 사람의 입장과 태도에도 크게 영향을 받는다. 구성원들 사이에 나타나는 그와 같은 문제들을 방관할 경우 '우정'과 '변용'의 흐름이 고이고 막히거나 전혀 엉뚱한 방향으로 흐르기도 한다. 함께 공부하는 이들의 윤리와 매너가 새삼 중요하다는 생각이 든다. 그런 문제가 진작부터 나타나긴 했으나 가볍게 여기고 지나간 탓도 없지 않다. 이런 부분을 소홀히 할 경우 세미나나 워크숍이 부실해지거나 쉽게 좌초할 수 있음을 경계해야 할 것이다.

5. 성과와 한계

'다온'의 워크숍 사례를 정리하고는 있으나 솔직히 말하자면 보여주기가 부끄럽다. 경험이 일천한 까닭이다. 수업 비평이 청주교대 학술대회와 『우리교육』을 통해 꽤 대중화되긴 했으나 아직은 그 외연이 확정되지 않은 구성적 개념인 탓으로 돌리자. 하여튼 '다온'의 수업 비평 워크숍은 몇몇 관심 있는 교사들이 구성하는 소박한 모임이다. '다온'에는 전문가도 없고, 뛰어난 개별 지식인도 없다. 다만 함께 배우고, 공부하는 '교사-학인'들이 자유롭게 오갈 뿐이다. 그런 까닭에 딱히 내세울 만한 성과 같은 것은 없다. 자기 성찰을 구실 삼아 스스로를 객관화해볼 필요는 있겠으나 누군가에게 '사례'가 되는 것도 관심사가 아니다. 그럼에도 또 다른 사례가 등장하기를 기대하며, 나름의 경험을 정리해보겠다. 채 자리를 잡지 못한 징검돌을 밟고 건너가 조약돌을 발견하기 바란다.

우선 긍정할 수 없는 수업 문화를 새롭게(?) 확인하게 되었다는 점이다. 구성원들의 수업을 보는 관점과 안목에 변화가 있었다고 밀해도 좋을 것이다.

여기서 자세히 풀어 말하기는 곤란하지만, 활동으로 하이라이트를 만들고 전자매체로 시선을 압도하는 스펙터클한 수업공학, 학습자를 배경화하면서 교사의 이미지 손실을 최소화하려는 수업의 경제학, 평가의 시선에 방어적인 안전한 화장법, 훈련과 계산된 세팅으로 학생들을 매끄럽게 클릭하는 디지털화된 연출, 생기와 활력을 잃게 하는 통제와 형식주의, 학생들의 사고와 학습이 증발해버린 활동주의, 장학과 평가에 위축된 빈곤한 상상력 등으로 간단하게 요약할 수 있다. 이런 습속들이 무의식과 신체에 본능처럼 새겨져 있음을 발견할 수 있었다. 물론 이렇듯 부정적인 면들과 마주친 것만은 아니다. 우리가 본 수업들 중에는 배움의 감응을 불러일으키는 수업들도 적지 않았다. 학생들의 특성이 있는 그대로 드러나고, 교사 개인의 특이성과 수업 감각이 제대로 드러나는 수업들도 만날 수 있었다. 일반적이고 표준적인 수업으로부터 벗어나 수업을 새롭게 창안하려는 '무명'의 노력들, 기성의 낡고 익숙한 수업 문화를 넘어서기 위한 시도들을 만날 수 있었던 것은 수업 비평 워크숍이 아니었으면 불가능했을 것이다.

'다온'의 동료들은 워크숍과 공부가 자신의 수업 성찰에 도움이 된다고 말한다. 이와 함께 성장의 '문턱'을 넘어서기가 쉽지 않다는 말도 빼놓지 않는다. 사실 수업 비평 워크숍을 처음 시작할 때 우리는 수업을 보는 안목과 수업 능력의 상관성을 의심해본 적이 있다. 안고수비眼高手卑라는 말이 있듯이 '안고眼高'에 그치고 마는 것은 아닐까 싶었던 것이다. 교사들은 다른 무엇보다 수업 실행 능력 자체에 대한 관심이 클 수밖에 없다. '수업-연출가'이자 동시에 '수업-연기자'인 까닭이다. 따라서 수업 비평 워크숍이 의미가 있으려면 그것이 수업 전문성의 신장에 어떻게 도움을 줄 수 있는지 답할 수 있어야 한다. 이에 대해 단정적으로 말할 수는 없으나 우리는 워크숍을 통해 그 변화를 체감한다. 설계, 실행, 보기, 전사, 토론, 글쓰기, 세미나 등을 통한 수련은 신체의 변화로 나타나기 마련인 법이다. 여기에 굳이 동료들의 체험과 증언을 따올 필요는 없을 것이다. 우리는 동료들의 수업이 업그레이드되거나 수업의 '문법'이 달라지는 것을 보면서 즐거워한다. 그로부터 자극도 받고, 서로에게 기대어 배우는 것이다. 물론 이는 워크숍에 참여하는 구성원들의 경험이외에 달리 검증할 방법은 없다. 굳이 다른 방식의 검증이 꼭 필요한 것도 아닐 것이다. 한 가지 아쉬운 것은 외부의 수업 비평 학습(연구) 공동체들과 교류할 수 있는 기회가 없다는 점이다. 오늘의 경험이 내일을 보증하는 것은 아니다. 우리는 다른 교사학습공동체들의 사례를 통해서 '자기'를 보고, 그것에 기대어 '자기'로부터 벗어날 수 있게 되기를 바란다.

비디오 비평에서 내부자 비평으로 전환하면서 처지에 맞는 나름의 용법을 만들었다는 점도 즐거운 일이다. 공동의 수업 설계, 대화와 토론, 세미나, 수업자와 비평자의 순환에 이어 또 무엇이 '다온'의 용법에 추가될지 모를 일이다. 비디오 비평에서는 당사자들이 직접 참여할 수 없는 경우가 있다. 물론 두 유형이 이항적인 대립 관계에 있는 것은 아니다. 다만 비평 공간을 구성하는 단위에 따라서는 비디오 비평은 가능해도 내부자 비평을 수행할 수 없는 경우가 있다는 얘기다. 앞에서 이미 말한 바 있으므로 내부자 비평에 대해 자세히 얘기할 필요는 없을 것이다. 이와 관련하여 다른 이야기를 좀 하자면, 학교 단위에서 수업 비평 공간을 구성하는 것은 아직 어렵다는 판단이다. 동료 교사들과 수업 비평에 대해 함께 이야기하고, 제안한 바도 있다. 수업에 접근하는 방식의 새로움에는 공감해도 실행에는 난색을 표한다. 기존의 수업 협의회에 비해 많은 에너지가 요구된다는 점에서 쉽지만은 않은 일이다. 학교의 시간은 그런 낭비(?)를 허용하지 않는 까닭이다. 대한민국 학교치고 그런 시간을 확보할 수 있는 현장이 있을까. 그런 까닭에 워크숍을 제대로 가동하는 '무거운 방식'으로는 실효를 거두기 어려울 것이다. 학교 단위에서도 실행할 수 있는 좀 더 '가벼운 방식'을 발명 혹은 모델링할 필요가 있다. 수업에 대해 '이야기하는 즐거움'에는 대체로 공감하므로 이를 중심으로 형편에 맞게 방식을 모델링하는 것이 효과적일 것이다.

이와 관련하여 비평문 쓰기는 하나의 딜레마다. 글쓰기는 수업 실천과 함께 교사들에게 수업을 보는 안목과 수업 능력을 기를 수 있는 수련의 방편이 된다. 공부를 글쓰기와 따로 떼어 생각할 수 있을까. 그럼에도 대부분 글쓰기를 매우 부담스러워한다. '다온'의 워크숍도 이 지점에서 공조의 리듬이 깨지고, 분위기가 다운되는 경우가 많았다. 비평 공간을 구성하는 단위에 따라서는 서로의 생각과 의견, 지식과 정보를 나누는 토론회에 초점을 둘 수도 있고, 글쓰기로 마무리할 수도 있을 것이다. 후자를 강조하더라도 다양한 수준과 형식의 글쓰기가 가능할 것이다. 간단한 후기, 소감과 단상, 수업 내러티브, 토론문, 리뷰, 비평문 등 다양한 방식을 시도할 수 있다. 꼭 비평문 수준의 글쓰기를 고집할 필요는 없다고 생각한다. 물론 글쓰기를 제외하거나 다른 형식으로 정리하는 방식도 고려해볼 수 있을 것이다. 그럼에도 '다온'과 같은 지역 단위 비평 공간이나 요구 수준이 높은 단위에서는 글쓰기를 소홀하게 취급해서는 안 된다고 생각한다. 글쓰기는 공부의 깊이와 관련이 있는 까닭이다. 물론 글쓰기는 어디까지나 안목과 능력을 기르기 위한 수련의 방편일 뿐 글을 잘 쓰는 것이 워크숍의 목적은 아니다. 다만 글쓰기를 소홀히 하게 될 경우 배움의 긴장과 강도가 떨어지게 되고, 공조의 리듬이 어긋날 수 있음을 유념할 필요가 있다.

'다온'의 워크숍은 지역 단위 비평 공간이라는 점에서 일정한 한계가 있다. 수업 문화 개선 운동의 차원에서는 아직까지 고립과 정체를 벗어날 수 있는 교류와 연대의 대상을 만나기 어렵다는 것이다. 저변 확대와 관련하여 제도적 인프라의 구축과 수업 비평 학습(연구) 공동체들의 네트워킹은 중요한 과제가 될 것이다. 이는 크고 작은 수업 비평 학습(연구) 공동체들의 등장과 존립을 위해서도 꼭 필요한 부분이다. 수업 비평 워크숍 운영의 차원에서는 앞에서도 말한 바 있듯이 학생 관련 자료와 정보의 직접적인 '채증'에 한계가 있다. 학습자를 직접 관찰하고, 면담하거나 대화하는 등의 현장성을 확보하기 어렵다는 말이다. 물론 부분적으로 이와 같은 취약점을 보완할 수 있는 경우도 있다. '내부자 비평'이나 수업자를 초대하는 경우 수업 관찰과 수업 후의 면담, 설문, 대화 등이 가능하다. 그로부터 얻은 자료와 정보를 함께 공유하는데, 이는 실제로 수업 비평을 수행하는 데에 많은 도움이 된다. 그렇지 않을 경우 채증의 한계는 달리 도리가 없다. 그런 점에서 비평 공간은 '현장성'을 확보할 수 있는 학교 단위에서 다양한 형태로 구성하는 것이 효과적이라고 생각한다.

앞에서도 밝힌 것처럼 기회가 된다면 지역 단위의 비평 공간을 구성하면서 얻은 경험을 정리하여 작업 매뉴얼 혹은 워크북을 만들 계획도 가지고 있다. 2010년 1월에 테스트 버전을 만들어 나름의 경험을 정리하고, 몇몇 교사들과 함께 집중 워크숍을 진행했다. 사정도 여의찮고 힘에 부치기도 해서 완성도가 떨어지긴 하나 앞으로 계속 업그레이드할 생각이다. 수업 비평에 관심이 있는 사람들은 수업 비평 학습(연구) 공동체와 필사적으로 접속할 필요가 있다. 우리는 지역의 관심 있는 교사들과 접속하면서 소통의 폭을 넓혀갈 것이다. 이와 함께 청주교대 교육연구원이나 수업 비평 관련 학습(연구) 공동체들, 수업 비평 활동을 매개하는 매체들과도 접속하기 위해 눈과 귀를 열어두고 있다. 여기서 기존의 제도적 인프라의 이용에는 부분적으로 제한을 두고 있다. 가령 지역 교육청과 관계하거나 교과교육연구회를 구성하는 방법 같은 것이 그런 경우에 해당한다. 이는 제도의 내부에서도 그 중력으로부터 벗어나는 '외부'를 만들려는 '다온'의 방식과는 인연이 없는 까닭이다. 또한 내부자 비평을 수행하면서 작업했던 수업 동영상과 쓴 글들을 모아 조그만 '수업 도서관'도 만들어갈 계획이다.

6. 마치며

수업 비평은 새로운 시도다. 그래서 우리도 관심을 갖게 되었던 것이다. 그러나 새로운 시도는 개념만으로 완성되지 않는다. 거기에는 기존의 관행을 넘어서려는 학습(연구) 공동체와 그것을 통해 새로운 수업 문화를 만들어가려는 열망이 함께 존재해야 한다. 새로운 시도는 개념과 학습과 열망이 일체가 되어야 자생력을 획득할 수 있다. 그런 점에서 학문적 탐구와는 별개로 소통의 문제와 실행 공동체, 수업 문화 개선 운동을 특별히 강조할 필요가 있다고 생각한다. 이와 함께 실천 사례를 공유하고, 소통을 매개할 수 있는 제도적 인프라 내지는 네트워크를 다양한 방식으로 구축할 필요가 있다. 반복하자면 수업을 논하는 비평 공간은 다양한 시선들이 교차·교섭하는 사유와 담론의 공간이다. 비평 공간은 이질적인 시선들이 소통하는 공간이며, 이는 수업 문화 개선에 크게 기여할 것으로 생각한다. 여기서 중요한 것은 담론과 실제비평의 생산과 유통이다. 물론 제도적 인프라의 활용 내지는 구축도 무시할 수 없는 부분이다. 담론 생산과 학문적 탐구를 주도하고 있는 청주교대 교육연구원과 수업 비평을 성찰과 성장의 도구로 활용하는 교사학습공동체 등에 거는 기대가 크다.

한 시대의 문화와 삶의 방식이 바뀌자면 오랜 세월이 걸리듯 수업 문화가 바뀌는 것 또한 일거에 이루어질 리가 없다. 그렇다고 우리가 전체화에 대한 강박을 가질 필요는 없다. 국지적인 범위에서도 낡은 개념들을 '과거'로 만들고, 새로운 수업 문화를 미리 당기는 일은 얼마든지 가능하다. 또한 제도화의 강박으로부터도 자유로울 필요가 있다. 우리는 기존의 낡은 제도와 습속을 일거에 대체할 또 하나의 체계와 시스템을 구축하려는 것이 아니다. 장학이나 평가처럼 제도화되기를 원하지 않는다. 그것은 필요할지 모르나 충분하지 않으며, 우리의 경로와는 다른 까닭이다. 우리의 방식은 제도로 환원 불가능한 '외부'를 구성하는 것이다. 낡은 습속과 제도에 의해 길늘여신, 순응히 는, 적응된 주체가 아니라 그로부터 탈주하는 새롭고 자유로운 주체를 상상한다. 제도화가 초래하는 정주와 고착의 위험에 반하여 비-제도화의 방식과 운동으로 낡은 수업 문화를 개선해보려는 것이다. 새로운 수업 문화를 창안하고 촉발하려는 것이다. 제도화의 중력에 말려들어가 그 위험으로부터 벗어날 수 없다면, 그것이 우리의 희망이 될 수는 없을 것이다.

수업, 비평과 이해[23]

2년 전 『우리교육』을 통해 등장한 수업 비평은 이제 더 이상 낯설지 않은 이름이 되었다. 이는 표준과 척도에 길들여진 수업 평가의 한계를 넘어서기 위한 시도로 일군의 연구자들이 자신들이 지향하는 바를 이 용어 속에 담고 있다. 우리도 기존의 수업 장학이나 수업 평가에 대한 불만이 적지 않았다. 따라서 그런 흐름과 자연스럽게 접속할 수 있었고, 수업 비평 워크숍을 진행해온 지도 1년 남짓 되었다. 수업 비평이 대안적 담론으로서 적실성을 가질 수 있는지 알아보기 위한 시도였다. 우리는 수업 비평을 통해 그런 낡은 관행을 넘어설 수 있겠다는 기대감이 있었고, 이는 지금도 여전히 유효하다. 수업 비평이 규범과 입법의 평가적 시선과는 다르다고 생각하는 까닭이다. 한 가지 더 추가하자면 이제 겨우 탐사를 시작한 구성적인 개념이란 사실이다. 수업 비평은 용어가 시사하듯이 비평의 시선으로 수업에 접근한다. 그러나 그 외연이 일군의 전문가들이 『우리교육』을 통해 선보인 방식으로 한정되는 것은 아니다.

이런 생각과는 다르게 서근원은 수업 비평이 기존의 수업 평가와 크게 다를 것이 없다고 비판한 바 있다.[24] 그의 논지를 요약하면 이렇다. 기존의 수업 장학과 수업 평가는 관찰자가 방관자적인 위치에서 탈맥락적이고, 일방적이며, 교사 중심으로 닫힌 객관에 의해 수업을 본다는 것이다. 이에 교사들은 '보여주기 수업' 또는 '연극 수업'으로 적응해왔다는 것이다. 아울러 수업 비평, 수업 컨설팅, 실행 연구 같은 최근의 연구 경향도 함께 검토하고 있다. 이들 역시 "학생의 경험을 소홀히" 하고, 교사의 "안목을 형성하는 데 적절히 기여하지 못한다"고[25] 지적한다. 이와 같은 구도 속에서 수업 이해를 대안으로 제시한다. 그는 수업을 "학생이 교사와의 대화를 통해서 기존의 사고를 반성적으로 검토하고 세상을 새롭게 해석하고 실천해가는 과정"으로[26] 규정한다. 그리고 기존의 방식들이 누락하고 있는 '학생의 학습 경험'을 중심으로 수업을 봐야 한다고 강조한다. 그리고 수업자와 관찰자가 학생의 경험을 해

석해가는 방식으로 대화를 나누기 위한 방법과 절차를 체계적으로 제시하고 있다.[27]

그는 전에도 수업을 한 편의 완결된 서사로 구성하는 수업 기술로 현장 교사들의 관심을 불러 모은 바 있다.[28] 최근에는 앞에서 말한 바와 같이 수업을 개선하기 위한 또 다른 대안으로 '수업 이해' 모형을 새롭게 제시하고 있다. 최근의 연구 경향인 교육인류학의 관점과 연구 방법에 기초하고 있으며, 삼우초 교사들과의 공동 연구 작업을 통해 개발한 모형이다. 전자가 마치 소설을 쓰듯 다양한 시점으로 수업을 기술description하는 작업에 초점을 둔다면, 후자는 수업자와 관찰자가 서로 거부감 없이 상호작용할 수 있는 대화를 강조한다. 이들의 공통점은 '이해'의 시선으로 수업에 접근한다는 점이다. 서근원의 수업 이해 모형은 수업 비평뿐만 아니라 수업 컨설팅consulting과 실행 연구Action Research까지도 자기 입론의 타자로 삼고 있다. 이 글에서 이들과 관련한 논점들을 모두 주파해가며 시비를 가릴 생각은 없다. 여기서는 다만 수업 비평에 대한 지적에 기대어 몇 가지 이견과 질문을 던져볼 생각이다.

수업 비평, 구성적인 개념

그는 "수업 비평 역시 수업을 일방적인 관점에서 바라본다"고 비판한다. 그로 인해 "교사는 수업 평가와 마찬가지로 자신이 평가받고 있으며, 비평가가 자신의 수업을 충분히 이해하지 못하고 있다고 느끼기도 한다"는[29] 것이다. 그럴 수 있음을 부정하지 않는다. '비평'의 관점으로 수업에 접근하며, 성찰과 함께 가치 판단을 분명히 하기에 수업 비평이 그런 인상을 피하기는 어려울 것이다. 그러나 수업 비평은 해석과 비평의 권위를 주장하지 않는다. 수업은 다양한 의미로 해석할 수 있으며, 수업을 보는 어떤 시선도 특권적인 시선이 될 수는 없다. 수업 비평은 그런 다양한 시선들이 교차하는 토론 공간 속에서 수업을 어떻게 볼 것이며, 어떻게 하면 잘 가르칠 수 있을까를 질문하고 탐구할 뿐 '일방적인 평가'를 지향하지는 않는다. 또한 수업 비평은 기존의 규범과 입법의 평가적 시선을 비판하고 있다는 사실을 상기할 필요가 있다. '평가'라는 용어를 공유한다고 해서 그 의미와 용법까지 같다고 할 수 있을까?

그런 식의 비판은 수업 비평의 외연을 일군의 연구자들이 해온 작업으로 한정해서 보는 데에 기인한다. 연구자들이 『우리교육』을 통해 선보인 '비디오 비평'은 충분히 그런 오해를 살 수 있다. 바라봄과 바라보여짐의 자리매김positioning으로 인해 '일방적인 시선'이라는 인상을 깔끔하게 지우기는 어렵다. 그리고 비대칭적인 그 시선은 자칫 권위적 시선이 될 수 있음을 모두가 경계해야 할 것이다. 그런 까닭에 비평문과 함께 수업 비디오를 게시하고, 메타 비평문을 게재하거나 토론 공간을 오픈하는 것이 아닐까? 그런 노력을 단순히 '평가'로 환원할 수 있을까? 우리는 수업자가 함께 참여·분유하는 '내부자 비평'[30]을 통해 또 다른 가능성을 발견한다. 비평 공간 속에서 수업자와 관찰자는 주체와 대상이라는 특정 관계로 고착되거나 환원되지 않는다. 수업자는 관찰자로, 관찰자는 다시 수업자로의 순환을 반복한다. 이로써 고정된 자리와 역할을 할당하는 식의 일방적인 시선의 배치는 어느 정도 벗어날 수 있지 않을까?

수업 비평이 "수업을 방관자적인 관점에서 바라본다"는 지적도 따져볼 필요가 있다. 그에 따르면 "비평의 결과 드러나는 문제점은 교사가 혼자서 해결하도록 맡긴다"는 것이다. 그 사례로 『우리교육』에 수업을 오픈한 남상오 교사의 이야기를 예시하고 있다.[31] 이를 통해 비평가는 방관자일 뿐이며, 이는 비평이 "평가의 연장에서 이루어지기 때문"이라고[32] 말한다. 그렇다면 일단 수업 이해에서 관찰자의 자리는 어디인지 확인할 필요가 있다. 수업 이해에서 관찰자는 내재적인 관점을 바탕으로 수업자의 자기 수업 탐구를 돕는다. 관찰자는 '평가'적 시선을 버리고, 수업자의 자기 성찰을 돕기 위한 질문자이자 조력자로 참여한다. 이런 관계라면 수업자가 반감이나 거부감을 갖게 되는 일은 없을 것이다. 또한 의견의 충돌도 생기지 않는다. 수업자는 부담 없이 수업을 오픈하고 관찰자의 도움을 받아 자기 수업을 되돌아볼 수 있다는 점에서 매우 긍정적이다. 이것이 바로 수업 이해의 강점이 아닐까 싶다.

그러나 비평가가 과연 방관자일까? 비평가는 수업자의 자기 성찰을 도울 수 없는 것일까? 교사들은 전문 연구자와는 다르다. '동료 비평'에서 교사들은 수업 이해와는 다른 방식으로 수업자의 자기 성찰을 돕는다. 그와 동시에 교사들이 자기 공부와 성찰도 함께 수행한다. '동료 비평'은 수업을 보는 복수의 시선들을 긍정한다. 그것은 바라보는 전문 연구자와 바라보이는 교사 수업자라는 2자적 관계와는 다르다. 우리는 의견의 충돌을 우려하기보다 시선의 차이를 긍정한다. 그 이질적인 차이 속에서 앎에 대한 새로운 사유가 싹트고, 안목이 업그레이드되는 것이 아니던가. 서로의 차이가 무엇을 가능하게 하는지, 그 촉발과 생성의 성분을 긍정해야 하는 것이 아닐까? 설령 의도와는 무관하게 비평적 시선의 배치에 방관자의 자리가 있다고 해도 그것이 '비평'을 버려야 할 이유가 되지는 못한다. 우리가 지향하는 것은 심판의 오만과 해석의 권위가 아니라 생산적 담론 공간인 까닭이다.

학생의 경험을 누락하고 있다는 지적도 그렇다. 물론 '비디오 비평'에 대한 지적으로는 정당하다. 연구자들 또한 학생이 비평의 '사각지대'임을 스스로 인정한다. 통화, 이메일, 초대 등을 통한 교사 인터뷰와 수업 비디오에 근거해 추론할 수밖에 없다는 점에서 매우 제한적이다. 그런 까닭에 "학습자의 경험과 성장에 대한 이해가 결여"된 채 "논리적이거나 분석적인 비평에 머물 가능성"이[33] 많다는 비판은 자성의 계기로 삼을 일이다. 수업 이해는 '학생의 경험'에 주목한다. 이는 단위 학교에서 이루어지는 것을 전제로 개발한 모형이기에 가능한 것이다. 그렇지 않다면 형편은 '비디오 비평'과 크게 다르지 않을 것이다. 수업 이해 역시 비평과 마찬가지로 이해의 '사각지대'를 발견하게 될 것이다. 이런 사정을 덮어두고 수업 비평의 그런 한계를 지적하는 것은 무의미한 일이다. 뿐만 아니라 단위 학교를 벗어날 경우 수업 이해는 매우 제한적이거나 대화 공간 구성 자체가 불가능하게 될 것이다.

역으로 수업 비평이 단위 학교에서 이루어질 경우 사정은 크게 달라진다. '내부자 비평' 내지는 '동료 비평'이 "학생의 경험을 소홀히"[34] 할 이유는 없는 것이다. 교육인류학의 관찰, 면담, 참여 관찰, 자료 수집 등과 같은 기법을 활용하여 그런 취약점을 개선할 수 있다. 그렇게 되면 좀 더 내재적인 관점에서 수업의 맥락을 이해하고, 성찰과 판단에 필요한 근거도 충분히 수집할 수 있을 것이다. 비교와 분석, 추론과 해석 등의 연구 방법 또한 마찬가지임은 물론이다. 그렇게 되면 수업 비평의 외연은 그만큼 넓어지는 것이다. 그 개념을 만들어낸 이가 누구이든 창조적으로 변용하여 활용하는 것은 교사들의 몫이 아닐까. 글의 도입부에서 미리 밝혔듯이 수업 비평은 그 외연이 확정되지 않은 구성적인 개념이다. 그런 까닭에 엔진을 튜닝할 수 있는 유연한 확장성을 가지고 있는 것이기도 하다. 이제 겨우 1년을 지나온 우리가 앞으로 해야 할 일은 그런 것이 아닐까?

호혜성의 윤리

수업 이해는 수업자에 대한 존중과 수업에 대한 이해를 강조한다. 이것이 부정의 이미지로 굳어진 평가적 시선을 겨냥하고 있다는 사실을 다시 환기할 필요는 없을 것이다. 그러기에 "말할 수 있는 것과 말할 수 없는 지점을 가릴 줄 아는 식견을 갖추어야" 한다고[35] 비평의 윤리를 강조하지 않는가. 수업 장학이나 수업 평가의 관행을 아는 이들이라면 누구나 쉽게 공감할 것이다. 학교에서 이루어지는 수업 협의회는 대개가 매너리즘의 한계를 벗어나지 못하거나 평가자의 오만과 편견으로 부정적 결과를 낳는 경우가 많다. 그것의 무용론을 주장하려는 것은 아니나 깊이 있는 탐구와 호혜적인 배움을 기대하는 것은 솔직히 요원한 일이다. 따라서 수업 비평의 윤리적 과제는 수업자와 관찰자가 함께 호혜적인 배움의 관계를 구성하고, 그런 문화를 만들어가는 것에 다름 아니다. 함께 변화할 수 있는 여건을 마련하고 실행하는 것, 수업 이해의 이 같은 문제 제기에 실천으로 응답해가는 것이다.

수업 비평은 시선의 '진리'를 경계하듯이 어떤 우열의 논리와도 관계가 없다. 수업 비평에 대한 오해나 곡해를 그냥 두고 지나갈 수는 없는 일이나 그런 식의 태도와 필요 이상으로 논쟁하는 것만큼 소모적인 일도 없을 것이다. 수업 이해, 수업 비평, 배움의 공동체, 수업 컨설팅, 수업 코칭은 연구의 논리와 수업에 대한 접근 방법이 각기 다른 것이다. 과연 자기 논리를 완벽하게 방어할 수 있는 견고한 논리가 존재할까? 우리는 연구 논리의 우열을 가리는 부정의 방식보다는 그 차이에서 비롯하는 촉발과 생성을 긍정한다. 불간섭주의나 서로를 인정하고 마는 식의 승인의 정치학을 주장하려는 것이 아니다. 이는 우열의 주장과 마찬가지로 차이를 긍정하기보다는 부정하려는 태도와 다르지 않은 까닭이다. 중요한 것은 각각의 연구 방법들이 갖는 실천적 함의를 정확하게 아는 것이다. 그리고 어떤 방식으로 접근하는 것이 서로의 능력을 증대할 수 있는가 하는 것은 형편에 맞게 각자 판단할 일이다.

수업자는 수업 이해가 강조하는 존중과 이해를 '고유성property'의 방벽으로 착각해서는 안 될 것이다. 평가의 오만을 경계하거나 해석의 겸손을 강조하는 것은 지극히 당연한 일이다. 그러나 그것이 자칫 수업의 고유성에 대한 고수로 이어진다면, 그것처럼 우스운 일도 없을 것이다. 수업을 교사 개인의 고유한 무엇으로 이해하면서 내부성의 회로에 갇히게 될 경우 외부의 시선과는 접속할 수 없게 된다. 그리고 그런 태도가 수업에 대한 비판과 비평의 불가능성을 말하는 것이라면 '수업을 한 당사자가 아니면 모른다'는 식으로 자신의 수업을 특권화하는 태도를 피할 수 없을 것이다. 그리고 이는 다른 수업 또한 특권화하는 것을 막을 수 없게 한다. 결국 각자의 수업은 당사자 말고는 누구도 함부로 말할 수 없다는 태도로 귀착되는 것을 피할 수 없는 것이다. 그런 식으로 비판과 비평의 시선을 배제한다면 그를 통해 가능한 생산적인 대화 내지 논의는 기대하기 어려울 것이다.

우산은 보호와 방벽의 기능을 하기도 하지만 그 바깥을 볼 수 없게 차단하기도 한다. 수업 이해는 그 안에 있고, 수업 비평이 그 바깥에 있다는 식의 이항적인 논리를 말하려는 것이 아니다. 다만 보호와 방벽의 환상은 결코 허약하지 않으며, 우산은 결코 작지도 않다는 사실이다. 그것은 충분히 그 바깥을 모두 가릴 수 있으며, 심지어는 그 외부를 내부화하는 동일성의 중력으로 작동하기도 한다. 그러면서 자기 정당화의 논리를 견고하게 축성해가는 것이다. 그것이 '이해'이든 '비평'이든 '우산' 안에서 판단할 때는 그 바깥이 불합리하거나 맞지 않는 말이지만 그 바깥에서 보면 그런 평가가 그리 자명한 것도 아니다. 이해의 시선이든 비평의 시선이든 수업에 접근하는 방식은 달라도 해석과 판단의 바깥은 불가능한 것이다. 중요한 것은 보호의 방벽을 세우기보다 외부의 이질적인 시선들에 자기를 기꺼이 던지려는 태도가 아닐까? 경험 바깥의 초험적 탐구를 배제하게 되면 그만큼 생성과 창조로부터 멀어지게 되는 까닭이다.

관찰자가 자기를 성찰하듯이 수업자를 볼 수 있을까? 수업 이해에서 말하는 이해의 시선이 과연 그런 것일까? 수업 이해에서는 양자가 동의하는 수업 과정을 공동으로 구성하고[36], 관찰자의 시선이 하나의 해석일 뿐임을 거듭 환기해가며[37], 내재적 관점을 바탕으로 이해하도록 강조한다. 그런 까닭에 논의할 주제를 함께 선정하여 토론을 한다 해도 그 과정에는 권위적인 시선이나 비판과 비평의 시선이 깃들기 어렵다. 그러나 우리는 바라보는 행위, 비대 칭적인 시선 자체가 이미 권력임을 잊지 말아야 할 것이다. 수업 이해도 예외 가 될 수는 없다. 평범해 보이는 발화나 질문조차도 특정한 시선의 배치 안 에 놓이게 되는 까닭이다. '이해'라는 이름으로 던지는 질문과 언표들에도 관 찰자의 관념과 판단은 기입되게 마련이다. 그것이 비록 반감과 거부감을 걷어 낸 시선을 지향한다 하더라도 권력의 바깥일 수는 없다는 것이다. 다만 비평 의 시선처럼 관찰자의 시선이 뚜렷하게 드러나지 않을 뿐이다.

수업을 내재적인 관점으로 보는 것은 물론 중요하다. 평가자의 입장이나 초월적인 척도를 앞세워 수업을 재단해온 기존의 관행을 생각해보면 더욱 그 러하다. 수업 이해가 관찰자의 척도가 아니라 수업자의 의도와 목표를 기준 으로 접근한다는 점은 높이 살 만하다. 수업자가 자기 능력을 증대할 수 있 도록 돕는다는 점에서 매우 긍정적이다. 이는 관찰자와 수업자가 질문과 대 화를 통해 무엇인가를 얻어내고 찾아내려 한다는 점에서도 역시 긍정적이다. 수업 비평도 이를 배제하는 것은 아니다. 그러나 내재적인 접근만 가능한 것 은 아니다. 수업자의 입장이나 오픈한 수업은 비판의 대상이 될 수도 있는 것 이다. 수업자의 견해와 입장, 그리고 수업의 전제가 되는 조건이나 가정 등을 분명하게 드러내어 그 근거를 다시 성찰하게 하는 것 또한 그를 돕는 일이다. 이를 아무런 맥락 없이 부정적인 평가와 동일하게 취급할 수는 없는 일이다. 즉, 부정적인 평가와 긍정적인 변용을 촉발하는 비평은 구별해야 하는 것이 아닐까.

용어 자체에 새겨진 부정적인 이미지와 통념 때문에 '비판'을 포기할 수는 없는 일이다. 비평도 마찬가지임은 물론이다. 그것이 수업자의 긍정적인 변용 을 촉발할 수 있다면 '비평'의 새로운 용법을 만들어갈 수 있을 것이다. 물론

이견이나 차이가 대립과 적대로 변환되어 부정적인 결과를 낳을 수 있음을 잊지 말아야 할 것이다. 추가하고 싶은 말은 아카데미의 전문가와 현장의 교사들을 분리할 필요가 없다는 것이다. 수업 비평은 아카데미의 연구자들이나 뛰어난 개별 전문가의 전유물이 아니다. 현장의 교사들도 그 방식과 용법을 변용하여 공부할 수 있는 공간을 충분히 구성할 수 있다. 우리가 필요로 하는 지식을 얻기 위해 어느 뛰어난 개별 연구자에게 기댈 필요는 없다. 그것은 우리처럼 공부하고자 하는 여러 '교사-학인'들의 네트워크 속에서 만들어지는 것이며, 함께 나눌 수 있으면 되는 것이다. '다온'의 수업 비평 워크숍은 아카데미도 아니고, 뛰어난 개별 지식인도 없다. 그러나 함께 배우고, 공부하는 일은 얼마든지 가능하지 않은가?

23. 2008년 2월 '다온'에서 발표한 글이다. 이미 '과거'가 된 글임을 감안해서 읽어주기 바란다.

24. 서근원, 「수업 개선의 대안적 방안 탐색 '교육인류학'의 수업 대화」, 우리교육, 2008(2008 겨울 우리교육 교사 연수 자료집).

25. 위의 글, 17쪽.

26. 위의 글, 19쪽.

27. 위의 글, 19~27쪽. 이 모형은 삼우초등학교 교사들과의 작업을 통해 개발한 것으로 '삼우 수업 대화 모형'이라고도 부른다고 한다. 참고로 서근원의 '아이 눈으로 수업 보기' 방식에 대해서는 최근에 출간한 서근원, 『수업, 어떻게 볼까?』, 교육과학사, 2013, 14~15장 참조.

28. 서근원, 『수업을 왜 하지?』, 우리교육, 2003.

29. 앞의 글, 10쪽.

30. 수업자와 관찰자가 비평 공간을 함께 구성하는 비평의 형태를 말한다. 이는 '동료성 collegiality'의 구축을 전제로 가능한 방식이기에 '동료 비평'이라 불러도 좋을 것이다.

31. 앞의 글, 10~11쪽. 남상오의 글은 이혁규 외, 『수업, 비평을 만나다』, 우리교육, 2007, 176~177쪽 참조.

32. 앞의 글, 11쪽.

33. 앞의 글, 11쪽. 이에 대해서는 이혁규도 이미 밝힌 바 있다. 이혁규 외, 『수업, 비평을 만나다』, 우리교육, 2007, 29쪽.

34. 앞의 글, 17쪽.

35. 이혁규 외, 『수업, 비평을 만나다』, 우리교육, 2007, 29쪽.

36. 앞의 글, 25쪽 참고.

37. 앞의 글, 16쪽 참고.

삶의 행복을 꿈꾸는 교육은
어디에서 오는가? 미래 100년을 향한 새로운 교육

혁신교육을 실천하는 교사들의 필독서

▶ 교육혁명을 앞당기는 배움책 이야기

혁신교육의 철학과 잉걸진 미래를 만나다!

 핀란드 교육혁명
한국교육연구네트워크 총서 01 | 320쪽 | 값 15,000원

 일제고사를 넘어서
한국교육연구네트워크 총서 02 | 384쪽 | 값 13,000원

 새로운 사회를 여는 교육혁명
한국교육연구네트워크 총서 03 | 380쪽 | 값 17,000원

 교장제도 혁명
한국교육연구네트워크 총서 04 | 268쪽 | 값 14,000원

 새로운 사회를 여는 교육자치혁명
한국교육연구네트워크 총서05 | 312쪽 | 값 15,000원

 혁신학교
성열관 • 이순철 지음 | 224쪽 | 값 12,000원

 행복한 혁신학교 만들기
초등교육과정연구모임 지음 | 264쪽 | 값 13,000원

 서울형 혁신학교 만들기
이부영 지음 | 320쪽 | 값 15,000원

 혁신교육, 철학을 만나다
브렌트 데이비스 • 데니스 수마라 지음
현인철 • 서용선 옮김 | 304쪽 | 값 15,000원

 혁신교육 존 듀이에게 묻다
서용선 지음 | 292쪽 | 값 14,000원

 미래교육의 열쇠, 창의적 문화교육
심광현 • 노명우 • 강정석 지음 | 368쪽 | 값 16,000원

 대한민국 교사, 어떻게 가르칠 것인가?
윤성관 지음 | 320쪽 | 값 15,000원

 아이들을 어떻게 가르칠 것인가
사토 마나부 지음 | 박찬영 옮김 | 232쪽 | 값 13,000원

 교사, 선생이 되다
김태은 외 지음 | 260쪽 | 값 13,000원

 다시 읽는 조선 교육사
이만규 지음 | 750쪽 | 값 33,000원

 대한민국 교육혁명
교육혁명공동행동 연구위원회 | 152쪽 | 값 5,000원

▶ 평화샘 프로젝트 매뉴얼 시리즈

학교 폭력에 대한 근본적인 예방과 대책을 찾는다

 학교 폭력 어떻게 만들어지는가
문재현 외 지음 | 300쪽 | 값 14,000원

 아이들을 살리는 동네
문재현·신동명·김수동 지음 | 204쪽 | 값 10,000원

 학교 폭력, 멈춰!
문재현 외 지음 | 328쪽 | 값 15,000원

 평화! 행복한 학교의 시작
문재현 외 지음 | 252쪽 | 값 12,000원

 왕따, 이렇게 해결할 수 있다
문재현 외 지음 | 236쪽 | 값 12,000원

▶ 비고츠키 선집 시리즈

발달과 협력의 교육학 어떻게 읽을 것인가?

 생각과 말
레프 세묘노비치 비고츠키 지음
배희철·김용호·D. 켈로그 옮김 | 690쪽 | 값 33,000원

 어린이의 상상과 창조
L.S. 비고츠키 지음 | 비고츠키연구회 옮김
280쪽 | 값 15,000원

 도구와 기호
비고츠키·루리야 지음 | 비고츠키연구회 옮김
336쪽 | 값 16,000원

 비고츠키 생각과 말 쉽게 읽기
비고츠키 교육학 실천연구모임 지음
316쪽 | 값 15,000원

 어린이 자기행동숙달의 역사와 발달 1
L.S. 비고츠키 지음 | 비고츠키연구회 옮김
564쪽 | 값 28,000원

 비고츠키와 인지 발달의 비밀
A.R. 루리야 지음 | 배희철 옮김
280쪽 | 값 15,000원

▶ 살림터 참교육 문예 시리즈

영혼이 있는 삶을 가르치는 온 선생님을 만나다!

 꽃보다 귀한 우리 아이는
조재도 지음 | 244쪽 | 값 12,000원

 선생님이 먼저 때렸는데요
강병철 지음 | 248쪽 | 값 12,000원

 성깔 있는 나무들
최은숙 지음 | 244쪽 | 값 12,000원

 서울 여자, 시골 선생님 되다
조경선 지음 | 252쪽 | 값 12,000원

 아이들에게 세상을 배웠네
명혜정 지음 | 240쪽 | 값 12,000원

 행복한 창의 교육
최창의 지음 | 328쪽 | 값 15,000원

▶ 교과서 밖에서 만나는 역사 교실

상식이 통하는 살아 있는 역사를 만나다

 전봉준과 동학농민혁명
조광환 지음 | 336쪽 | 값 15,000원

 남도의 기억을 걷다
노성태 지음 | 344쪽 | 값 14,000원

 즐거운 국사수업
김은석 지음 | 352쪽 | 값 13,000원

 즐거운 국사수업 32강
김남선 지음 | 280쪽 | 값 11,000원

 즐거운 세계사 수업
김은석 지음 | 328쪽 | 값 13,000원

 한국 고대사의 비밀
김은석 지음 | 304쪽 | 값 13,000원

 아이들이 주인공이 되는 주제통합수업
이윤미 외 지음 | 268쪽 | 값 13,000원

 통하는 공부
김태호 · 김형우 · 이경석 · 심우근 · 허진만 지음
324쪽 | 값 15,000원

 팔만대장경도 모르면 빨래판이다
전병철 지음 | 360쪽 | 값 16,000원

 빨래판도 잘 보면 팔만대장경이다
전병철 지음 | 360쪽 | 값 16,000원

 김창환 교수의 DMZ 지리 이야기
김창환 지음 | 264쪽 | 값 15,000원

 영화는 역사다
강성률 지음 | 288쪽 | 값 13,000원

 친일 영화의 해부학
강성률 지음 | 264쪽 | 값 15,000원

 광주의 기억을 걷다
노성태 지음 | 348쪽 | 값 15,000원

▶ 창의적인 협력수업을 지향하는 삶이 있는 국어 교실

우리말 글을 배우며 세상을 배운다

 중학교 국어 수업 어떻게 할 것인가?
김미경 지음 | 332쪽 | 값 15,000원

 토론의 숲에서 나를 만나다
명혜정 엮음 | 312쪽 | 값 15,000원

 이야기 꽃 1
박용성 엮어 지음 | 276쪽 | 값 9,800원

 이야기 꽃 2
박용성 엮어 지음 | 294쪽 | 값 13,000원

▶ 정의로운 세상을 여는 인문사회 과학

사람의 존엄과 평등의 가치를 배운다

 밥상혁명

강양구·강이현 지음 | 298쪽 | 값 13,800원

 좌우지간 인권이다

안경환 지음 | 288쪽 | 값 13,000원

 도덕 교과서 무엇이 문제인가?

김대용 지음 | 272쪽 | 값 14,000원

 민주시민교육

심성보 지음 | 544쪽 | 값 25,000원

 자율주의와 진보교육

조엘 스프링 지음 | 심성보 옮김 | 320쪽 | 값 15,000원

 민주시민을 위한 도덕교육

심성보 지음 | 496쪽 | 값 25,000원

 민주화 이후의 공동체 교육

심성보 지음 | 392쪽 | 값 15,000원

 교과서 밖에서 배우는 인문학 공부

정은교 지음 | 276쪽 | 값 13,000원

 갈등을 넘어 협력 사회로

이창언·오수길·유문종·신윤관 지음 | 280쪽 | 값 15,000원

 오래된 미래교육

정재걸 지음 | 392쪽 | 값 18,000원

 동양사상과 마음교육

정재걸 외 지음 | 356쪽 | 값 16,000원

 수업과 교육의 지평을 확장하는 수업 비평

윤양수 지음 | 316쪽 | 값 15,000원

▶ 남북이 하나 되는 두물머리 평화교육

분단 극복을 위한 치열한 배움과 실천을 만나다!

 10년 후 통일

정동영·지승호 지음 | 328쪽 | 값 15,000원

 선생님, 통일이 뭐예요?

정경호 지음 | 252쪽 | 값 13,000원

▶ 출간예정

 응답하라 한국사 1·2

김은석 지음

 어린이 자기행동숙달의 역사와 발달 2

L.S. 비고츠키 지음 | 비고츠키연구회 옮김

참된 삶과 교육에 관한
생각 줍기

MEMO

MEMO